百貨店リテールブランド戦略

圓丸 哲麻 著
EMMARU, Tetsuma

戦略 消費者基点からの提言

東京 白桃書房 神田

目　次

第 **2** 部
百貨店リテールブランドの 同質化の検討： 他業態および百貨店間の消費者評価の比較

序　章

消費者基点の"百貨店離れ"検討のための視点：リテールブランドを中心として

1
百貨店の直面する課題

　百貨店とは現在の消費者にとってどのような存在であろうか。「小売りの王様」と称された百貨店業態[1]であるが，2020年1月に，山形県の老舗百貨店である大沼が閉店したことで，山形市ははじめて百貨店を持たない県庁所在地となった。それに続くように，同年8月には福島市の中合の閉店，そごう徳島店や西武大津店の閉店と，まさに地元の商業の象徴であった百貨店は，その存在意義を果たすことなく，衰退の一途を歩んでいる。

　さらにコロナ・ウィルスの感染拡大を受け，わが国初めての緊急事態宣言が2020年4月から約2カ月間発令され[2]，われわれ消費者が不要不急の外

1　石原（1999）では，「業態の議論は，少なくとも取り扱い商品のひろがり，設定する商圏のひろがり，多店舗展開についての姿勢，生産機会へのかかわりという4つの側面から展開されるのではければならない」としながらも，紙面の関係上商品の取り扱いに注視し業態と業種の区分を議論する。具体的に同氏は，「業種分類は商品の物理的属性を含む取り扱い技術の類似性に基づく商品の分類基準であり，社会的にひろく受け入れられた分類コードである」，そして「業種は技術の臨海点によって区切られた一群の商品の集合を意味する」とし，「業種店はその一群の商品をミクロ的品揃え物とする小売業」であると議論する（石原1999, p.6）。一方，業態とは「新しいコンセプトと技術の総体」であり，そしてそれを具体的に体現する小売店を「業態店」であると議論する（石原1999, p.9）。この石原（1999）の議論から，業態とは，一時点の小売業の商品取り扱い技術から規定された分類コードである業種を核として拡張した，小売業のコンセプトであると解釈できる。本書では，以上の議論から，業態とは業種を内包する概念であるとする。また，田村（2008, p.21）の「業態は店舗がその小売流通機能を遂行する基本的な様式である」という定義を踏まえ，「社会において共有された，特定の小売業種の機能に対する基本的な知覚」として業態を位置づけ議論する。
2　緊急事態宣言は，まず1都1府5県（東京都，大阪府，埼玉県，千葉県，神奈川県，兵庫県，福岡県）に対して2020年4月7日から，その他の道府県については同月16日から開始され，5月31日に全国一律に解除された。

出を自粛することが求められたことにより，それに準じて多くの小売業者が休業を余儀なくされた。百貨店も約2カ月間の店舗を閉鎖することとなり，その結果，全国百貨店の4月の総売上は1,208億円（前年対比 -72.8%）[3]，5月の総売上は1,515億円（前年対比 -65.6%）[4]と大幅に落ち込むこととなった。この4月の売上減は，1965年1月の日本百貨店協会による統計開始以来，過去最大の減少率である[5]。そして，2022年2月2日，セブンアンドアイ　ホールディングスは傘下のそごう・西武百貨店の売却を表明したことを始め，地方のみならず都市部の百貨店の再編も加速傾向にある[6]。

　百貨店の衰退に関しては，バブル崩壊後から新聞やビジネス誌を中心に毎年のように議論されてきた。しかし，（詳しくは第3章で議論する）「百貨店離れ」が指摘されはじめたのは，実はバブル崩壊後からではない。第1次オイル・ショック（1972年）による景気低迷の影響から，消費者の「モノ離れ」と，そのビジネスモデルの構造的問題が指摘されるようになっていた。しかし，その後のバブル経済を背景に内需が喚起されたことで，「百貨店冬の時代」（1979年〜1982年）で露見した，百貨店が抱える根底的な課題解決への対応が先延ばしにされることとなった。もちろんバブル経済期においても百貨店は，分衆化・パーソナル化する顧客のライフスタイルに対応するため様々なリニューアルを実施したが，戦争後に生を受けた新世代消費者（ニューファミリー）にとって，それらの施策は誘因とはならなかった。

　そして現在，「百貨店冬の時代」から半世紀，百貨店は真の意味での衰退期の最終段階に位置づけられる業態となった。

　それではなぜ，百貨店は衰退段階へと歩みを進めたのか，そしてその要因とはどのようなものであろうか。

3　日本百貨店協会（2020年5月22日）「令和2年4月　全国百貨店売上高概況」（最終アクセス：2020年8月10日）

4　日本百貨店協会（2020年6月23日）「令和2年5月　全国百貨店売上高概況」（最終アクセス：2020年8月10日）

5　「全国百貨店売上高，4月は72.8％減　コロナ禍で過去最大の減少率」（日経QUICKニュース2020年5月22日）参照。（日経テレコン 最終アクセス：2020年8月10日）

6　詳しくは，佐藤英彬（2022.2.2）「期待の『相乗効果』振るわず―セブン＆アイ，そごう西武の月内入札実施へ」朝日新聞，p.6を参照されたい。

2
既存研究における百貨店衰退要因に関する議論とその限界

　百貨店に関する，組織編成，戦略ならびに取引慣行に関する既存研究を概観すると，ビジネス専門書や新聞と同様「（市場成熟化による）消費の変容」や「業態内外の競合激化」，そしてこの2つの要因を背景とした「低利益率業態への変容」，またリスクを伴わない「買取仕入」の比率低下による"百貨店らしさ"の低減，その結果として"消費者離れ"を誘発する，という論調が主流であることを確認できる。

　確かに百貨店は，その取引慣行の比重を買取仕入から「委託仕入」および「売上仕入（消化仕入）」へと移行させ，チャネルパワーを背景に自社に都合のよい返品制度を設けることで，「商品リスク」と「商品保管リスク」の回避（詳しくは第6章で議論）や人件費の削減というメリットを享受してきた。その一方，百貨店研究者の多くが指摘するように，取引慣行移行に伴う場所貸業態への変容が，百貨店の独自性を減退したことは事実であろう。

　しかしながら，本当に現代の消費者は百貨店の商品・サービスに対し，他の大型小売業と比較し，独自性がない，つまり「同質的」と認識しているのであろうか[7]。また同様に，百貨店間の評価に関しても「同質的」[8]であると知覚しているのであろうか。

　既存研究において，当然の事項として議論されてきた，「百貨店業態の小売業における同質化」に関して，未だ実証的に検証されてはいない。

　数少ない消費者視基点の研究においてもそれは同様であり，峰尾（2012）

7　中村（2016, p.101）は，わが国の小売業態に関して，主に大型専門業態を引き合いに出し，「垣根溶解」あるいは「業態の同質化」現象が進行していると指摘する。江尻（2003, p. ii）は，百貨店が，テナント・ショップを集積する不動産事業体へ転化したと指摘している。同様に，坪井（2009, pp.6-10）も百貨店の専門店化・テナント化を指摘するとともに，擬似百貨店（GMSやSC）の増加による百貨店の衰退への影響を議論している。

8　百貨店の衰退と百貨店間の同質化に関する議論は様々な新聞やビジネス誌で言及されている。（例えば，ダイヤモンドオンライン2016年1月4日「なぜ，『百貨店』は衰退したか？」）（最終アクセス：2021年12月27日など）。

のスーパーマーケットと百貨店の食品売場に限定した比較研究や，酒井（2012）のサービス品質尺度を用いた百貨店に対する消費者の知覚を検証した研究が確認されるが，どちらも百貨店の「同質化」を議論するものではない。

　既存の百貨店研究では，"百貨店離れ"に言及する議論も存在する。しかし，そこで議論されている"百貨店離れ"の要因とは，「不況」，「消費の多様化・個性化」，そして「競合業態の躍進」などの一般的な事実を論拠とするものであり，消費者調査から検証するものではない[9]。すなわち，既存研究では「百貨店が衰退する」主たる原因であるはずの"百貨店離れ"がなぜ引き起こされているのかを，（「販売力の低下」や「商品力の低下」等が原因とする百貨店基点の研究は存在するものの）百貨店の「同質化」に焦点を当て，消費者基点から検討されることがなかった。

　加えて，既存研究では，そもそも百貨店とはどのような業態であるか，その定義すら明確に提示されていないという課題も指摘される。

　衰退期における百貨店経営のあり方を議論するうえで，消費者にとってどのような存在であるか，消費者基点での定義の不在による，戦略策定上の問題も指摘される。

3
本書の目的と「消費者基点の"百貨店離れ"検討のための視点」とは

　本書では消費者基点に立ち，問題視されている「消費者の百貨店離れ」とは何か，その背景要因の明示化を目的とするものである。そして，歴史的アプローチに基づく文献調査，あるいはインターネット質問紙調査を用いた分析結果から，百貨店事業者および従業員にとって衰退期脱却のためのひとつの指針を表明することも目的とする。さらに本書は，上述の既存の百貨店研究の不備を補完することも試みる。

9　例えば田村（2008），伊藤（2019），梅咲（2020）など。

　わが国の百貨店は，バブル崩壊後以降，コロナ禍を含め様々な市場環境変化に直面し，最後の衰退段階に位置することが明白である。だからこそ，このような困難な環境を打開しようと多くの百貨店は新たな挑戦を開始し，そして転換期を迎えようとしている。成功的な事業変革を達成するためには，現在取り組んでいる戦略も考慮しながらも，百貨店に対する消費者の知覚を明確に捉え，それを戦略策定の基点とするマーケティングが必須となる。

　本書では，和田（2002）が提起したリテールブランドの構成要素[10]（図表 序 -1）を参考に，消費者が知覚評価する「百貨店」について言及し，「百貨店離れ」の根源として一般的に議論されている百貨店の「同質化」が本当に存在するのか，またそれが百貨店の衰退の誘因となりうるのかを検討する。

　本書の中核概念，リテールブランドとは，「消費者が"価値ある"買物の場であると知覚（評価）する，同一のブランド名が配された小売店舗および

図表 序 -1　リテールブランドの構成要素

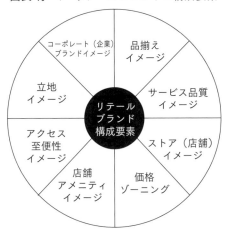

出典：和田（2002, p.180）を一部加筆修正

10　和田（2002, p.180）では「ストア」・ブランドと表記し議論を展開している。近年の研究においてPB（プライベート・ブランド）の別称としてストア・ブランドという語句が用いられることもあり，それらの語句との混同を避けるため本書では，百貨店ブランドを議論するうえで，「リテールブランド」という語句を用いる。

図表 序 -2　消費者が知覚する百貨店イメージとリテールブランドイメージの構造

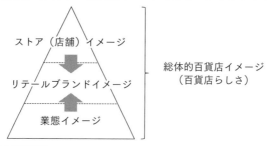

出典：筆者作成

　その総体」[11] と定義されるものである。詳しくは第1章で議論するが，リテールブランドイメージとは，新倉（2014）の議論を踏まえると，消費者のストア（店舗）イメージと業態イメージから規定される知覚である（図表 序 -2）。具体的な百貨店のリテールブランドイメージとは，伊勢丹，西武，大丸，髙島屋，阪急，三越など，百貨店の「屋号」に対する消費者の知覚を指す。一方，ストアイメージは，伊勢丹新宿店と伊勢丹立川店に対するイメージのように，各ストア（店舗）に対して形成された消費者の知覚が相当する。抽象的な業態イメージを保有しながら消費者は，具体的なストア（店舗）での経験を介すことでストアイメージを形成し，さらにそれらが集約された知覚として，リテールブランドイメージを醸成する。

　もちろん，既に形成されたリテールブランドイメージがストアイメージおよび業態イメージを醸成することや，あるいはそれらのイメージの強化・拡張に寄与することもあろう。

　本書では以上の議論を踏まえ，消費者（生活者を含む）のライフスタイルに着目し，わが国の歴史において百貨店がどのように市場へ貢献したかを確認することや，コロナ禍も含め，近年の市場環境の変化によって百貨店に求められる価値（意味づけ）が変容していることについても言及する。さらに，インターネット質問紙調査や企業へのインタビュー調査を踏まえ，リ

11　本定義は，和田 et al.（2020, p.69）で議論された「ブランド（Brand）」の定義，「特定の市場において，ブランド価値が認められたプロダクト」を一部参考にしたものである。

テールブランドの 8 つの構成要素を想定し，競合業態である SC や百貨店間の「同質化」について検討する。

4
リテールブランドに注目する必要性とは

　衰退期における百貨店のあり方を議論するうえで，なぜリテールブランドに注目する必要があるのであろうか。この理由は，先述したように，百貨店を取り巻く環境がバブル期崩壊以降大きく変動したことに加え，コロナ禍やDX（Digital Transformation：デジタル・トランスフォーメーション）推進の影響によって市場環境が急変したことにより，小売業態以外の競合との競争が激化し，リテールブランドとしての差別化が事業存続の唯一の生命線として位置づけられるようになったためである。

図表 序 -3　Porter（1995）による 5 つの競争要因

出典：Porter（1980/2004），p.4[12] を一部加筆修正

12　Porter（1980／翻訳 1995, p.18）の訳を一部援用した。

　Porter（1995）の5つの競争要因を用い，現在の百貨店事業者の直面する競争環境を考察すると，百貨店間はもちろん，ショッピングセンター（SC）や総合スーパー（General Merchandise Store：以下 GMS）といった競合業態との競争がまず挙げられる。また，T ポイントカードを運営する CCC（カルチュア・コンビニエンス・クラブ）社の複合型商業施設である枚方 T-SITE[13] のように，小売業態外から"百貨店"を意識した「新規参入」との競争がある。

　百貨店の売上を形成する中心的商材である衣料品市場に目を向けると，「メルカリ」などの，CtoC（消費者間）の売買取引を可能にするフリーマーケットサービスの拡大や，衣料品を販売するのではなく，継続的に貸出し（リース）するサブスクリプション・サービスである「airCloset（エアークローゼット）」など，「代替品・代替サービス」が拡大傾向にある。

　百貨店に商品を納品する「売手」であるメーカーや卸売商との関係性も変化している。百貨店全盛期（1991 年）に比べ，売上規模の減少に伴い，百貨店の市場におけるチャネルパワーは減退している。そのため，有名ブランドを保有する「売手」に対して専売契約はもちろん，百貨店にとって有利な契約を締結することが以前より困難になってきている。実際，多くのメーカーや卸売業者は，近隣に百貨店や SC が乱立する立地であっても，自社でのショップを出店することや，競合の百貨店や SC の売場にも同じブランドのテナントを展開する等，百貨店の統制から外れつつある。むしろ，メーカーによる SPA の展開は百貨店にとって脅威となっている。

　当然のことながら，百貨店の顧客である「買手」も，百貨店全盛期（1991年）と比べ変化している。（百貨店の中心的な顧客層である）40s 以下の人口減や，平均給与の低下など，消費者の特性も異なっている。他にも，国内アパレル総小売売上規模の減少や，その中での百貨店売上の減少と専門店の売上拡大という市場傾向が確認されているように（詳しくは第 6 章），消費

13　2016 年 5 月 16 日に枚方 T-SITE はオープンした。同店のコンセプトは，他の T-SITE（代官山と湘南）とは異なり，「生活提案型デパートメント」という"百貨店"を意識した商業施設である点である。（詳しくは日経トレンディネット 2016 年 5 月 24 日を参照されたい）（最終アクセス：2021 年 12 月 24 日）

者の衣料品に対する買物および購買行動の変化，その結果としての"百貨店離れ"は促進傾向にある。

　このように現在百貨店事業者が直面する競争環境を鳥瞰すると，百貨店の競合とは他の百貨店や競合業態（SC や GMS）のみならず，「新規参入」および「代替品・代替サービス」にかかわる事業者も，広義の競合としてその対象になる。特に，DX が市場で推進されていることにより，オンラインショップをはじめ，買物の場として IT を活用した「代替品・代替サービス」が躍進している。

　このような競争環境がゆえ，今後も百貨店が存続するためには，「百貨店らしさ」を基盤としながらも，自社リテールブランドの独自性を確立するような戦略の策定と実践が重要となる。

　ニューノーマル時代に入りますます百貨店はその衰退の足を速めつつある。百貨店事業者および従業員は，自社の市場での存在意義を明確に規定したうえで，リテールブランドの構成要素を活用する戦略を立案し，そしてその戦略に則したストア（店舗）・マネジメントに着手することが，今求められている。

5
本書の構成

　以上の問題意識から本書は，百貨店事業者および従業員にとって，「百貨店の衰退」を乗り越えるため，その背景にある「消費者の百貨店離れ」の対応のための施策の提言を終章に位置づけ議論を進める。本書は，大きく 3 部構成になっている（図表 序-4）。第 1 部では，「消費者ライフスタイルと百貨店との関係性：百貨店の市場における役割の確認」を議論する。第 1 部は第 1 章～第 3 章で構成されている。

　第 1 章では，百貨店を規定する定義の曖昧性や不十分さを指摘した後，新倉（2014）議論を援用し，消費者認識の視座から百貨店を定義することの重要性を示唆する。また，百貨店のあり方を議論する視点として，ビジネスモデル（機能），消費者（顧客），ブランドが重要であることも示唆する。

図表 序 -4　本書の構成図

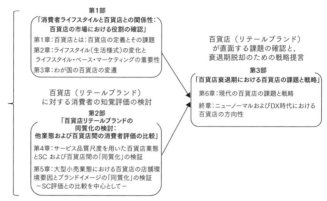

出典：筆者作成

　続く第2章では，百貨店の特徴を捉えるうえで重要な概念である「ライフスタイル」に着目し，消費者行動との関係を明示したうえで，百貨店経営において，「ライフスタイル」を基点とするマーケティング（ライフスタイル・ベース・マーケティング）が親和的であることを議論する。第3章では，第2章のライフスタイル概念の議論を踏まえ，「生活環境要因」と「ライフスタイル傾向」との関係に着目し，わが国の百貨店の変遷（誕生から衰退期まで）を議論する。

　第2部では，「百貨店リテールブランドの同質化の検討：他業態および百貨店間の消費者評価の比較」について議論する。第2部は第4章，第5章で構成されており，質問紙調査から，百貨店と競合業態，そして百貨店間の「同質化」を検証するものである。結論から先に伝えると，現代の消費者は百貨店とSCを明確に識別し，そのうえで両業態を評価していた。分析結果からサービス品質，店舗の雰囲気（店舗環境要因），そしてブランド態度に関して，一部SCよりも高く評価していることが確認された。その一方で，百貨店間の評価には差が確認されず，つまり，百貨店間の「同質化」は支持される結果となった。

　加えて，第5章では，百貨店事業者および従業員にとって暗黙的に認識されている，関東と関西のという居住地区によって知覚される百貨店リテールブランドの違いやそれらに対する消費者の評価の違い，そして，世代別や性別などといった消費者特性による差異が存在するかも確認した。調査の結果，関東・関西という居住区によって想起される百貨店リテールブランドは異なるもののその評価には差がないことが確認された。その一方で多くの消費者特性（性別，年齢，来店頻度，購入頻度）による有意差が確認された。

　第3部は，「百貨店衰退期における百貨店の課題と戦略」について議論する。第3部は第6章，終章で構成されており，第6章「現代の百貨店の課題と戦略」では，バブル崩壊後以降の百貨店衰退期において百貨店が直面する課題を指摘した後，コロナ禍前から実施されていた百貨店の注目すべき戦略を，事例を踏まえ紹介する。第6章の特徴は，既存研究で百貨店衰退の最たる誘因として議論されてきた「取引慣行による影響」に対して反証を試みた点である。具体的には，多くの既存研究で推奨されてきた「買取仕入偏重のマネジメント」が，実際の百貨店経営を鑑みた際，百貨店にとって有力視される方略でなかったこと（推奨された施策が有効でなかったこと），むしろその思想や施策が百貨店の閉店を招く事案も存在することを指摘する。

　最後の終章「ニューノーマルおよびDX時代における百貨店の方向性」では，まず本書の総括として，ビジネスモデルと消費者の知覚評価に則した「百貨店の定義」を再考する。加えて，第6章で議論した，コロナ禍前からの百貨店の戦略が，ニューノーマル時代においては"罹患"の関係から実施することが困難となったことを踏まえ，DXの視点を組み込んだ「ネオリテール」として百貨店の「あり方」を議論することで，現時点における衰退期脱却のための戦略的方向性を示唆する。

参考文献

Porter, E. M. (2004) *Competitive strategy*. FreePress. (Original work published 1980 and 1998 FreePress)（ポーター，E. M.　土岐坤・中辻萬治・服部照夫（訳）1995『新訂 競争の戦略』ダイヤモンド社）

石原武政（1999）「小売業における業種と業態」『流通研究』，2 (2), 1-14. https://doi.org/10.5844/jsmd.2.2_1

伊藤元重（2019）『百貨店の進化』日本経済新聞出版社.

梅咲恵司（2020）『百貨店・デパート興亡史』イースト新書.

江尻弘（2003）『百貨店返品制の研究』中央経済社.

田村正紀（2008）『業態の盛衰：現代流通の激流』千倉書房.

坪井晋也（2009）『百貨店の経営に関する研究』学文社.

中村久人（2016）「わが国小売業態の新展開とブルー・オーシャン戦略—バリュー・イノベーション仮説を手がかりとして—」『現代社会研究』（東洋大学現代社会総合研究所），14, 101-111.http://id.nii.ac.jp/1060/00008511/

峰尾美也子（2012）「食料品購買における消費者満足とストア・ロイアルティ」『経営論集』（東洋大学経営学部），79, 61-72. http://id.nii.ac.jp/1060/00003657/

和田充夫（2002）『ブランド価値共創』同文舘出版.

和田充夫・梅田悦史・圓丸哲麻・鈴木和宏・西原彰宏（2020）『ブランド・インキュベーション戦略—第三の力を活かしたブランド価値協創』有斐閣.

参考資料

佐藤英彬（2022.2.2）「期待の『相乗効果』振るわず—セブン＆アイ，そごう西武の月内入札実施へ」朝日新聞　2022.2.2号　p.6.

ダイヤモンドオンライン（2016.1.4）なぜ，『百貨店』は衰退したか？　ダイヤモンドオンライン. https://diamond.jp/articles/-/83913

日本経済新聞（2020.5.22）全国百貨店売上高，4月は72.8％減　コロナ禍で過去最大の減少率. 日経QUICKニュース. https://www.nikkei.com/article/DGXLASFL22HRJ_S0A520C2000000/

日本百貨店協会（2020.5.22）令和2年4月　全国百貨店売上高概況. https://www.depart.or.jp/store_sale/files/2020.04zenkokup.pdf

日本百貨店協会（2020.6.23）令和2年5月　全国百貨店売上高概況. https://www.depart.or.jp/store_sale/files/r22020.05zenkokup.pdf

第1部
消費者ライフスタイルと百貨店との関係性：百貨店の市場における役割の確認

　第1部では，百貨店業種および業態を規定する定義の曖昧性や不十分さを指摘した後，消費者基点から百貨店を定義することのマーケティング戦略策定上の重要性を示唆する。また，消費者基点の百貨店を検討するひとつの視点として，百貨店の成り立ちと親和性の高い，ライフスタイル概念に着目し，消費者行動との関係を明示する。そのうえで，生成期（誕生期）から現在の衰退期までのわが国の百貨店ライフサイクルの変遷をたどり，百貨店が消費者のライフスタイルにどのように貢献してきたのかを議論する。

第 **1** 章

百貨店とは：百貨店の定義とその課題

―――――――― 概　要 ――――――――

　本章では，百貨店業態[1]がどのように定義されているのかを確認する。また，既存の定義では，消費者による百貨店に対する知覚の側面が反映されていないこと，さらに，消費者基点の百貨店定義の不在によるマーケティング戦略上の課題も指摘する。

　また本章の最後では，百貨店リテールブランドを検討するうえで，機能（ビジネスモデル），消費者（顧客），ブランドの3つの視点が重要であることを示唆する。

1

はじめに

　「小売りの王様」と称される百貨店は，現在の市場においてどのような存在といえるのか。この問いこそ，本書の議論の核となる問いである。

　次章で詳しく記述するが，百貨店は近代的販売方式を携え，商品の販売やサービスの提供だけでなく，わが国のライフスタイルや文化の形成に大きく寄与してきた[2]。

　しかし，田村（2008）が指摘するように，バブル経済の終焉以降，百貨店の市場における立ち位置は危ぶまれている[3]。この背景として，総合スーパー（General Merchandise Store: 以下 GMS）やショッピングセンター（Shopping Center: 以下 SC），ディスカウントストア（Discount Store: 以下

1　本書における「業態」とは「業種」を内包する概念である（詳しくは序章を参照されたい）。
2　例えば山本・西沢 1999，藤岡 2006，志賀 2018，谷内・加藤 2018，島永 2021 など。
3　田村（2008）は，百貨店は近代流通業態の中ではただひとつの衰退過程（死活過程）に属する業態であると指摘する。

DC）といった競合業態の乱立や，バブル崩壊によってわが国の経済状況が悪化し，百貨店の基幹商材である，高価格帯の嗜好品に対する需要が減反したことなどが指摘されている（小山 1997[4]，新井田 2010[5]，伊藤 2019[6]）。この「失われた 20 年」と称される経済環境の変化により，百貨店間での業務提携，そして統廃合が促進されることとなった。

　さらに，2008 年 9 月に起こったリーマン・ショック[7]，消費税の増税，また東日本大震災をはじめとする災害[8] による影響もあり，いわゆる「（消費者の）百貨店離れ」[9,10] はさらに加速している[11]。たしかに，インバウンド消費が好調であったこともあり，主に都市部の百貨店では増収も確認された。

4　小山（1997）は，バブル崩壊以前の 80 年代初頭において，すでに百貨店の業態としての経営構造の課題，（損益分岐点比率が 90 ％を超える）低い利益率体質が問題視されていたと指摘する。この高い損益分岐点比率の問題とは，常に売上が増加することを前提とている点である。しかし，プラザ合意（1982 年）を契機としたバブル経済の恩恵によって売上が加速度的に伸びたことで，その課題解決のための構造変革の必要性が軽視されることとなった。しかし，その後バブルが崩壊したため，再びその課題が顕在化した。小山（1997, p.80）は，百貨店業態の損益分岐点比率が 93 年（97.82 ％），翌 94 年（97.08 ％）となっていることを踏まえ，百貨店業態とは「構造不況産業」に位置づけられると議論する。また小山（1997, pp.22-23）は，（バブル経済以降の損益分岐点比率上昇を導く）売上の低減をもたらした要因として，市場の低価格化の影響を指摘する。

5　新井田（2010）は，百貨店衰退の理由を，競合業態との過当競争と，百貨店の委託仕入制度の弊害であると指摘する。

6　伊藤（2019）は，経済産業省の「商業動態統計」と「日本百貨店協会統計年報」を比較し，小売業自体の売上規模が低減していないと指摘する。そのうえで，百貨店の売上が他の業態に比べ大きく低減していることを指摘する。

7　北海道の老舗百貨店である丸井今井の 2009 年の経営破綻の理由のひとつに，リーマン・ショックを契機とした減収がある（日経 MJ〔流通新聞〕2009 年 2 月 2 日：最終アクセス 2020 年 12 月 4 日）。経営破綻後，丸井今井は同年に三越伊勢丹ホールディングスに経営権を委譲することとなった。2009 年までは北海道に 7 店舗を保有している丸井今井であったが，その名前を有する店舗は現在では 2 店舗（札幌本店，函館店）のみとなっている。

8　青森県青森市に本社を置く中三は 2011 年 3 月 31 日に震災による売上減少により，民事再生手続きを青山地裁に申請した（2015 年 2 月 26 日付けで青森地裁から民事再生手続きの終結決定を受け，再建完了となった）（日本経済新聞　朝刊 p.12 2011 年 3 月 31 日：日経テレコン 21 最終アクセス 2020 年 12 月 12 日，日本経済新聞　地方経済面 東北 p.2 2015 年 2 月 27 日：日経テレコン 21 最終アクセス 2020 年 12 月 12 日）。東北に拠点とする百貨店以外の百貨店も同時期売り上げを減退させている。国内百貨店の売上高は前年（2010 年）同月比で 17 ％の落ち込みが確認されている。この背景には，節電や計画停電のため営業時間が短縮されたことによる影響があった（日本経済新聞　朝刊 p.11 2011 年 4 月 9 日：日経テレコン 21 最終アクセス 2020 年 12 月 12 日）。

9　小山（1997, p.68）は，"百貨店離れ"は 1970 年代後半からの傾向であることを指摘する。そしてその背景として，GMS やカテゴリーキラーとなる専門店などの競合業態が躍進したこととともに，消費者の意識が「モノ」から「コト」へ移行するという，消費志向の変化を挙げている。

しかしその一方で，地方百貨店の多くはその恩恵を享受できず（梅咲2020）[12]，売上の減少に歯止めが利かない状況に直面していた。

そして現在，われわれはコロナ・ウィルスによるパンデミックという新たな環境変化への対応が求められている。このような様々な不確実性と，消費者の消費志向の変化を踏まえ，今後百貨店はどのように自身の存在意義を戦略的視点から再考すべきであろうか。

本章では，そもそもわが国の百貨店とはどのような存在であるか，その定義を確認することから議論をはじめる。その後，百貨店定義の不十分さを指摘し，現代の百貨店が直面する課題を踏まえ，消費者基点から百貨店を定義することの重要性を示唆する。

2
百貨店の定義とは

2-1　現在の百貨店の定義および選定基準

そもそも「百貨店」とはどのような業態なのであろうか。広辞苑を紐解くと「多種類の商品を大きな売場の中で各部門にわけて販売する大規模な小売店」[13]と定義されている。

このような一般的認識を表象する定義に対し，百貨店を他の業態と弁別する代表的な基準としての定義には図表1-1に挙げたものがある。

ひとつは，総務省による「日本標準産業分類」に用いられる定義であ

10　梅咲（2020, p.226）は，買物意欲の減退の外的要因として，バブル崩壊，リーマン・ショックに端を発した世界的な金融危機，消費税増税の存在を挙げている。このような要因によって，現在の消費者（所得の中間層）の消費は，必要とするものに対しては支出をするが，そうでないものには極力支出を抑えようとする，「二極化」の消費が顕在化していると指摘する。

11　多くの文献において景気低迷による消費の減退を議論しているが，鈴木（2013）はリーマン・ショックなどの経済低迷時においても，対象となる商材の変化はあったものの，「自分へのご褒美消費」意向が減退していなかったことを，ご褒美消費に関連する記事数の推移から指摘する。

12　梅咲（2020, p228）は，訪日外国人観光客の恩恵を受けるのは，「空港に近い都市部に構える一握りの店舗だけ」と指摘する。

13　広辞苑（第6版）。

る[14]。「衣，食，住にわたる各種の商品を小売する事業所で，その事業所の性格上いずれが主たる販売商品であるかが判別できない事業所であって，従業者が常時 50 人以上のもの」を百貨店および GMS と定義する。この定義では，まず百貨店と GMS を弁別していないことに留意する必要がある。その一方，商品品目の品揃えの広さから，百貨店と，専門店や食料品スーパー（以下 SM）とを弁別する[15]。

　ひとつは，経済産業省による「商業統計調査」に用いられる定義である[16]。そこでは，百貨店および GMS を「衣食住にわたる各種商品を小売し，そのいずれも小売販売額の 10% 以上 70% 未満で，従業員が常時 50 人以上のもの」かつ「売場面積が一定以上（特別区，政令指定都市で 3,000 ㎡，その他の都市で 1500 ㎡）の商店」とする。百貨店と GMS との違いは，「セルフ方式（対面販売の比率が 50% 以下）」の比重の違いである。また，同統計調査では専門店を「衣食住のどれか 1 つが売上の 90% 以上を占めるもの」と定義しており，この定義に当てはまる場合は店の規模や販売方式によらず「専門店」として取り扱われている。

　ひとつは，商業動態統計調査の基準に用いられる定義である[17]。基本的には「日本標準産業分類」準ずる基準を用いて百貨店・GMS とそれ以外の産業を弁別している。「日本標準産業分類」との違いは，商業統計と同様，セルフ方式の比重によってそれらを弁別している点である。ただ留意しなければいけないのが，売場の㎡数の違いである。商業動態統計調査で規定する㎡数は商業統計の半分となっている[18]。

　このように，行政による百貨店の定義を観ても，統一的な見解が明示され

14　総務省（2017）「日本標準産業分類（平成 25 年 10 月改定）（平成 26 年 4 月 1 日施行）」（最終アクセス 2020 年 12 月 14 日）

15　総務省（2017）では各種商品小売業（中分類）における百貨店・GMS とそれ以外の産業を，「従業者が常時 50 人以上であっても衣，食，住にわたらない事業所は主たる販売商品によって分類する。」という基準を設け，弁別している。

16　経済産業省（2017）「平成 26 年商業統計調査関係 業態分類表」（最終アクセス 2020 年 12 月 14 日）

17　経済産業省（2017）「平成 26 年商業統計調査—利用上の注意—」（最終アクセス 2020 年 12 月 14 日）

18　しかし，商業統計調査は 2020 年 3 月 31 日に廃止が決定，今後は経済構造統計に統合・再編されることとなった。そのため百貨店の基準も今後刷新される可能性が存在する。

図表 1-1　百貨店（産業・業態）の定義および選定基準

		定義 / 対象企業の基準	GMS との違い	専門店との違い
行政	日本標準産業分類（総務省）	衣，食，住にわたる各種の商品を小売する事業所で，その事業所の性格上いずれが主たる販売商品であるかが判別できない事業所であって，従業者が常時50人以上のものをいう。		衣，食，住に関わる主たる販売商品であるかが判別できない事業所であって，従業者が常時50人以上。
	商業統計（経済産業省）	産業分類「百貨店，総合スーパー」とは，衣，食，他（＝住）にわたる各種商品を小売し，そのいずれも小売販売額の10%以上70%未満の範囲内にある事業所で，従業者が50人以上の事業所をいう。また「3,000 ㎡以上（都の特別区及び政令指定都市は6,000 ㎡以上」を大型百貨店，「3,000 ㎡未満（都の特別区及び政令指定都市は6,000 ㎡未満）」をその他の百貨店とする。	非セルフ方式	特定の商品分類に特化（90%以上）していない。「3,000 ㎡以上（都の特別区及び政令指定都市は6,000 ㎡以上」を大型総合スーパー，「3,000 ㎡未満（都の特別区及び政令指定都市は6,000 ㎡未満）」を中型総合スーパーとする。
	商業動態統計（経済産業省）	日本標準産業分類の百貨店，総合スーパーのうち，スーパーに該当しない事業所であって，かつ，売場面積が特別区及び政令指定都市で3,000 ㎡以上，その他の地域で1,500 ㎡以上の事業所をいう。	非セルフ方式	日本標準産業分類に準ずる。
日本百貨店協会		物理的に独立した店舗面積が1,500 ㎡以上のもので，日本百貨店協会に加盟している企業。		
その他		百貨店統一伝票を使用する企業。		

出典：宮副・内海（2011），総務省（2017），日本百貨店協会（2021）を基に筆者作成

ていないことが指摘される。

　さらに，明確に定義されているものではないが，百貨店とその他の小売業を弁別するものとして，日本百貨店協会による基準がある。この基準では，「物理的に独立した店舗面積が 1500 ㎡ 以上のもので，日本百貨店協会に加盟している企業」を百貨店とする[19]。

　また，仕入の伝票処理に関する商品取引を基準とするものも存在する。SM が「チェーンストア統一伝票」を使用する一方で，「百貨店統一（共通）伝票」を使用する企業を百貨店と位置づけるといったものがある[20]。

　以上のように，現在用いられている百貨店を説明する定義やその他の小売業と弁別するための基準を規定する定義を概観しても，統一的かつ明確なものが存在していないことがわかる。そしてこの百貨店産業あるいは業態の領域を規定する定義自体の曖昧性により，百貨店なのか GMS なのか弁別するのが難しい企業も存在する。

　例えば，伊藤（1998）[21] や宮副・内海（2011）[22] が指摘しているように，新聞やビジネス雑誌において百貨店として位置づけられることもある丸井は，商業統計などで用いられる産業区分，日本百貨店協会の基準，あるいは使用する伝票の種類を考慮すると，「百貨店」ではない[23]。また，J. フロントリテイリング傘下の PARCO が丸井同様百貨店協会の基準外である一方で，一見同様の業態と消費者に認識されうる，東急百貨店が経営する渋谷ヒカリエ ShinQs は，百貨店として扱われている（実際，日本百貨店協会が発行する会計年報では百貨店の売上の一部として計上されている）。

　このように，そもそも「百貨店業態をいかに定義するのか」，また「他業態といかに区分すべきか」ということに関するその線引きが大変不明瞭となっている。

19　詳しくは，日本百貨店協会（2021）『2020 年 令和 2 年 日本百貨店協会統計年報』，p.1 を参照されたい。

20　詳しくは，宮副・内海（2011）p.3 を参照されたい。

21　伊藤（1998）p.22

22　宮副・内海（2011）p.4

23　丸井グループ内の小売事業の産業区分は「小売業」となっているものの，「百貨店」あるいは「GMS」といった「小分類」の区分は付与されていない（インタビュー日：2021 年 12 月 30 日）。

3
学術的視点からの百貨店の定義

　百貨店の衰退にかかわる議論において，競合業態である GMS の誕生と躍進がその主たる要因として語られることが多い。しかし，上述した定義では，百貨店と GMS を明確に弁別できておらず，両業態の機能や役割の同質性と異質性を充分に説明できていない。

　では改めて百貨店とはどのように定義しうるのか。近年の学術領域における議論を概観しても，百貨店とは何かを定義する研究者は少ない。よって，本節ではまず，第一次百貨店法（旧百貨店法）制定（1937 年施行）に伴い，百貨店を規定する必要に迫られた当時の研究に遡り，その定義を確認する。第一次百貨店法は，はじめて法的に百貨店を規定したものであり，先述した百貨店の産業区分の基盤を形成した法律である。そこでは，百貨店とは「店舗面積 1,500 ㎡以上（商工大臣が指定した，東京，京都，大阪，横浜，神戸，名古屋の区域では 3,000 ㎡以上）の売場面積を有し，衣食住に関する多種類の商品の小売業を営む者をいう」[24] と定義されている。

　また本節では，近年の既存研究における定義を概観し，それらの課題も指摘する。

3-1　旧百貨店法制定当時の百貨店の定義

　松田（1939）は，百貨店に関してさまざまな名称が用いられていたことを指摘した後[25]，本質的属性から百貨店を捉えるべきであるとし，経済学的視点から百貨店を「多種類商品を合理的組織のもとで販売する，統一された

24　第一次百貨店法第一條より（松田 1939，p.321）。原文では「本法二於テ百貨店業者ト稱スルハ同一ノ店舗二於テ命令ヲ以テ定ムル賣場面積ヲ有シ命令ノ定ムル所二依リ衣食住二関スル多種類ノ商品ノ小賣業ヲ營ム者ヲ謂フ」となる。店舗面積に関しては，百貨店法施行規則の第一條に明文化されており，「百貨店法第一條ノ賣場面積ハ商工大臣ノ指定スル區域二於テハ三千平方米以上，其ノ他ノ區域二於テハ千五百平方米以上トス」と明記され，また店舗面積は店舗の床面積の 95％ と定められていた（松田 1939，p.326）。加えて，商工大臣の指定区域に関しては，百貨店法施行規則第一條第一項ノ規定二依ル區域指定告示にて明記されている（松田 1939，p.338）。

大規模小売店」[26] と定義した。松田（1939）の定義は，百貨店の保有する機能および特徴から導出されたものである。つまり，経営基盤が①小売店であること，ただし専門店と比べ②多様な販売商品していること，また万屋とは異なり③（部門別管理という）合理的な経営組織体を有していること，また商店が集まる市場（いちば）とは異なり④経営の統一性があること[27]，そして他の商店と異なり⑤大規模であること，という 5 つである。

　②に関する松田（1939）の議論を観ると，その当時から百貨店は多種多様な商材の販売をするだけでなく，加工・生産・卸売とともに，演芸や金融サービスなどを提供していたことが確認できる[28]。現在の百貨店の経済活動を鑑みても，商品や商品に付随するサービスの提供を主としながらも，卸売，プライベートブランド（以下：PB）の企画販売という“生産”，洋服の仕立て直しなどの“加工”にかかわる業務がある。また，保険や金融サービスを提供するテナントを設けている百貨店店舗も存在する。加えて，劇場を店内に有する百貨店は近年無くなってしまったが[29]，渋谷の東急百貨店と東急文化村のように，百貨店と劇場（映画館を含む）が隣接するストア（店舗）もある。また，エンターテインメントにかかわるサービスとして，子供向けのゲームコーナーなど，いわゆる屋上遊園地を設置する百貨店も，現在では数は少ないものの存在している[30]。

　④統一性は，市場（いちば）にはない，組織運営にかかわる統一性や一体

25　松田（1939, p.1）は，他国の百貨店にかかわる用語を紹介している（アメリカでは Department Store，イギリスでは Department Store と Retail Distributing House，ドイツでは Warenhaus，フランスでは Grand Magasin）。そしてわが国では，アメリカでの用語，Department Store を原語とし，部別営業，小売大店舗，百貨商店などの呼称も存在したが，百貨店およびデパートメントストアに収束したと議論している。

26　松田（1939, p.2）では，百貨店ではなくデパートメントストアの呼称を用いて，わが国のみならず世界の百貨店を対象とし，定義を試みている。この定義は，松田（1931, p.4）の「多種類商品を，合理的組織の下に販売する，統一せられた小売店」という定義を一部修正したものである。原文では，「多種類商品を，合理的組織の下に販売する統一せられた大規模小売店」と記している。

27　松田（1939, p.7）は，当時の百貨店の競合業態であった観工場や合同組織百貨店も，統一性を保有していると議論する。

28　松田（1939）p.2

29　2020 年 11 月 20 日にパルコへと転換した旧大丸心斎橋店北館には，それ以前のそごう心斎橋本店からの名残を残し大丸心斎橋劇場が店内に存在した。

30　松坂屋名古屋店スカイランドなど。（最終アクセス 2020 年 12 月 15 日）

感の重要性を示唆するものであるが，松田（1939）は当時の合同組織百貨店の失敗事例[31] について，この組織としての統一性の不十分さが起因したと指摘する。加えて同氏は，百貨店が貸借部門（テナント運営）を収容し，ひとつの組織体として同化しうることを示唆している。しかしその一方で，貸借の比重の高まりが統一された店舗の政策を乱し，制度の一体感を損失する，と同氏は指摘する[32]。

　水野（1940）は，それまでの百貨店にかかわる定義を整理概観し，統一的な定義がないことを指摘している（図表1-2，1-3）。また，部門別管理[33] を基点とする定義に関して，専門店[34] においても部門別管理が実施されていることを踏まえ，その不十分さを指摘する。さらに同氏は，河津（1930）などの議論を一部踏襲し，百貨店を定義することが難しいことを受容しつつも，Nystrom（1930/1978）の議論[35] を踏まえ，「百貨店とは呉服類を重要部門とする多種類の商品を，一堂に陳列販売する一個の大型小売商店である」と定義する[36]。

　加えて，百貨店とは本質的に万屋に通ずる業態であり，生活にかかわる商材一般を供給する商店であって，地域のコミュニティの場であると議論する[37]。そしてその両業態の違いとして，百貨店が大規模経営を実践している点に加えて，商材の中心を呉服類とする点であると主張する。

　水野（1940）の定義は，①幅広い商品の取り扱い，②部門別管理，③大規模店舗，④（経営の）統一性，⑤呉服類を中心とする品揃え，という特徴に焦点を当てたものである。同氏の定義は松田（1939）のそれと近似的といえるが，その違いは，松田（1939）が百貨店の品揃えにサービスを内包

31　松田（1939, p.7）はHirsch（1925）などの既存研究の議論を踏まえ，合同百貨店や勧工場の失敗の容認として，マネジメント体制の統一性が不十分であったことを指摘している。

32　松田（1939），p.8

33　水野（1940）では部門制度という用語を用い議論している。

34　水野（1940, p.6）は，丸善，美津濃（現 ミズノ株式会社），三省堂を挙げ，専門店であっても部門別管理を実施していることを指摘した。

35　Nystrom（1930/1978），p.125

36　水野（1940），p.8　この定義は，水野（1938, p.9）の「百貨店とは呉服類を中心とする多種類の商品を，一堂に於て陳列販売する一個の小売大商店である」という定義を一部修正したものである。原文では，「百貨店とは呉服類を重要部門とする多種類の商品を，一堂に於て陳列販売する一個の小売大商店である」と記している。

図表 1-2　百貨店法制定前後の百貨店定義（海外）[38]

国	年	論者/組織	定義
アメリカ	1920	Copeland	デパートメント・ストアとは，その言葉の本来の用法に従えば，部門制度の下に組織され，主たる部門の一つとして衣料品（Dry Goods）を扱う小売商店である。
	1923	Clark	デパートメント・ストアとは多種類の商品を販売する小売店であって，その取り扱い商品が種類別に分類され，それらの商品の管理および店内の配置，また会計上も独立し，関して部門別単位で経営されるものである。
	1930	Nystrom	デパートメント・ストアとは多様な商品を取り扱う小売制度を有し，店舗内の配置や，また会計および管理に関しても，他部門と区分された部門化（Departmentized）が導入されているものである。
	1935	Brisco	デパートメント・ストアとは，衣料品を中心とした，部門別の営業を形態をとる組織と定義することができる。衣料品の取り扱いを中核とするのは，多くのデパートメント・ストアのその前身が衣料品販売店から発展した事実に基づくためである。
	1935	U.S. Department of Commerce	デパートメント・ストアとは，商品が多数の部門に区分される小売店である。比較的重要なる部門の一つが，婦人服と家具の販売に当てられて居る小売制度である。
フランス	1920	Colson	百貨店，今日その名称は，その（規模の）大きささというよりもむしろ，その多数の特徴によって他と区分される商店に用いられている。最も共有されているもの（特徴）とは，衣と住とに関する商品を多数取り揃え，さらに玩具，文房具，書籍，パリ製の小間物（Les articles de Paris）をも取り扱っている。またさらに取扱を拡張して，食料品部門を設け，栄養にかかわる多数の部門を取り扱っているものがある。それらは時間の経済，すなわち店から店へと買い回る代わりに，同じ店舗内で総ての買物をすますことができるという，利便性を提供することによって，集客を図っている。初期段階の百貨店は，家計が潤沢な有閑階級を対象にしたものであったが，今日の多くの百貨店では，それ以外の給料の良い労働者を顧客としている。
ドイツ	1921	Philippovich-Somary	一ヵ所の場において，商品の小売販売を営む商事企業であって，店舗を訪れる顧客に対し，様々な商品を大量に提供する経営手法を用いる企業を百貨店とする。
	1922	Wernicke	百貨店とは，営業課目を一種に限定せず，活動範囲を拡張して全ての商品部門を包括し，而も各部に於て出来得限り其完璧を達せんと努むる店舗である。
	1927	Sombart	独立した小売業の集合体であり，大規模なもの。

出典：Copeland(1920/2012)[39]，Clark（1922/1925）[40]，Nystrom（1930/1978）[41]，Brisco（1935）[42]，U.S. Department of Commerce（1937）[43]，水野（1940）の議論を基に筆者作成

37　水野（1940）が議論する万屋とは，「生活用品全般を取扱い，現在でも寒村僻地においてそれらを供給している（生活資料一般を取扱ひ，又今日に於ても寒村僻地に於てる生活資料一般を供給してゐる）」小売商を指し，Nystrom（1915, p.35）の「往時の萬屋は呉服，金物，食料品及び…（中略）…村人に取つては社交の中心として役立つてもゐた（The old-time general store distributed…as the village social center for the men）」という議論を踏まえ，百貨店業態の本質的要素を成す業態として位置づけている。（cf. 水野 1940, pp.6-8）。Nystrom（1930/1978）では，「万屋の店主は地元の司法官や公証人を兼ねることが非常に多かった。（原文 "The general store keeper was also very frequently the local justice of the peace or public notary."）」と議論されている（詳しくは，Nystrom 1930/1978, pp.80-82 を参照されたい）。

38　水野（1940）による Colson（1920）の定義の訳（原文）は「百貨店，今日此名称は，其大さと云うよりも寧ろ其持つてゐる多数の特徴によつて他と見分けられる商店に，特に区別して用いられてゐる。最も重なるものは衣と住とに関する商品部門の多数を取り集め，それに玩具，文房具，書籍，巴里製の小間物（Les articles de Paris）を指し加えてゐる。又更に拡張して食料品部を設け，其處に栄養に関する多数の部を取り纏めてゐるものもある。それ等は時間の経済，即ち店から店へと駆け廻る代わりに同じ店の中で総ての買物をなすの便利を各人に用へることによって，顧客を吸収してゐる。最初のものは生計の豊かなブールジョワ階級に呼びかけたが，今日では多くのものが下層の使用人や給料の良い労働者の間にも顧客をつくっている」となっている。また Philippovich-Somary（1921）の訳（原文）は「一つの場所に於て商品の小売販売を営む商事企業にして，其店舗を訪れる得意に各種の商品を大量に提供する方法に於て業務を営むときは，かかる商事企業を之を百貨店と称す。」，Wernicke（1922）の訳（原文）は「百貨店とは，営業課目を狭き一種に限らず，否其活動範囲を延長して全商品部門を包括し，而も各部に於て出来得限り其完璧を達せんと努むる店舗である。」，Sombart（1927）の訳（原文）は「独立せつ小売営業の集合，規模の大」となっている。詳しくは，水野（1940），pp.2-3 を参照されたい。

39　Copeland（1920/2012, p.52）の原文は，“A department store, according to the customary usage of the term, is a retail store organized on a departmental system in which one of the large departments in dry goods.” となり，水野（1940, p.1）による訳（原文）は「デパートメント・ストアとは，その言葉の在来の用法に従えば，部門制度の下に組織され，主たる部門の一つとして衣料品（Dry Goods）を扱う小売商店である」となっている。

40　Clark（1922/1925, p.218）の原文は，“The department store is a retail establishment which sells a variety of goods, and in which the merchandise is divided into classes – each one of which is handled in a department which is distinct as to management and location within the store, and which is carried in the accounts as a separate entity.” となり，そして水野（1940, pp.1-2）による訳（原文）は「デパートメント・ストアとは多種類の商品を販売する小売商店であって，其取扱ふ商品が種類別に分類せられ，而も其各々が管理及び店内の位置に於て其他の部門と区別せられ，且つ会計上独立の単位として経営せられる一部門として取扱はれるものである」となっている。

41　Nystrom（1930/1978, p.125）の原文は，“The department store is a retailing institution that deals in many lines of goods, each line separated or “departmentized” from the rest, both in location within the building and in the concerns’ systems of accounting and management.” となり，そして水野（1940, p.1）による訳（原文）は「デパートメント・ストアとは多方面の商品を取扱ふ小売制度にして，各方面が其店舗内の位置に於ても，又其店の会計及び管理に於ても，他と分離即ち所謂部門化（Departmentized）されているものである」となっている。

42　Brisco（1935, p.2）の原文は，“A department store may be defined as one organized on a departmental basis where one of the major departments is dry goods. The special statement referring to dry goods is due to the fact that many department stores developed from earlier dry-goods stores.”，そして水野（1940, p.2）による訳（原文）は「デパートメント・ストアとは，部門別に営業を為し，其主たる部門の一つが呉服類である一つの組織なりと定義することができる。而して特に呉服類と稱するのは，多くのデパートメント・ストアが其前身たる呉服屋から発達した事実に基くものである」となっている。

43　U.S. Department of Commerce（1937, p.62）の原文は，“Department stores are departmentized general merchandise stores, usually of the full service type, carrying men’s women’s, and children’s apparel, furnishings and accessories, dry goods, home furnishings, and many other lines.” となり，そして水野（1940, p.2）による訳（原文）は「デパートメント・ストアとは，商品が明確なる多数の部門に区分せられ，比較的重要なる部門の一つが，婦人服と家具の販売に当てられて居る小売制度である」となっている。本書では U.S. Department of Commerce（1937）の原文に沿った訳を記載した。

図表1-3　百貨店法制定前後の百貨店定義（国内）

1924	戸田海市	百貨店とは大規模の小売業であり，商品取扱もしくは消費の目的に関して，必ずしも密接な関係性が存在しない多種多様な商品を取り揃えるもの。
1926	石川文吾	デパートメント・ストアとは，同一の商店が数十の部に分かれ，家具部門や衣服部門など，同一商業主体の経営の下，多種多様な日用品を販売する小売商店の意味である。
1928	小林行昌	百貨商店（Department store）あるいは小売大商店（Big-store〔英〕,Warehauser〔独〕）とも言い，店舗を部門に分けて，全ての商品を販売する大規模な小売商店をいう。
1933	村本福松	デパートメント・ストアとは統一した部門制売買を基本とする様々なものを取り扱う大規模小売店をいう。
1935	谷口吉彦	百貨店とは多種類の商品を部門に分ちて販売する大規模小売商業である。
1938	向井鹿松	百貨店とは衣食住は勿論一般文化生活に必要な多種類の商品を取扱ふ大経営の小売店舗であって，就中買回品を中心とし，且つその取扱品目による分課制度によって組織経営せられる店舗である。
1939	松田愼三	多種類商品を，合理的組織の下に販売する，統一せられた大規模小売店
1940	水野祐吉	百貨店とは呉服類を重要部門とする多種類の商品を，一堂に集めて陳列販売する，独立した小売大商店である。

出典：戸田（1924）[44]，石川（1926）[45]，小林（1928）[46]，村本（1933）[47]，谷口（1935）[48]，向井（1938）[49]，松田（1939）[50] および水野（1940）[51] の議論を基に筆者作成

しているのに対し，水野（1940）は呉服類を中心とする生活全般にかかわる商材に焦点を当てた点である。

　現代の百貨店に当てはめてみても，どちらの定義も百貨店を表象するうえ

44　戸田（1924, p.137）では，「百貨店とは大規模の小売商業にして，商品取扱上若しくは消費の目的上必しも密接の関係を有せざる多種類の商品を取扱ふものを云ふ」と記している。

45　石川（1926, pp.75-76）では，「デパートメント・ストアとは，即ち『一部』から成立せる店と云ふ事であつて同一の商店が数十の部に分かれ，或は家具部・或は衣服部となり，一堂の下に且同一商業主體の経営の下に多種類の日用貨物を小賣する商店の意味である」と記している。

46　小林（1928, p.229）では，「百貨商店（Department store）あるいは小売大商店（Big-store〔英〕，Warehauser〔独〕）とも云ひ，店舗を部門に分ちて，萬般の商品を販売する大規模の小売商店を謂ふ」と記している。

47　村本（1933, p.4）では，「デパートメント・ストアとは統一せられたる部門制売買を基本とする様々なものを取り扱ふ大規模小売店を謂ふ」と記している。

48　谷口（1935, p.255）では，「百貨店とは多種類の商品を部門に分ちて販売する大規模小売商業である」と記している。

49　向井（1938, p.126）では，「百貨店とは衣食住は勿論其一般文化生活に必要な多種類の商品を取扱ふ大経営の小売店舗であって，就中買回品を中心とし，且つその取扱品目による分課制度によって組織経営せられる店舗である」と記している。

50　松田（1939, p.2）では，「多種類商品を，合理的組織の下に販売する，統一せられた小売店」と記している。

51　水野（1940, p.8）では，「百貨店とは呉服類を重要部門とする多種類の商品を，一堂に於て陳列販売する一個の小売大商店である」と記している。

でそん色のないものである。

　むしろ両者の議論を概観すると，戦前の百貨店黎明期において既に，百貨店とは，モノ（Goods）だけでなく，サービスなどを含むコト (Things)[52]，そして経験（Experience）を提供する業態として認識されていたことがわかる。特に経験価値に関して，その当時から議論されていたことは，小売業のあり方を検討するうえで特筆に値する。なぜなら経験価値は，マーケティング研究において Shumit（1999）の議論を契機とし注目されるようになった視点[53]であり，現在では実務においても顧客経験（User Experience: 以下 UX）という用語で声高に議論されているように，マーケティングにおいて重要なトピックとして位置づけられているためである。この経験価値に関する議論も古くて新しい議論といえる。

　また，この当時から百貨店を定義することの困難性が指摘されていることも留意する必要がある。河津（1930）は，「百貨店の実体とは，世間一般で認識されているように明瞭なものではない。よって，百貨店税を新たに課税するに際し，百貨店の定義をまず設けることが必要である。このことはとても容易なことではない。もしその定義が狭義のモノであれば，多くの百貨店が課税負担を免ぜられる可能性がある。特にその税率にしてやや高い稍高い場合，百貨店は多少その組織体制を変更することで，法律上の百貨店と位置づけられなくなり，課税を免除されることになるであろう。（その結果）その他の小売商にとっては百貨店から受ける圧迫という意味では，今日と大差

52　Keller（2003）は，あるブランドの，消費主体以外の消費者やブランドに付随する場所要素，そしてその他のブランドとの関係といった，ブランドが保有する二次的連想の消費者への影響を議論すべきであるとし，統合的なブランド論の視点としてブランド・レバレッジ・プロセス（brand-leveraging process）を提唱する。このブランド・レバレッジ・プロセスでは，ブランド・エクイティ（brand equity）の源泉はブランド知識であると位置づけられている。そして，あるブランドへの二次的関連要素は単に当該ブランドの副次的要素として消費者に認識されているだけでなく，その二次的関連要素がむしろ消費者認識において，当該ブランドの価値を高める可能性を持つと議論されている。その中で，"Events"，"Causes"，"Third Party Endorsements" から構成される Things のブランドへの作用が議論されている。

53　鈴木（2015, p.160）は，Shumit（1999）の研究は経験価値に関する研究の草分けとなった研究であると議論する一方で，実務的な色彩が強い議論であると指摘する。また鈴木（2015, p.160）は，消費者行動研究における消費者の経験に関する議論を概観し，経験に関する概念として，消費経験，サービス経験，製本経験，顧客経験，小売経験，ブランド・エクスペリエンスなどがあると議論する。そして，最も包括的な研究領域として，顧客経験を挙げている。

ないものとなるであろう」[54] と指摘する。また同様に平井（1931）は，「百貨店の形態を観察すると，その性質に多くの側面があることがわかる。世間一般では，百貨店への観察視点を固定化し，つまり限定的に，百貨店が元来では保有していなかった性質を付与し，定義しようとする試みがなされている。結局のところ，このような議論がなされるのも，百貨店が歴史的な産物（業態）であることに由来する。よって（同業態のあり様とは）時代と共に移り，時代と共にその形を変化させるであろう」[55] と述べ，百貨店の多面性に加え，今後変容し続ける業態であることを指摘し，逐次的に定義することの重要性を示唆する。

　このような百貨店の多面性がゆえ，百貨店業態に対する研究者の視点や認識の違いが生じ，定義の困難性がさらに促進することとなった。前述のように水野（1940）が百貨店を万屋に通じる業態であると議論したこととは反対に，松田（1939）をはじめ，万屋との違いを指摘する研究者も多く存在する。例えば，小林（1928）は，松田（1939）が議論したような「統一性」の有無の違いによって万屋および勧工場とは異なる業態であると議論する。福田（1930）は取扱商品，村本（1937）は店舗の規模，向井（1941）は部門別管理と大量購入という特徴の違いに焦点を当て，万屋をはじめ既存の小売業と異質なものとして百貨店を議論している[56]。

　以上のように，百貨店が誕生してから第一次百貨店法が制定・施行された戦前における百貨店の定義を概観すると，その当時から百貨店業態を定義することの困難性が確認された。また統一的な見解が存在しないことも水野（1940）の議論などから確認することができた。本研究において最も重要な

54　河津（1930, p.136）では，「百貨店の実体が世人の信ずるが如く明瞭ではない，従って今百貨店税を起すとすると百貨店の定義から設けてかからなければならない，このことは実に容易ではないのである，若し其定義にして狭きに失せんか，大抵の百貨店は課税の負担を免ずることにならざるを得ない，特に其税率にして稍高かんらんか，所謂百貨店は多少其組織を変更すれば，法律上の百貨店ではなくなることになるから課税を免ることになって，小売商人の百貨店から受くる圧迫は今日と大なる差異は見ないことになる理である」と記している。

55　平井（1931, pp.30-31）は，「百貨店の形態は，これを観察するに従って其性質に甚だ多くの側面があることを知る。世往々にして，百貨店を固定的に限定し，本来的ならざる性質をこれに付与して観察を試むることがある。畢竟これも亦，歴史的の所産であるが故に時代と共に移り，時代と共に其形を變ずるであろう」と記している。

56　宮副（2007）も戦前の研究者の，百貨店定義に対する認識の違いについて議論している。

ことは，戦前の百貨店の定義はマネジメント視点や業態の機能面から試みられたものであり，消費者にとってどのような存在たるかを議論するものではないという点である。

3-2　戦後の研究における百貨店の位置づけ：
Pasdermadjian（1954）の研究

　戦後以降も百貨店に関する議論は，戦前の研究同様，業態の機能や取引慣行から議論されることが多かった。その中でも，現在でも百貨店を議論するうえで，重要視される研究として Pasdermadjian（1954）の研究がある。

　Pasdermadjian（1954）は，歴史学の見地から百貨店の変遷を，創成期（formative year）（1860-1880），躍進期（next and great period）（1880-1914年），運命期（making time）（1920-1940），攪乱期（interruption）（1940-1950年）の 4 つに区分し，その各時期の市場における百貨店の位置づけを議論する[57]。同氏の研究は，百貨店の定義を検討するものではないものの，百貨店たらしめる機能的要因の検討や，欧米の百貨店の発展過程について言及した，百貨店を議論するうえで欠かせない研究である。

　Pasdermadjian（1954）は創成期（1860-1880）の百貨店の機能を中心にその特徴を議論する。そして同氏は，Boucicaut 夫妻による世界初の百貨店 "Au Bon Marché（廉売市場）" の発展を手始めに，その後の同ビジネスモデルが波及した過程とその過程において特徴が変化したことを議論する[58]。

　Bon Marché は，「女性の布地などの流行品を販売する衣料品店」[59] を意味

57　創成期，躍進期，運命期，攪乱期の記述は，Pasdermadjian（1954／翻訳 1957, pp.1-2）の訳を踏襲している。

58　松原（2008, p.464）は，1850／60 年代の Bon Marché はマガザン・ド・ヌヴォテの段階であることから，Bon Marché を世界初の百貨店であると位置づけた Pasdermadjian（1954）の議論の不十分さを指摘する。また Miller（1981）の議論を踏襲し，近代百貨店の設立時期を確定することの困難性を指摘している。加えて松原（2008, p.465）は，Benson and Shaw（1992/1996）の議論からマーブル・パレスやメーシーズなどの北米の店舗が最初の百貨店であるという説，さらに Adburgham（1981）の議論から Newcastle や Bainbridge などの店舗が 1850 年以前からすでに百貨店の特徴的機能を有していたという説が存在することも紹介している。

59　鹿島（2012），p.17

するマガザン・ド・ヌヴォテ（magasin de nouveauté, drapery and fancy goods store 流行品店・新物店[60]）の反物専門店として，フランスのパリで1852 年に創業した。マガザン・ド・ヌヴォテは，ショー・ウィンドウ，広々とした店内，陳列販売，明るい照明などを特徴とする小売店であり，フランスの王政復古期頃に隆盛を極めた，画期的なコンセプトを有する業態であった[61]。もともと Boucicaut は，パリのフォーブール・サン＝ジェルマン近くのバック街にあったマガザン・ド・ヌヴォテ，Au Petit St Thomas[62] の社員である[63]。

Boucicaut は Petit St Thomas での経験を生かし，マガザン・ド・ヌヴォテの特徴を含め，Pasdermadjian（1954）が特徴的要因であると議論する，「高商品回転率・低価格販売[64]」，「現金販売」，「定価販売」，「入店自由[65]」，そして「返品・取替制度」といった機能[66]を有する店として Bon Marché[67] を開業した。そしてその後，陳列販売形式の採用[68]や販売促進や広告の活用，当時のパリにおける他の小売業とは一線を画す成功を収めることとなる。

Pasdermadjian（1954）の研究を整理した宮副（2004）は，Pasdermadjian

60　松原（2008, p.460）の訳を採用した。

61　詳しくは，鹿島（1991）および松原（2008, 2010）を参照されたい。

62　松原（2010, p.321）は，マガザン・ド・ヌヴォテ商法の基盤を確立した人物こそ，Au Petit St Thomas の創業者である Siméon Mannoury 1788-1862 年）であると議論する。松原（2008, p.467）のいうマガザン・ド・ヌヴォテ商法とは，「低価格，定価表示，現金販売，入店自由，返品・返金制度，商品・見本の国内無料発送，および店構えや店内の広さ・装飾，看板・広告・ショーウィンドウなどの活用といった販売方法・技術」を指す。

63　詳しくは，鹿島（2012）を参照されたい。

64　マークアップ（仕入値に対する利幅額）を抑え，薄利多売体制を採用することによって競合の小売業よりも高い販売量を実現し，その結果さらに商品回転率を高めることとなった。当時，他の小売店のマークアップ率（マージン）が 30 ～ 40 ％であったのに対し，Bon Marché のそれは18 ～ 20 ％であったという（詳しくは，鹿島 2012, pp.37-38 を参照されたい）。

65　Bon Marché の特徴である「入店自由」とは，誰でも入店が認められるということと，そして（入店したとしても必ずしも買わなければならないということでなく）自由に商品を観察することが可能であること（出店自由）を意味する（Pasdermadjian 1954, pp.3-4 ／ 翻訳版 1957, p.17）。出店自由という点が，マガザン・ド・ヌヴォテと百貨店との違いである（詳しくは，鹿島 2012, p.31 を参照されたい）。

66　Bon Marché の特徴に関して，本書では Pasdermadjian（1954, pp.3-4 ／翻訳版 1957, p.17）を基に，関根（2005, p.53）および鹿島（2012, pp.37-38）の議論を参考にした。

67　Bon Marché の特徴に関しては様々な議論が存在する。例えば，懸田・住谷（2009, p.94）は，Bon Marché の特徴とは，「定価販売」，「現金販売」，「品質保証」，「返品自由」，「開放的陳列」であると議論する。

（1954）が着目した百貨店の機能を，①大量生産製品の大量販売機能（安定供給機能），②質のある生活関連商品のワンストップ提供機能，③商品企画機能，④幅広い生活関連商品の調達と品揃え編集機能（購買代理機能），⑤消費者へ向けた店舗を媒体とした情報発信機能であると議論する。このように Pasdermadjian（1954）の百貨店の議論とは，他の研究同様，基本的にはマネジメント視点や業態の機能面に注目するものであるといえる。

しかし，Pasdermadjian（1954）の研究ではその他にも，注目すべき消費者へ影響する百貨店の機能について言及している。本書では，特に⑥贅沢の民主化と⑦地域の価値（不動産価値）の向上，に関する議論が消費者基点の百貨店イメージを検討するうえで重要な示唆をもたらす視点であると位置づける。

⑥贅沢の民主化に関して，Pasdermadjian（1954）が，「百貨店は贅沢品の民主化をはかった」[69]と述べているように，市場において希少性の高い製品を通常価格よりも廉価に販売することで，一部の消費者（有閑階級）から大衆（主に中産階級）へ，製品およびその製品を用いた生活様式（価値観）の普及に貢献したと議論する。

⑦地域の価値（不動産価値）の向上に関して同氏は，「百貨店はその出現と発展とにより，土地ならびに商店街の価格における非常な上昇を，すなわちたんに百貨店自身の占有する不動産のみならず，近所の不動産の価値をも，また百貨店が位置している都市のその部分全体の価値さえも，これを大きく上昇せしめたことはなんら疑問の余地はない」[70]と議論しており，百貨店自身だけでなく，それが位置する地域の価値の向上に寄与する機能を言及している。

Pasdermadjian（1954）が指摘した，⑥贅沢の民主化と⑦地域の価値（不

68　松原（2010, pp.324-325）は「可視販売（la vente visuelle）」あるいは「展示販売（expositions）」と呼称された陳列販売方式とは，バザール時代への回帰であり，この方式により，商品へ消費者の注意を促すこと，そしてその注意の分散により店内での人流の拡散を促すこと，さらに売場の活気を醸成することなどの利点があったと議論する。

69　Pasdermadjian（1954, p.125/ 翻訳版 1957, p.193）は Emile Zola の表現を援用し，百貨店による贅沢品の民主化を議論している（原文は，To use the expression of Emile Zola, "they have democratized luxury"）。

70　Pasdermadjian（1954），pp.128-129/ 翻訳版（1957），p.198。

動産価値）の向上という百貨店の機能は，消費者が知覚する価値に作用する
ものである。⑥に関しては，ライフスタイル（生活様式）という消費者の価
値観に，⑦に関しては消費者が知覚する地域（「場」）の価値への貢献を意味
する。

　本書では，主にこの2つの百貨店の作用に注目し，百貨店と消費者の関
係性を議論する。

3-3　現代の研究における百貨店の定義

　先述したように，近年の百貨店にかかわる研究において，百貨店とは何か
を定義するものはほとんど存在しない。多くの研究では，「物理的に独立し
た店舗面積が1500㎡以上のもので，日本百貨店協会に加盟している企業」
という日本百貨店協会加盟企業を研究対象とし，その機能や市場での位置づ
けなどを議論する[71]。

　一方，少ないながら百貨店を独自の視点で定義した研究も存在する。北島
（2009）は，「百貨店とは，一つの店舗のなかで部門別管理方式のもとに，
買い回り品，専門品を中心に多種多様な商品を取り揃えて販売する大規模小
売店」[72] であると定義する。

　また坪井（2009）は，関根（2005）の「百貨店を厳密に定義することは
難しいし，国によっても百貨店の実体が異なっている」[73] という議論を踏ま
えたうえ，池尾（1997）[74] の小売ミックスパターンを基軸とした分類視点を
援用し，「一つの建物で，買回品を主体に最寄品までの多様な商品，多種類
のサービスを取り扱い，対面販売，定価販売といった特徴的販売方式を用
い，賃貸売場の単なる集合ではなく単一資本による統一性を有する大規模小
売業」[75] と定義する。

71　例えば，江尻（1994）や伊藤（1998）など。
72　北島（2009），p.1
73　関根（2005），p.52
74　池尾（1997, p.125）は，同じ百貨店業態であっても，「店舗間で小売ミックスパターン（種々
　の流通サービスとその提供条件の組み合わせ）が異なる」ことを指摘している。
75　坪井（2009），p.4

　谷内・加藤（2018）は，わが国の百貨店史を鳥瞰するうえで，百貨店を「流行発信・文化創造を担う大規模小売業」[76]と位置づける。

　北島（2009）および坪井（2009）の定義はどちらも，松田（1939）と水野（1940）の定義と同様，百貨店の特徴であるマーチャンダイジングやサービスの多面性，そして同一資本による経営という意味での統一性という，百貨店の“機能”を中心に据えたものである。

　一方，谷内・加藤（2018）が提示した百貨店の定義は，市場や消費者に対する“役割”に焦点を当てたものである。その意味で，水野（1940）の「地域のコミュニティの場」として百貨店を議論する視点と近似的であるといえよう。

　しかしながら，どの定義も明確に消費者基点で議論するものではない。つまり，一般的な消費者が百貨店に対して知覚評価するであろう，「高級感がある」とか「商品の質が高い」といったイメージ[77]が既存の定義には含まれていないことが指摘される。

　次節では，本章の総括として，この消費者基点の百貨店定義の不在が，なぜ百貨店にとって問題であるのかを議論する。

4
消費者基点の百貨店定義の不在による
マーケティング戦略上の課題

4-1　消費者基点の百貨店定義の必要性

　百貨店定義の不十分さは，多くの研究者や専門家，そして百貨店事業者および従業員が議論する「百貨店の業態内外における差別化の重要性」の根幹を揺るがす問題である。なぜなら差別化戦略とは，まず自社の商品・サービ

76　谷内・加藤（2018, p.8）は明確に百貨店を定義しているわけではないが，百貨店史を「地方」，「女子店員」，「高齢者」というキーワードで議論するうえでの百貨店の役割を明示する。
77　ここで議論するイメージとは総体的百貨店イメージ（百貨店らしさ）を指す。（詳しくは，序章を参照されたい）

スを定義づける明瞭な基準が前提にあり，その基準をベースとし競合他社との差異を設けることで競争上の優位性を獲得しようとする戦略を指すためである。

しかしながら百貨店は，研究者，専門家，消費者だけでなく，その業態内においても市場における位置づけを明確に定義できていない。さらに，「高級感がある」とか「商品の質が高い」等，一般的に消費者が保有するであろう百貨店特有のイメージも，既存の定義には含まれていないことが指摘される。

石井 et al.（2004）は，事業の定義について，「誰に（顧客）」「何を（機能）」「どのように（技術）」から規定できるとし，その定義の違いによって経営資源の配分が変化すると主張する。彼らの議論を踏まえると，百貨店事業者および従業員らは，事業の定義に際し「誰に（顧客）」「何を（機能）」を検討するうえで，消費者の知覚におけるポジショニングを理解する必要がある。そして，「顧客の知覚において，独自のイメージを構築すること」[78] が重要視される。

このように，「消費者の百貨店離れ」を打開するための方略として，どのようにすれば競合業態および競合他社と差別化できるのかを検討するよりも前に，消費者が知覚する百貨店イメージを把握すること，そしてその消費者の知覚を踏まえ，自社リテールブランドの市場での役割や機能を明確に定義することが，百貨店事業者および従業員に求められる。では，消費者が知覚する百貨店イメージとは，どのように理解，把握すべきであろうか。

以下では新倉（2014）の研究を参考に，百貨店に対する消費者認識について議論する。

4-2　消費者基点の業態認識：プロトタイプとエグゼンプラー

業態の認識に関して新倉（2014）は，Mao and Krihnan(2006) のブランド拡張に対する消費者の認識にかかわる議論を援用し，プロトタイプ（proto-

---

78　久保田 et al.（2019）の議論を参考。

type）とエグゼンプラー（exemplar）という2つの概念から議論する[79]。そして，プロトタイプを「消費者にとって抽象的なイメージを持つ典型像」，エグゼンプラーを「消費者にとって具体的なイメージを持つ典型像」である

図表1-4　業態プロトタイプと業態エグゼンプラーの違い

業態カテゴリー	業態プロトタイプ	業態エグゼンプラー
百貨店	接客の丁寧さ / 雰囲気の高級感 / 地下の賑わい	ISETAN　DAIMARU
食品スーパー	セルフサービス / 日常感 / 品揃えの豊富さ	ヤオコー MARKETPLACE　関西スーパー
CVS	利便性 / 迅速性 / 清潔感	7 ELEVEN　LAWSON STATION

出典：新倉（2014），p.46

図表1-5　百貨店業態における業態プロトタイプと業態エグゼンプラーの違い

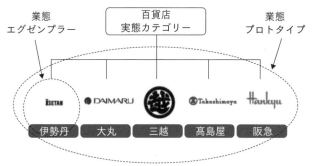

出典：新倉（2014），p.47

79　Mao and Krihnan（2006）は，消費者のブランド拡張に対する認識を，消費者のブランド知覚の核となる，抽象的なブランド認識であるブランド・プロトタイプ（brand prototype）と，具体的なブランドを構成する製品群である製品エグゼンプラー（product exemplar）に分け議論する。そして，プロトタイプの適合度（prototype fit）とは「ブランド拡張とブランドの標準化されたイメージ（つまり brand prototype）との一致度合である」と主張する。一方エグゼンプラーの適合度（exemplar fit）とは「ブランド拡張された製品と既存の（ブランドが販売している）製品との一致度合」であると議論する（Mao and Krihnan 2006, p.42）。

とし，業態プロトタイプおよび業態エグゼンプラーの違いを示唆する（図表1-4）。加えて新倉（2014）は，百貨店業態を対象とし，業態プロトタイプと業態エグゼンプラーの位置づけの違いを明示している（図表1-5）。

　さらに，同氏は消費者情報処理の観点から，消費者の業態認識には，プロトタイプ主導的なトップダウン型処理とエグゼンプラー主導のボトムアップ型処理が想定されると議論する。百貨店の認識を例に挙げると，前者は世間一般で知覚されている「百貨店」という意味記憶[80]を基点として百貨店業態（業態イメージ）を知覚する情報処理であり，後者は，消費者が自身の購買経験を通じて知覚する百貨店リテールブランドやストア（店舗）イメージを統合するかたちでの業態認識，つまりエピソード記憶[81]を基点とした情報処理であるといえる。

　また新倉（2014）は，業態カテゴリーの典型像とは当該カテゴリーだけでなく周辺カテゴリーとの連続性から形成されるとし，プロトタイプとエグゼンプラーの性質を併せ持つ典型像としてエグゼタイプ（exetype）という概念を提唱する。そして，このエグゼタイプの小分類として，プロトタイプ基点のエグゼタイプⅠ（図表1-6）とエグゼンプラー基点のエグゼタイプⅡ

図表1-6　業態エグゼタイプⅠ

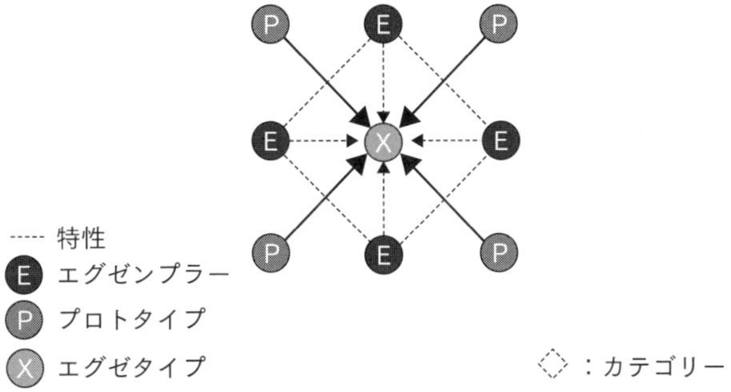

----- 特性
Ⓔ エグゼンプラー
Ⓟ プロトタイプ
Ⓧ エグゼタイプ
◇：カテゴリー

出典：新倉（2014），p.49

80　意味記憶とは「概念ないし，一般的な知識についての記憶」を意味する（詳しくは，青木2010，p.167）。もちろん，消費者の知覚水準は個々人よってもことなるため，意味記憶であってもその認識には差異が存在する。

81　エピソード記憶とは「特定の時間的・空間的な文脈の中に位置づけられた出来事（エピソード）についての記憶」を意味する（詳しくは，青木2010，p.167を参照されたい）。

の2つの業態認識モデルを提示する。同氏が議論するエグゼタイプは，Alba and Hutchinson(1987) の議論を踏襲したものであり，カテゴリーが他のカテゴリーとの連続性から規定されることを念頭に置いた概念である。そして業態カテゴリーの典型性，つまり「らしさ」とは，プロトタイプとエグゼンプラーの性質を併せ持つ特異な典型像であると議論されている。

　その中でもエグゼタイプⅠは，プロトタイプをベースとして複数のエグゼンプラーによって形成されたカテゴリーであり，抽象度を補完するよう具体的な固有のリテールブランドやストア（店舗）から形成された知覚評価である[82]。

　本書では，百貨店業態の小売市場における同質化を再考すべく，新倉(2014)の業態プロトタイプおよび業態エグゼタイプⅠの視座から，消費者が他業態と百貨店業態を識別しているのかを検討する。業態プロトタイプおよび業態エグゼタイプⅠに着目する理由としては，本書が主に消費者の抽象的かつ総体的な百貨店業態の認識（総体的百貨店イメージ（百貨店らしさ））を検討するためである。

5
百貨店に求められる3つの目標視点：
ビジネスモデル（機能），消費者（顧客），ブランド

　本章では，百貨店の定義に着目し，その定義の不十分さを指摘した。特に，既存の多くの定義は，ビジネスモデルとしての百貨店の「機能」を議論するものであり，市場において消費者が知覚する「百貨店」を議論するものではないことを指摘した。また消費者の知覚に基づく定義，さらにそれに準ずる事業の定義の不在は，競争優位性を獲得するための戦略の不在を意味す

82　新倉（2014, p.49）はエグゼタイプⅠを，「具体的特性を反映した抽象的な主観的属性に規定されたカテゴリーの中核に位置するプロトタイプが基礎となり，尚且つ，カテゴリーの具体的特性により規定される周辺のエグゼンプラー群からの影響を受ける。さらに，周辺カテゴリーの中心にある他のプロトタイプ群からも，さらなる影響を受ける。そして，基礎にプロトタイプを置いている分，その認識における抽象性は高くなるであろう」と議論している。

ることも指摘した。

さらに，新倉（2014）の議論を踏まえ，消費者の知覚評価する広義のリテールブランドイメージを検討するうえで，プロトタイプ基点とエグゼンプラー基点が有用であることを示唆した。

本節では，本章の最後として，百貨店の「存在意義」を検討するための視点を改めて確認する。上述のように，これまでの百貨店に関する定義は，ビジネスモデルにかかわるものであり，その「機能」に焦点を当てたものであった。しかし，「消費者の百貨店離れ」を議論するためには，消費者の知覚に焦点を当てることがまず重要である。

詳しくは第 2 章および第 3 章で議論するが，市場が「大衆」から「分衆」へ変容，消費者から生活者へ変容したことで，わが国において共有されていた画一的な価値観が崩壊し，市場のニーズが拡散，その結果わが国において「小売の王様」であった百貨店は，競合業態にその座を明け渡すことになった。

そして現在，世界的パンデミックによってニューノーマルという新たな生活様式を受容することをわれわれは強いられている。長期化するこのコロナ禍において，不要不急の外出を自粛する必要から，消費者は百貨店への買物出向が制限され，それに伴い百貨店も一時期開店が規制された。

もともと「賑わい」という場，店舗内環境の雰囲気がその強みであった百貨店はその強みを活かすことが出来なくなった。そのため，百貨店は，ストア（店舗）以外の場においても，コロナ禍前よりも，独自性を活かすようなマーケティングの実践が求められている。そこで最も重要となる百貨店の強みとは，一世紀以上の歴史の中で形成された「ブランド」力である。

Spice and Wenger（2020）は，DX 時代における企業のブランド戦略のあり方として，Branded Interaction Design（以下 BIxD）の重要性を示唆する。彼らは BIxD の目的とは，「複合的なタッチポイントを越えて，調和したブランド経験を構築すること」であると議論する[83]。そして BIxD を実現

---

[83] Spice and Wenger (2020), p.6。原文は "The aim of Branded Interaction Design (BIxD) is to create a harmonious brand experience across multiple touchpoints." となっている。

するプロセスとして，「発見（Discover）」→「定義（Define）」→「デザイン（Design）」→「伝達（Deliver）」→「流通（Distribution）」を提示する。

　本書では，ニューノーマル時代の百貨店の存在意義および定義を再考するうえで，彼らが議論した，BIxD の第一段階である「発見（Discover）」および「定義（Define）」に関する議論に注目する。

　Spice and Wenger(2020) は，「発見（Discover）」とは，「クライアント，ブランド，顧客，そして自社のプロジェクトを十分に理解するための情報を，確認する段階である」[84] と議論し，ヴィジョン（Vision）の策定のための視点として「ビジネス目標（Business Goal)」，「ユーザ目標（User Goal)」，そして「ブランド目標（Brand Goal)」から検討することの重要性を議論している。また彼らは，「「定義（Define）」における戦略的意思決定は，成功あるいは失敗を規定する」[85] と議論し，オンライン / オフライン（リアル）の特性を踏まえて UX とコミュニケーションに関する施策の検討が重要であると主張する。

　本書では，この Spice and Wenger（2020）を参考に，百貨店の既存研究

図表 1-7　リテールブランドとしての百貨店再考のための視点

出典：筆者作成

84　Spice and Wenger (2020), p.61。原文は "The Discover phase is a journey of discovery with the aim of getting to know your client, their brand and their customers and gaining a full understanding of the project." となっている。

85　Spice and Wenger (2020), p.109。原文は "The strategic decisions made in the Define phase will determine success or failure" となっている。

で議論されてきたビジネスモデル，つまり「機能」にかかわる視点，そして本章でその必要性を指摘した「消費者（顧客）」と「ブランド」，これら3つの視点を基点に議論を進める。そして，百貨店のあり方とその定義に関する議論を通して，ニューノーマルおよびDX時代において百貨店事業者および従業員らが検討すべき「発見（Discover）」とは何かを検討する（図表1-7）。終章では，「定義（Define）」の段階として，百貨店の新たなDX戦略の可能性を提示する。

参考文献

Adburgham, A.（1981）*Shops and shopping, 1800-1914：Where, and in what manner the well-dressed englishwoman bought her clothe*s. Allen and Unwin.

Alba, W. J. and Hutchinson J. W.（1987）Dimensions of consumer expertise.*Journal of Consumer Research,* 13 (4), 411-54.https://doi.org/10.1086/209080

Benson, J. and Shaw, G.（1992）*The evolution of retail systems c1800-1914.* Leicester University Press.（ジョン，ベンソン・ギャレス，ショー　（編）　前田重朗・辰馬信男・薄井和夫・木立真直　（訳）（1996）『小売システムの歴史的発展―1800年〜1914年のイギリス，ドイツ，カナダにおける小売業のダイナミズム―』中央大学出版部）

Brisco, A. N.（1935）*Retailing*.Prentice-Hall.

Clark E. F.（1925/1922）*Principles of marketing.* The Macmikkan Company.（フレッド・イー・クラーク（著）緒方清，緒方豊喜（共譯）（1925）『賣買組織論：貨物配給の原理』（上巻，下巻），丸善）

Copeland, T. M.（2012）*Marketing problems.* Forgotten Books.（Original work published 1920, A. W. Shaw Company）

Keller, L. K.（2003）Brand synthesis: The multidimensionality of brand knowledge,*Journal of Consumer Research ,* 29 (4), 595-600.https://doi.org/10.1086/346254

Mao, H. and Krishnan, H. S.（2006）Effects of prototype and exemplar fit on brand extension evaluations: A two-process contingency model, *Journal of Consumer Research.* 33 (1), 41-49. https://doi.org/10.1086/504134

Miller, M. B.（1981）*The Bon marché:Bourgeois culture and the department store, 1869-1920.* Princeton University Press.

Nystrom, H. P.（1915）*Economics of retailing*.Ronald Press.

Nystrom, H. P., 1978. *Economics of retailing,*Arno Press.（Original work published 1930, Roland Press）

Pasdermadjian, H.（1954）*The department store:Its origins, evoluation and economics.* Newman Books.（パスダーマジャン（著）　片岡一郎（訳）（1957）『百貨店論』ダイヤモンド社）

Schmitt, H. B.（1999）*Experiential marketing: How to get customers to sense, feel,think, act, relate.* Free Press.（バーンド, H,シュミット（著）　嶋村和恵・広瀬盛一（訳）（1999）『経験価値マーケティング：消費者が「何か」を感じるプラスαの魅力』ダイヤモンド

社）

Spices, M. and Wenger, K. (2020) *Branded interactions (Revised and updated edition)*. Thames and Hudson.

U.S Department of Commerce (1937) *Census of america business 1933:Retail distribution part*. United States Government Printing Office.

青木幸弘（2010）『消費者行動の知識』日本経済新聞社.

池尾恭一（1997）「百貨店の低迷と再成への課題」田島義博・原田英生編『ゼミナール流通入門』日本経済新聞社.

石井淳蔵・栗木契・嶋口充輝・余田拓郎（2004）『ゼミナール　マーケティング入門』 日本経済新聞社.

石川文吾（1926）『商業十二講』 清水書店.

伊藤元重（1998）『百貨店の未来』日本経済新聞社.

伊藤元重（2019）『百貨店の進化』日本経済新聞社.

梅咲恵司（2020）『百貨店・デパート興亡史』イースト新書.

鹿島茂（1991）『デパートを発明した夫婦』講談社現代新書.

河津暹（1930）『中小農工商問題』日本評論社.

懸田豊・住谷宏（2009）『現代の小売流通』中央経済社.

北島啓嗣（2009）『オープン・インテグラルアーキテクチャ―百貨店・ショッピングセンターの企業戦略―』白桃書房.

久保田進彦・澁谷覚・須永努（2019）『はじめてのマーケティング』有斐閣ストゥディア.

経済産業省（2017）『平成 26 年商業統計調査関係 業態分類表』」https://www.meti.go.jp/statistics/tyo/syougyo/result-1/pdf/6h26k-gyoutai.pdf

経済産業省（2017）『平成 26 年商業統計調査―利用上の注意―』https://www.meti.go.jp/statistics/tyo/syoudou/result/pdf/h2snotej.pdf

小林行昌（1928）『改訂　商業売買　下巻』宝文館.

小山周三（1997）『現代の百貨店〈新版〉』日本経済新聞社.

志賀健二郎（2018）『百貨店の展覧会―昭和のみせもの 1945-1988』筑摩書店.

島永嵩子（2021）『「お中元」の文化とマーケティング―百貨店と消費文化の関係』同文舘出版.

鈴木和宏（2015）「使用状況によるブランド・エクスペリエンスへの影響：消費体験を価値にする使用状況とその認知次元における特徴の検討」商學討究 66（1）, 145-195, 2015-07（小樽商科大学）.

鈴木智子（2013）『イノベーションの普及における正当化とフレーミングの役割―「自分へのご褒美」消費の事例から』白桃書房.

関根孝（2005）「小売機構」久保村隆祐編『商学流通』同文舘, 33-76.

総務省（2017）『日本標準産業分類（平成 25 年 10 月改定）（平成 26 年 4 月 1 日施行）』https://www.soumu.go.jp/main_content/000290728.pdf

谷内正住・加藤諭（2018）『日本の百貨店史―地方, 女子店員, 高齢化』日本経済評論社.

谷口吉彦（1935）『配給組織論』千倉書房.

田村正紀（2008）『業態の衰退―現代流通の激流―』千倉書房.

坪井晋也（2009）『百貨店の経営に関する研究』学文社.

戸田海市（1924）『商業経済論』弘文堂.

新井田剛（2010）『百貨店のビジネスシステム変革』碩学業書.

新倉貴士（2014）「消費者の業態認識モデル」『マーケティングジャーナル』（日本マーケティング学会）33（4），43-56．https://doi.org/10.7222/marketing.2014.017

日本百貨店協会（2021）『2020 年 令和 2 年 日本百貨店協会統計年報』.

平井泰太郎（1931）「百貨店形態の性質」『経営経済研究』経営経済研究編輯所，7 冊，1-31.

福田敬太郎（1930）『市場論』　千倉書房.

藤岡里圭（2006）『百貨店の生成過程』有斐閣.

松田慎三（1939）『デパートメントストア（新訂）』日本評論社.

松原建彦（2008）「19 世紀後半のパリにおけるデパート経営―『イリュストラシオン』紙上の広告分析を中心に」『福岡大学経済学論集』52（3，4），459-497．http://id.nii.ac.jp/1316/00000582/

松原建彦（2010）「19 世紀後半のパリにおけるデパート経営（後編）：『イリュストラシオン』紙上の広告分析を中心に」『福岡大学経済学論集』59（3，4），319-372，http://id.nii.ac.jp/1316/00000610/

水野祐吉（1940）『百貨店研究』同文舘.

宮副謙司（2004）「パスダーマジャン『百貨店論』を読む：百貨店の機能と革新性再考」『赤門マネジメントレビュー』（東京大学グローバルリサーチセンター），3（10），499-527．https://doi.org/10.14955/amr.031002

宮副謙司（2007）「百貨店の業態特性としての統合管理機能―組織能力視点からの百貨店論」『MMRC ディスカッションペーパー』（東京大学 COE ものづくり経営研究センター）（138），22p.

宮副謙司・内海里香（2011）『全国百貨店の店舗戦略 2011』同友館.

向井鹿松（1938）『日本商業政策』千倉書房.

向井鹿松（1941）『百貨店の過去現在将来』同文舘.

村本福松（1933）「百貨店の意義を再検討す」『経営研究』第 1 巻第 3 号，1-25.

村本福松（1937）『百貨店経営とその問題』文雅堂.

山本武利・西沢保（1999）『百貨店の文化史［日本の消費革命］』世界思想社.

参考資料

日経 MJ（流通新聞）（2009.2.2）民事再生法申請，丸井今井強襲，3 つの嵐，リーマンショック後減収深刻，日経 MJ（流通新聞），7.

日本経済新聞（2011.3.31）東北の百貨店，中三が再生法，負債総額 122 億円．日本経済新聞　朝刊，12.

日本経済新聞（2011.4.9）髙島屋，純利益 39 ％減，今期見通し 85 億円，震災で消費冷え込み．日本経済新聞　朝刊，11.

日本経済新聞（2015.2.27）百貨店の中三，民事再生手続き終結決定．日本経済新聞　地方経済面，2.

松坂屋名古屋店公式サイト https://www.matsuzakaya.co.jp/nagoya/

第 2 章

ライフスタイル（生活様式）の変化と
ライフスタイル・ベース・
マーケティングの重要性

──────── 概　要 ────────

　本章では，百貨店の特徴を議論するうえで重要な「ライフスタイル」概念に着目し，消費者行動との関係性を確認する。また，わが国の大衆から分衆へのライフスタイルおよび消費傾向の変化に伴い，百貨店の市場における位置づけが変容したことについても議論する。さらに，コロナ禍における「自粛」の反動として，消費者の百貨店への買物出向意図が高まっているという調査結果も踏まえ，百貨店がニューノーマル時代に則した「ネオリテール」へと進化することの必要性を指摘する。

1
はじめに

　百貨店の変遷とその特徴を捉えるうえで重要な概念として「ライフスタイル」がある。Bon Marché にはじまり，わが国のみならず百貨店業態は，小売業という立場から市場における様々なライフスタイルや文化形成に寄与してきた[1]。

　本章では，マーケティングにおける「ライフスタイル」概念（ライフスタイル・アプローチ）について議論したのち，戦後のわが国のライフスタイル

1　藤岡（2004）は百貨店とは，戦前の消費者にとって新しいライフスタイルを提案する存在であったと議論する。また同様に島永（2021）は，百貨店の文化的機能の意義と役割を，①空間的な仕掛け，②流行の創出，そして③ライフスタイルの形成から議論する。しかし，両氏の研究は，ライフスタイル研究を踏まえた議論ではなく，一般的な「ライフスタイル」という用語から百貨店の市場での意義や役割に関して言及するものである。

の変容とマーケティングにおける消費者から生活者視点の変化について言及し，「消費者の百貨店離れ」の対応にためには，ライフスタイル・ベース・マーケティングが重要であることを示唆する。加えて本章では消費者への調査を踏まえ，コロナ禍における消費者の百貨店への買物出向意図に関しても言及する。

　一般的にも広く用いられる「ライススタイル」という，つまり生活様式を意味する概念は，広辞苑において「生活様式。特に，趣味・交際などを含めた，その人の個性を表すような生き方」[2]と定義されているように，個人の生活様式を示す言葉として認識されている傾向がある。しかし市場でのその用語の使用を鑑みると，個人に限定されるだけでなく，例えば「ライフスタイル雑誌」等のジャンル（属性）を意味することや，あるいは「関西人の食卓」といった，ある特定コミュニティ（集団・社会）の生活様式を意味するものであることがわかる。

　またライフスタイルは，必ずしも個人主体や特定のコミュニティにとって能動的・主体的に形成される生活様式のみを指すわけではない。コロナ・ウィルスによるパンデミックに伴い，われわれは「新しい生活様式」を受け入れているように，外部環境の影響によって強制的に受容せざるを得ない規範的な態度・行動を含有する概念でもある。

　本章では，まず次節でライフスタイル概念について議論したのち，わが国のライフスタイルの系譜について議論する。その後，わが国の市場において百貨店が消費者のライフスタイルにいかに貢献したかを検討するための視点となる，個人的価値観と社会的価値観というライフスタイル概念の2側面を基点とする購買行動概念モデルを提示する。そして，その概念モデルを用い，生活者基点のマーケティング・アプローチ（ライフスタイル・ベース・マーケティング）の重要性を示唆する。

2　広辞苑（第6版）。

2
マーケティングにおけるライフスタイルとは[3]

2-1 ライフスタイル研究とは

　ライフスタイル概念にかかわる研究は，個人主体の関心や知識，あるいは態度といった，主体の内的要因に焦点を当てる心理学領域だけでなく，個人主体の属する集団や環境の主体への影響および相互作用といった，主体の外的要因に焦点を当てる社会学領域において，同時期に（かつ個別的に）生活様式に関する議論が着手されたことを，その嚆矢とする。心理学においてはAdler[4] が，社会学においては Weber が，ライフスタイルにかかわる概念を初めて提唱した[5]。このような出自の違いにより，ライフスタイル概念は，心理学的な視点である "個人" を対象にした視点とともに，社会学的な視点である "集団" を内包することとなった[6]。

　マーケティング研究におけるライフスタイル概念は，社会学および心理学で既に研究されていた内容をマーケティング研究に移入するかたちで議論がなされるようになった[7]。「マーケティング研究にライフスタイル概念が採用された背景には，①消費者行動の新しい説明モデルを求める動き，②市場細

3　本節の文章は圓丸（2011, 2014, 2018）の議論を一部加筆修正したものである。

4　Adler（1929/2013）は，ライススタイル（lifestyle）という用語ではなく，"style of life" という言葉を用い，人々の生活に関して言及している。

5　詳しくは，井関（1979）を参照されたい。

6　ライフスタイル概念は，その出自の関係もあり，また研究者の立場によって様々な議論がなされ，その定義も多種多様存在する。しかし，心理学および社会学におけるライフスタイル概念を概観整理した井関（1979, p.13）は，「個人，あるいは集団の統合機能を指している」そして「独自性，創造性，価値意識，目標嗜好性をそれぞれの嗜好・選好とそれに相当する選択を通じて，みずからの生活を能動的，主体的に形成しようとしている行動主体が，そこには暗示されている」と共通の含意が存在すると主張する。

7　マーケティング研究おけるライフスタイル研究は1960年から議論されるようになり，1980年代をピークに，議論の衰退が確認されている研究領域である。この衰退の背景には，ライフスタイル分析が人々の行動の規定諸要因および諸プロセスを相互に関連させ，そして統合するために見取り図として役に立ってきたものの，分析として充分な結果を得ることができなかったためである。また研究者の立場によって様々な議論がなされたことで，概念に相違が生じたこと，つまり統一的な視点や定義が欠如したことも理由として挙げられる（詳しくは，圓丸2011, および圓丸2014 を参照されたい）。

分化のより有効な基準への期待，③社会的傾向あるいは生活意識動向の予測，④「生活」発想による商品開発及びマーケティング戦略立案のための思考枠組み，といった要因が存在する[8]。

　そして現在のように，「消費者」から「生活者」へ態度や行動のスタイルが変容するにつれ，ライフスタイルは単に生活者を分類・識別するための属性としてのみではなく，生活者の生活自体を規定する要因として捉え，そして活用することが求められている。

2-2　ライフスタイルの 3 つの次元

　心理学および社会学，そして初期のマーケティングの文脈におけるライフスタイル研究を整理概観した井関（1979）は，ライフスタイルを「生活課題の解決および充足の仕方」[9]とし，「①生活者の維持と発展のための生活課題を解決し充足する過程で，②みずからの独自な欲求性向から動機づけられ，③みずからの価値態度，生活目標，生活設計によって方向づけられ，④外社会（企業，政府，地域社会など）が供給する財・サービス，情報，機会を選択的に採用，組み合わせ，⑤社会・文化的な制度的枠組からの制約のなかで，⑥日々，週，月，年あるいは一生のサイクルを通して，能動的，主体的に設計し，発展させていく，⑦生活意識と生活構造と生活行動の三つの次元から構成さえるパターン化したシステム」と定義する[10]。

　井関（1979）の議論する「生活課題」とは，食べる，着る，寝る，住む，働く，遊ぶ，学ぶなどの基本的生活課題をはじめ，消費者の日々の生活の中で直面する様々な課題とその解決のためのプロセスを含む概念であると位置づけられている[11]。もちろん「生活課題」は個々人によって変わってくるた

8　詳しくは，井関（1979），pp.4-7 を参照されたい。

9　井関（1979），p.16

10　井関（1979），pp.15-16

11　井関（1979）の議論する「生活課題」とは，所得の確保，生活資源の入手，偶発的な事態への対処，生活目標の設定やそれに対する資源配分，自身のライフスタイルを実現するためにそれにかかわる諸要素の調整・統合，さらに生活資源がライフスタイルに合致するように修正・加工する行動など，幅広い機能を有する概念である（詳しくは，井関 1979，p.23 を参照されたい）。

め，ライフスタイル分析においては，生活課題の類似と差異に着目すること
が，その解決様式の分析より重要視されている。しかしながら，ライフスタ
イル研究において，生活課題の分類と整理はまだ充分に行われていない。そ
こで井関（1979）は，消費者行動研究の情報処理モデルに則り，生活者の
生活課題充足プロセスを体系立て，理論化しようと試みた。そして，同氏
は，ライフスタイルと消費者行動との関係に示した概念図を提示する（図表
2-1）。

　井関（1979）は，消費者行動を規定するライフスタイルの主要構成次元
として，「生活意識」，「生活構造」，「生活行動」を位置づける。

　「生活意識」とは，主体が客観的・実在的な生活環境に対して持つ，「主観
的な知覚や認知」を中核とした，価値意識，生活目標，消費・購買意識，集
団・階層準拠，期待と熱望（aspiration）の水準などを含む，心理的要素の
集合体を意味するものである。つまり，生活者が意思決定をする際の参照点
とする，核となる価値観である[12]。

　「生活構造」とは，継続的に行われる，比較的安定的で，客観的な観察が
可能な，生活習慣や家族・世帯内の役割や影響力の構造などを含む，生活の
根幹となる生活様式を意味する。より具体的にいうならば，財や資産の保有
のパターンをはじめ，生活習慣や消費習慣などを含む概念として議論されて
いる[13]。

　「生活行動」とは，「生活意識」に基づき，「生活構造」からの制約を受け
顕在化する行動を意味する。すなわち，ライフスタイルに規定された，消費
行動や購買行動を含む消費者行動がこれに相当する。

　本書では，「生活環境要因」から上記3つの次元を含むライフスタイル要
因への作用に着目する。特に「生活環境要因」に含有されている"文化・レ
ジャー施設"および"商業施設"によるライフスタイルへの作用こそ，百貨
店と消費者の関係性を検討するうえで重要な視点であると位置づける。

　次節では，「消費者」から「生活者」への移行に注目し，わが国における
ライフスタイル（生活様式）の変革について言及する。

12　井関（1979），p.24
13　井関（1979），pp.23-25

図表 2-1　ライフスタイルと消費者行動

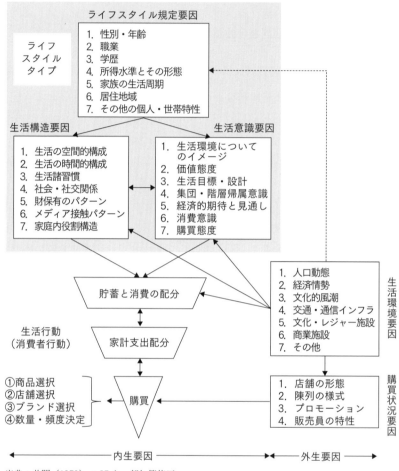

出典：井関（1979），p.27 を一部加筆修正

3
わが国におけるライフスタイルの変革：
生活者の出現と大衆の崩壊

　現在では，市場細分化の指標としてのみならず，「ライフスタイルにあっ

たファッション」や「ライフスタイル提案企業」，また様々なメディアにおけるコピーに見受けられるように，消費者の特性を分類するだけでなく商品やマーチャンダイジングなどの特性を意味するものとして，数多くの企業のマーケティング戦略において採用されている。

　ライフスタイルという概念が一般化した背景には，「消費者」から「生活者」への変容，そして「大衆」消費から「分衆」消費への変容したことが存在する。それらの移行に伴い，市場ニーズの拡散が確認されることとなった。

3-1　生活者とは

　では生活者と消費者の違いとはどのようなものであろうか。経済学で議論されている消費者とは「企業の供給する製品・サービスの最終的な使用者」，つまり「ある単一商品に対する最小規模の市場」を意味し，（供給主体である企業などからの）刺激に受動的で依存的な消費単位として位置づけられてきた。一方「生活者」は，多数の商品（生活資源）を自らの生活目標と生活設計に従って意図的に相互関連させ，組み合わせて，能動的・主体的にひとつのライフスタイルを形成・演出する消費単位と位置づけられる。すなわち「生活者」とは，受動的な「消費者」とは異なり，「主体性を持ち，企業に対して能動的にアプローチし，自ら『市場』を選択する人々」と定義することができる（図表2-2）。

　この消費者と生活者の違いにより，ライフスタイル傾向や消費傾向も異なってくる。消費者が「生活基盤形成」の充足を重視し，例えば1960年代のカラーテレビ，クーラー，カーといった耐久消費財の3Cなどの消費のような，経済的な豊かさの形成を基幹とするライフスタイル傾向であった一方で，生活者は「生活の豊かさ演出」の充足を重視し，自己の表現活動としたライフスタイルを追求しようする[14]。そしてそのライフスタイル傾向に規定

14　和田（1998）は，生活者のライフスタイル体系を，生活基盤形成部分と生活の豊かさ形成部分に大別し，その違いを議論する。

図表 2-2　消費者と生活者の違い

		消費者	生活者
消費者と生活者の違い	基本概念	単一製品・サービスの消費単位	生活や文化の生産単位
	ライフスタイル傾向	「生活基盤形成」重視	「生活の豊かさ演出」重視
	消費傾向	画一的（同調的）	個性的・多様的
	コミュニケーション傾向	受動的	主体的・能動的
企業のマーケティングアプローチの違い	基本概念	適合	関係性構築
	アプローチ形態	マネジリアル・マーケティング	リレーションシップ・マーケティング

出典：圓丸（2014），p.133

された消費傾向の違いとして，消費者が社会全般の共有する価値観に則り，画一的で大衆的な同調的購買行動をするに対し，生活者は自身の価値観に基づいた購買行動を採用する傾向が強いとされている。

　この消費者から生活者への変換，またそれに伴うマーケティング視点の変化への要請に従い，「大衆」から「分衆」への移行が 1980 年代に議論されるようになった。

　では「大衆」から「分衆」への移行により，具体的にライフスタイル傾向や消費傾向はどのように変化したのか。以下では，博報堂生活総合研究所（1985）を参考に議論する。

3-2　「大衆」から「分衆」へ

　博報堂生活総合研究所（1985）は，戦後以降のわが国における消費の変遷を「大衆胎動期（1945-1960 年ごろ）」→「大衆全盛期（1960-1970 年ごろ）」→「大衆崩壊・分衆出現期（1971 年以降）」に大別し，その変遷を議論する（図表 2-3）。

　戦後から高度経済成長期前にかけての期間である「大衆胎動期」において，消費者の目指すべきライフスタイルは，テレビの娯楽番組の中心であっ

図表 2-3 大衆消費社会の変遷

	消費者の志向性と対象となる商材	指針となるライフスタイル	小売業の形態	重要視された情報源 / 情報の嗜好性
大衆胎動期 (1945 − 1960 年ごろ)	量的満足の志向 (作れば売れる) ・衣 ・食 ・必需品	アメリカ・ウェイ・オブ・ライフ	伝統的小売形態の持続 ・中小小売店 ・百貨店	テレビの興隆 ・ラジオ ・新聞 ・テレビ ・映画 ・文芸ベストセラー
大衆全盛期 (1960 − 1970 年ごろ)	質的満足の志向 (広告で売る) ・自動車 ・家電製品 ・住	「中流」の暮らし (横並びの「人並み」意識) ⇒画一的消費構造の醸成	流通革新による新業態の躍進 ・スーパーマーケット ・チェーンストア	メディアへイベント化 (大衆の参画) ・テレビ ・総合雑誌 ・イベント ・ハウツー本のベストセラー ・日本人論・未来論
大衆崩壊・分集出現期 (1971年以降)	感性満足の志向 (情報で売る) ・必欲品 ・サービス ・遊び用品 / 趣味用品 ・外食	自己の感性を充足する暮らし	流通ソフト化の潮流 ・コンビニエンスストア ・ディスカウントストア ・アンテナショップ ・無店舗販売 ・地縁店	情報選択化のうねり ・カタログ情報誌 ・専門雑誌 ・ミニコミ ・ニューメディア ・情報本

出典：博報堂生活総合研究所（1985），p.15（一部加筆修正）

たアメリカの中流家庭の暮らし，つまり「アメリカ・ウェイ・オブ・ライフ」であった[15]。そして消費者は，そのアメリカ製のホームドラマの暮らしを理想として，自身の「生活基盤形成」のための消費を志向した。この期の消費動向は，戦後直後の物品の欠乏の経験を払しょくするがごとく，量的な所有に対する欲求の充足を目的とする，衣料品や必需品に対する拡大する需要をその特徴とする[16]。

この時代において，最も力を持っていた小売業こそ百貨店である。次章でその詳細を述べるが，終戦直後，多くの消費者が生活の基盤形成の向上を目指す中で，百貨店が躍進した背景には，百貨店による卸売業への進出と，

---

15 博報堂生活総合研究所（1985），p.20
16 博報堂生活総合研究所（1985），p.17

GHQ 将兵をはじめとする外国人消費者を対象とした販売戦略があった[17]。

　日本が国連加盟国となった 1956 年以降の「大衆全盛期」，高度成長経済の真っただ中の時代において，中心的なライフスタイル傾向は「『中流』の暮らし」であった。つまり，それまでのアメリカのライフスタイルを理想像とするのではなく，「隣に負けるな」という他者に後れを取りたくないことを動機づけとする，横並び志向を原動力とするライフスタイルであった。そして，この時期には，「生活基盤形成」にかかわる製品の普及がほぼほぼ充足するようになっていた。

　その結果，必需品から専門品や高級品などへの購買への移行，すなわち「量」から「質」への消費傾向が顕在化するようになる[18]。そのため，この頃からすでに「つくれば売れる」という消費傾向が終焉しつつあったことを，博報堂生活総合研究所（1985）は指摘している[19]。

　「大衆全盛期」において注目すべき消費者に影響を与えた「生活環境要因」として，マスコミおよび広告がある。カラーテレビの普及とともに，テレビ番組の影響，そしてその合間に放映されるコマーシャル（以下 CM）が大いに大衆の興味・関心を刺激した。

　しかしオイルショックやニクソンショックを契機として高度成長経済が終焉し，画一化された行動原理・規範[20] への限界がみられるようになると，「大衆崩壊・分衆出現期」へと移行することとなる。ここでいう「分衆」とは「個性的，多様的な価値観を尊ぶ個別な集団」[21] を意味する。

　経済的・社会的な「生活環境要因」の変化により，画一的な消費者から生活者へ移行し，「自己充足」[22] のライフスタイル傾向を重視する「分衆」は，機能的価値よりも情緒的価値に根差した「感性満足」志向の消費傾向をみせ

17　詳しくは，藤岡（2004），p.194 を参照されたい

18　詳しくは，博報堂生活総合研究所（1985），p.24 を参照されたい

19　博報堂生活総合研究所（1985），p.25

20　博報堂生活総合研究所（1985, pp.78-86）は，「大衆崩壊・分衆出現期（1971 年以降）」の時代では，それまで日本の国民が共有していた行動原理や規範としての，一枚岩の「世間」は解体され，緩やかなつながりで結ばれた多様な帰属意識を有するアメーバ状の「世間」へと変化したと議論する。

21　博報堂生活総合研究所（1985），p.30

るようになった。その結果，市場のニーズは拡散するようになる[23]。

　博報堂生活総合研究所（1985）は，「大衆社会」から「分衆社会」への変化に準じて，百貨店，スーパーマーケット（以下 SM），専門店の市場における位置づけが変化したと指摘する（図表2-4）。そして，博報堂生活総合研究所（1985）は，ニーズ星雲という概念を用いて，「大衆社会」では「百貨店が人々のニーズの中心にあった」こと，その一方で，「分衆社会」では「人々のニーズが拡散したため百貨店は中心からはずれ，代わって，専門店が中心になった」ことを指摘している[24]

　図表2-4で示された，a～dは分衆のニーズにおいて重要視される（ニーズの中核に位置づけられる）専門店を意味する。A～Dの➡に表記されるベクトルは，分衆別のニーズの拡張（可能性）を意味する。

図表 2-4　大衆社会から分衆社会への変化における百貨店の位置づけの変容

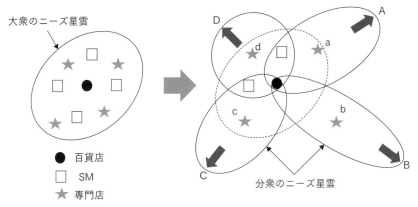

出典：博報堂生活総合研究所（1985）を一部修正

22　博報堂生活総合研究所（1985）が議論する，「大衆崩壊・分衆出現期」におけるライフスタイル傾向とする「自己充足」に関する議論は，明確提示されてはいないが，Yankelovich（1981/ 翻訳 1982）の議論を踏襲するものであると推察される。Yankelovich（1981/ 翻訳 1982）は，経済的衰退を背景として，アメリカにおける社会的価値観（行動原理・規範）が，自己犠牲を伴うような「世間的成功（social success）」などの画一的な「世間」を中心とするものから，個人志向を中心とする「自己充足（self-fulfillment）」へ変化したと主張する。
23　博報堂生活総合研究所（1985），p.178
24　博報堂生活総合研究所（1985），p.179

　このように消費者から生活者への変容に伴う，ライフスタイル傾向・消費傾向の変化によって，当然のことながら，その市場において重要視される小売店の位置づけは変わってくる。第1章で述べたように，百貨店は，「大衆」を対象とし，また「大衆」の経済発展に支えられ拡大成長してきた。しかし現在，百貨店は「消費者の百貨店離れ」に直面している。その原因を鑑みた際，ライフスタイル傾向としての「分衆」化，そしてそれに準じた消費傾向として市場ニーズの拡散が，不況や競合業態の出現・発展とともに百貨店業態の市場における弱体化を導いたと指摘される。それゆえ，百貨店にとって，消費者の「分衆化」するライフスタイルに着目したマーケティングを実施することが重要であると示唆される。

4
ライフスタイル・ベース・マーケティングの視点：2つのライフスタイルと購買意図との関係

　本節では，これまでのライフスタイル概念と「大衆」から「分衆」へ生活意識の変容に関する議論を踏まえ，「個人的価値観（心理学で議論されていた個人基点のライフスタイル）」と「社会的価値観（およびそれに準ずる規範）（社会学で議論されていた個人基点のライフスタイル）」が生活環境要因の影響を受け，そしてそれらが購買意図と購買行動を規定とするという概念モデルを提示する（図表2-5）。当該モデルは，ライフスタイル・ベースのマーケティング視点を提起するものであり，「大衆」から「分衆」への転換の議論の背景にあった，生活者が重要視する価値観の変容と購買行動の関係

図表2-5　大衆社会から分衆社会への変化における百貨店の位置づけの変容

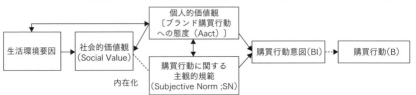

出典：圓丸（2011）を一部加筆修正

図表 2-6　Ajzen and Fishbein（1980）の熟慮行動理論モデル

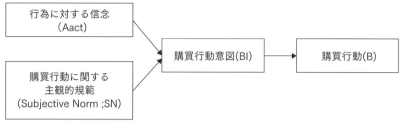

出典：仁科（2007），p.100 より（一部修正）

を簡素化し図示したものである。

　この概念モデルは，Ajzen and Fishbein（1980）の熟慮行動理論（Theory of Reasoned Action：以下 TRA）モデルをベースとするものである。TRA では，態度形成において外的要因である社会的価値観，すなわち規範が主要規定因として位置づけられ議論されている（図表 2-6）。そしてこの主観的規範（Subjective Norm；SN）は，社会的影響に基づく概念であり，「ある状況において，考慮されている問題行動の遂行に関して，その人にとって重要である他者（両親，教師，同僚・友人など）がどのように考えているのかということに対する，その個人自身の知覚，信念」[25] と議論されている。また主観的規範の下位概念として，彼らは，規範的信念（Normative Belief；NB）と，規範的信念に従おうとする動機づけ（Motivation to comply；MC）を位置づけ，購買意図および態度との関係を数式で明示した（式 1）（ω 1，ω 2 はそれぞれのウェイトを意味している）。

$$B \sim BI = [Aact]\omega_1 + \left[\sum_{i=1}^{n} (NB_i)(MC_i)\right]\omega_2 \cdots 式1$$

　本書独自の概念モデル（図表 2-5）では，社会学における規範概念の議論[26] の議論を踏まえ，規範とは他者と共有され，また同時に個人主体に内在

25　詳しくは，Fishbein and Ajzen（1975）および Ajzen and Fishbein（1980）を参照されたい。
26　例えば，北折（2000）および北折（2007）。

化（主観的規範となる）される価値観であると位置づける[27]。加えて同モデルでは，個人主体による個人的価値観が社会的価値観を変容しうる可能性を内包している。

　例えば，有楽製菓のチョコレート菓子ブラックサンダーが全国区において人気商品になった背景に，オリンピックメダリスト，体操の内村航平選手が2008年に北京オリンピックで銀メダルを取った際のインタビューで当該商品を好物であると述べたことが契機となったように，あるいはネスレ社のチョコレートブランドであるキットカットが，「休息時のチョコレート菓子」から「受験生の合格祈願の定番商品」へと新たな価値が付与される過程において，もともとは九州の特定地区での消費傾向が全国区に拡大されたように，個人の消費主体（あるいは限定された特定の集団）の価値観が広く社会的に伝播する流れがそれに相当する[28]。つまり，個人的価値観→社会的価値観へのパスとは，個人や小集団といったマイノリティから派生する流行の形成などを含む，価値形成のプロセスである。

　詳しくは次章で議論するが，百貨店の変遷を概観すると，百貨店が価値の伝道者となり，様々な社会的価値観を市場で形成していったことが確認できる。

　しかしその一方で，前節で議論したように，消費者から生活者，「大衆」から「分衆」へ移行したことにより，百貨店の影響力は失速することとなった。つまり，社会的価値観の分化，あるいは生活者が個人的価値観を重視するようになり，それまで市場で様々なライフスタイルを提案してきた百貨店の影響力が減退することとなった。そして，現在のように，コロナ禍による，開店時間や特定売場の休業要請といった行政主導による制限だけでなく，消費者が買物出向自体に（健康を阻害するかもしれないという）不安を感じるようになったこと，同時に自粛生活に伴うオンライン購買の拡大傾向に後押しされDXが加速したことにより，百貨店は，新たなビジネスモデル

27　詳しくは，圓丸（2011）を参照されたい。
28　和田 et al.（2020）は，ブランド化したブランドである「ブランデッド・ブランド（Branded Brand）」の発展過程を，ブランド・インキュベーションという概念を用いて議論する。その中で，ブラックサンダーとキットカットの事例が紹介されている。

の確立をより強く求められることとなった[29]。またコロナ禍が収束した場合においても，消費者のオンラインでの購買は減少しない可能性[30]も示唆されており，その意味でもニューノーマル時代の新しい小売業の形である「ネオリテール（Neo- retail）」[31]を意識した，生活者の個人的，社会的価値観から形成されるライフスタイルを刺激する（あるいは適合する）生活者基点のマーケティング（ライフスタイル・ベース・マーケティング）の実践が求められる（百貨店によるライフスタイル充足を試みるマーケティング施策については，第 6 章および終章で議論する）。「自己充足」を重要視する生活者，また大衆ではなく分衆化する市場に対応するため，そして広義の競合との差別化の実現のためにも百貨店は自らの存在意義を再考すること（発見：Discover）はネオリテールへ進化するうえで不可欠となる。

　では，ニューノーマル時代において，百貨店に対する消費者（生活者含む）の意識は具体的にどのように変化したのであろうか。次節では，「コロナ禍に対する不安意識」と「自粛意識」とを中心に，百貨店での買物意図への影響を議論する。

5
コロナ禍における消費者の不安意識
および自粛意識による百貨店買物意図への影響

　ニューノーマル時代において，消費者の百貨店での購買行動および買物行動はどう変化しているのか，その購買行動・買物行動の変化を洞察することが重要となる。百貨店にとっても，コロナ禍による消費の変容に対応するための新たな取り組みの検討・実施が求められている。

29　「三越伊勢丹　逆風下の「百貨店 DX」」（『日経コンピュータ』2021 年 4 月 29 日号 pp.56-61），（日経 BP 2021 年 9 月 2 日最終アクセス）。
30　「コロナ後の消費市場——勝又壮太郎・大阪大学准教授，「ネット活用に習熟」前提に（経済教室）」（日本経済新聞 2021 年 8 月 23 日 朝刊 p.14）参照（日経テレコン 21 最終アクセス：2021 年 9 月 3 日）。
31　近藤・中見・白鳥（2021, p.17）は，「DX を駆動力としながらニューノーマルに適応する革新的な小売ビジネスモデル」をネオリテールと定義する。

図表 2-7　コロナ禍に対する不安意識および自粛意向の影響に関する仮説モデル

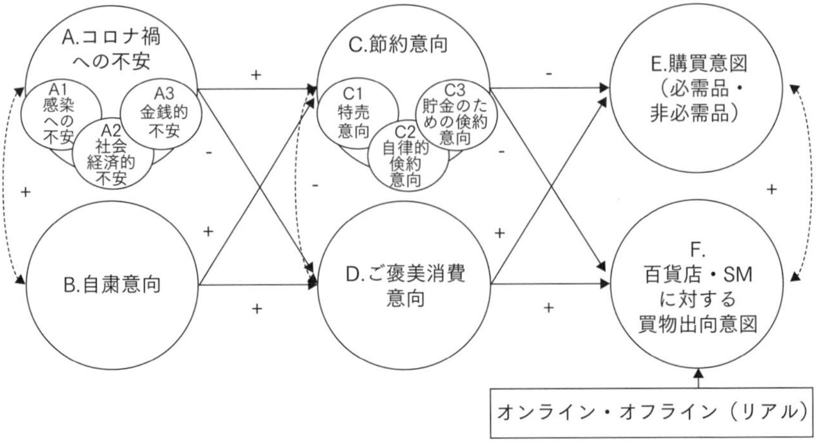

出典：圓丸（2021），p.20 を一部加筆修正

　実際，コロナ・ウィルスの感染拡大を受け，わが国初めての緊急事態宣言が約 2 カ月間発令された結果[32]，消費者は緊急事態措置に則り，不急不要の外出を自粛することが求められた。この緊急事態措置において，多くの小売業者が休業を余儀なくされ，百貨店も約 2 カ月間の店舗を閉鎖することとなった。

　圓丸（2021）では，このようなコロナ禍における市場環境を踏まえ，「コロナ禍への不安（感染への不安・社会経済的不安・金銭的不安）」，「自粛意向」，「節約意向（倹約意向・特売意向）」，「購買意図（必需品 / 非必需品，自分のための購買 / 他者への購買，外出のための購買〔ファッション〕/ 巣籠のための購買〔食品・家電やインテリア用品〕）」，そして「買物意図（百貨店 /SM）」，さらに「買物意図（百貨店 /SM）」に対する調整変数として「オンライン・オフライン（リアル）」での買物の違いも考慮した仮説モデルを策定し，その要因間の関係性を検討している（図表 2-7）。

32　緊急事態宣言は，まず 1 都 1 府 5 県（東京都，大阪府，埼玉県，千葉県，神奈川県，兵庫県，福岡県）に対して 2020 年 4 月 7 日から，その他の道府県については同月 16 日から開始され，5 月 31 日に全国一律に解除された。

　本書では，「コロナ禍への不安」および「自粛意向」による，「購買意図[33]」と「百貨店に対する買物出向意図[34]」への影響に関する，分析結果[35]の一部を紹介する[36]。

　分析の結果，「コロナ禍への不安」の下位因子である A3「金銭的不安」→「購買意図」への負の影響（標準化係数　-.236, $p < .001$）を除き，「購買意図」および「百貨店に対する買物出向意図」へ正の影響が確認された（図表 2-8）。

図表 2-8　コロナ禍に対する不安意識および自粛意向の購買意図および百貨店に対する買物出向意図への影響[37]

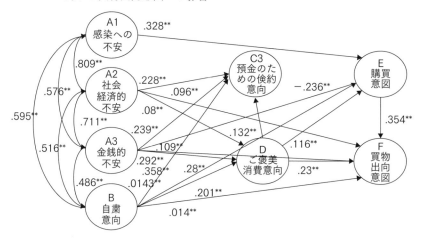

** $p < .01$
出典：筆者作成

33　使用した数値は，調査で獲得された必需品・非必需品に関する同一の設問項目を合算平均したものである。

34　使用した数値は，調査で獲得された百貨店に対する買物出向意図（オンライン・オフライン（リアル））に関する同一の設問項目を合算平均したものである。

35　調査は，2020 年 9 月 2 ～ 7 日に実施した。本調査では全国の消費者を調査対象としている。しかし，百貨店での買物意向が比較的高い百貨店顧客を対象としたいという目的から，スクリーニング調査を実施し，「百貨店利用が月 1 回以上」かつ「百貨店での支出金額が月 3 万円以上 /月」，そして百貨店の中核顧客である 30 歳以上のパネラーを選定した。有効回答数は 806 名であった。スクリーン調査の結果，「月 1 回利用，3 万円以上 / 月」の出現率は 3.4%（1012/29825），「月 2 回利用，5 万円以上 / 月」の出現率は 1.0%（306/29825）となっている。詳しくは，圓丸（2021）を参照のこと。

36　設問項目など調査の詳細に関しては圓丸（2021）を参照されたい。

　この結果で注目すべきは，「コロナ禍に対する不安意識」および「自粛意向」は「百貨店に対する買物出向意図」に対して正に作用している点である。この結果は，消費者がコロナ禍よって，以前よりも百貨店で自由に買物できなくなったことの反動として，購買や百貨店での買物を望んでいることを明示するものである。同様に，「ご褒美消費意向」を媒介とした，「（“A1感染への不安” を除く）コロナ禍に対する不安意識」・「自粛意向」からの買物出向意図への間接的影響が支持された結果は，コロナ禍で購買や買物が制限されていることの反動として，自らの「ご褒美消費意向」[38] を充足したいという，消費者意識の表れであると解釈できる。

　実際，初めての緊急事態宣言が解除された 2020 年 6 月の，百貨店業界の総売上は 3,829 億円（前年対比　-19.1%)[39] と 4，5 月の売上減からの回復傾向が確認された。この回復要因のひとつとして，「食料品や衛生用品など生活必需品の好調さに加えて，ラグジュアリーブランドや宝飾品など一部高額商材にも動きが見られた」，「『イエナカ需要』の高まりを背景に，精肉や鮮魚などの生鮮食品，食器・キッチン関連，寝具などのリビング用品が健闘」，「パラソルやサンダルなどの季節商材，ブライダル需要のジュエリー，学校再開により子供服も動いた」，また「中元（商戦）は，店頭の減少をEC の大幅な伸びがカバーした」，そして「クリアランスの開始時期の前倒しや分散開催・長期化，EC の拡大展開」などが確認されている[40]。

37　紙面の関係上，統計的に有意でなかったパス，また因子を構成する項目とそれに付随する誤差共分散の表記は省略した。調査では，各因子内での項目間の誤差共分散は設定しているものの，研究背景では想定していない潜在変数の実存可能性を極力制限したいという目的から，因子を越えた誤差共分散を設定してなかった。モデルの適合度は，GFI = .852，AGFI = .825，CFI = .935，standardized RMR = .375，RMSEA = .057，AIC = 2483.434，χ^2 (627) = 2255.434，p = .000（n.s），Hoelter（0.05）=245（<806）と，GFI が > .9，CFI が > .95 を超えておらず，RMSEA < .05 という基準（詳しくは，豊田 2007）を一部充分に満たしているとはいえないものの，観測変数の多さ（38 項目）および誤差共分散を制限した結果としては，まずまずの適合度であると判断した。（豊田 2002 は，観測変数の多さによって適合度が低減することを指摘している）。

38　本節で議論する「ご褒美消費意向」とは，ご褒美型（自己満足型）ショッピング意向を意味する。この理論的背景には，買物によるコーピング作用に関する議論（例えば Lee et al. 2001，Arnold and Reynolds 2003）がある。そこでは，ご褒美型（自己満足型）ショッピングがストレスや負のムードに対するコーピング意向から醸成されるものとして議論されている。

39　日本百貨店協会（2020 年 7 月 21 日）「令和 2 年 6 月　全国百貨店売上高概況」参照（https://www.depart.or.jp/store_sale/files/202006zenkokup.pdf　最終アクセス：2020 年 8 月 10 日）

　このように，探索的な調査結果ではあるものの，コロナ禍においても，百貨店の利用者は，百貨店での買物を心待ちにしている。その意向も踏まえた「ネオリテール」へのかじ取りが百貨店に求められている。

　次章ではより具体的に，わが国の百貨店が，消費者（生活者含む）のライフスタイル傾向および消費傾向とどのように貢献してきたのか，その反対になぜ「衰退段階」[41] と議論される存在となったのか，生活環境要因の影響や，消費者と百貨店との関係性に焦点を当て，その変遷を辿る。

参考文献

Adler,A. (2013) *The Science of Living.* Read Books. (Original work published 1929, Greenberg)

Ajzen, I.and Fishbein, M (1980) *Understanding attitudes and Predicting social behavior,* Prentice-Hall.

Arnold, J, M. and Reynolds, E, K. (2003), Hedonic shopping motivation, *Journal of Retailing*, 79(2), 77-95. https://doi.org/10.1016/S0022-4359(03)00007-1

Fishbein, M.and Ajzen, I. (1975) *Belief, attitude, intention, and behavior : An introduction to theory and research,* Addison-Wesley Publish. Corporation.

Lee, E., Moschis, P, G., and Mathur, A. (2001), A study of life events and changes in patronage preferences, *Journal of Business Research*, 54(1), 25-38, https://doi.org/10.1016/S0148-2963(00)00116-8.

Yankelovich, D. (1981) *New rules,* Random house.（ダニエル・ヤンケロビッチ（著）板坂元（訳）(1982)『ニュー・ルール』三笠書房）

井関利明（1979）「ライフスタイル概念とライフスタイル分析の展開」村田 昭治・井関 利明・川勝久（編著）『ライフスタイル全書：理論・技法・応用』ダイヤモンド社，3-41.

圓丸哲麻（2011）『ライフスタイル研究における規範概念の位置づけに関する研究：男性ファッションの変容からの考察』関西学院大学 博士論文，http://hdl.handle.net/10236/7645

圓丸哲麻（2014）「ライフスタイルとリレーションシップ・マーケティング」岡山武史（編者）『リレーションシップマーケティング―サービス・インタラクション―』，五絃舎，143-157.

圓丸哲麻（2018）「ライフスタイルとリレーションシップ・マーケティング」岡山武史（編者）『リレーションシップマーケティング―サービス・インタラクション―』，五絃舎，143-157.

圓丸哲麻（2021）「消費者基点の『百貨店らしい』広告表現のあり方：大型小売業におけ

40　詳しくは前掲の出典を参照されたい。

41　田村（2008）は現代の百貨店業態を衰退段階にあると位置づける。本書では，同氏の議論を　参考に百貨店の市場における弱体化を議論する。

　る百貨店の同質性と競争優位性の源泉を求めて」『助成研究集 2020 年度（令和 2 年）第
　54 次』公益財団法人吉田秀雄記念事業財団，15-32.

北折充隆（2000）「社会規範とは何か：当為と所在に関するレビュー」『名古屋大学教育発
　達 科 学 研 究 科 紀 要（ 心 理 発 達 科 学 ）』，47，155-165. https://doi.org/10.18999/
　nupsych.47.155.

北折充隆（2007）『社会規範からの逸脱行動に関する心理学研究』風間書房.

近藤公彦・中見真也・白鳥和生（2021）「ネオリテール— ニューノーマル時代の新小売ビ
　ジネスモデル—」『マーケティングジャーナル』41（1），16-28. https://doi.org/10.7222/
　marketing.2021.029

島永嵩子（2021）『「お中元」の文化とマーケティング—百貨店と消費文化の関係』同文舘
　出版.

田村正紀（2008）『業態の衰退—現代流通の激流—』千倉書房.

豊田秀樹（2002）「『討論：共分散構造分析』の特集にあたって」『行動計量学』，29（2），
　135-137. https://doi.org/10.2333/jbhmk.29.135

豊田秀樹（2007）『共分散構造分析［AMOS 編］』東京図書.

仁科貞文（2007）「広告効果と心理的プロセス」仁科貞文・田中洋・丸岡吉人『広告心理』
　電通，51-113.

藤岡里圭（2004）「百貨店—大規模小売商の成立と展開—」石原武政・矢作敏行（編）『日
　本の流通 100 年』有斐閣，175-216.

藤岡里圭（2006）『百貨店の生成過程』有斐閣.

博報堂生活総合研究所（1985）『「分衆」の誕生』日本経済新聞社.

和田 充夫（1998）『関係性マーケティングの構図 マーケティング・アズ・コミュニケー
　ション』有斐閣.

和田充夫・梅田悦史・圓丸哲麻・鈴木和宏・西原彰宏（2020）『ブランド・インキュベー
　ション戦略—第三の力を活かしたブランド価値協創』有斐閣.

参考資料

鈴木慶太（2021.4.29）「三越伊勢丹　逆風下の「百貨店 DX」」『日経コンピュータ』，
　2021/4/29 号，56-61.

日本百貨店協会（2020.7.21）令和 2 年 6 月　全国百貨店売上高概況. https://www.depart.
　or.jp/store_sale/files/202006zenkokup.pdf

第 **3** 章

わが国の百貨店の変遷

―――――――――――――― 概　要 ――――――――――――――

　本章では，前章の議論を踏まえ，ライフスタイルと消費者行動（図表 2-1）
の概念図で示された，「生活環境要因」から「生活意識」，「生活構造」，「生活
行動」への作用に注目し，わが国の百貨店が消費者（市場）にどう貢献した
のかを議論する。加えて，産業ライフサイクルの視座から，百貨店業種・業
態のライフサイクルを，生成期（誕生期），成長期，成熟期そして衰退期の 4
つに弁別し，消費者のライフスタイルの変化との関係を議論する。

―――――――――――――――――――――――――――――――――――――

1
はじめに

　石井 et al.（2004）は，製品ライフサイクルを用いて産業のライフサイク
ルを議論している。そもそも製品ライフサイクルとは，生成期（誕生期），
成長期，成熟期，衰退期から成る連続した発展と衰退のプロセスを指す（図
表 3-1）。この製品ライフサイクルでは，横軸に「時間」，縦軸に「売上」を
置き，その誕生から衰退までの一連の過程を図示する。もちろん，製品の違
いによって，ライフサイクル曲線の形は異なる[1]ことも指摘されている[2]が，
産業レベルの製品・サービスの分析のためのツールとして，主にマーケティ
ングの分野で重宝されてきた。

　本書では，この産業レベルの製品・サービスのライフサイクルの視点を用
いて，わが国の百貨店の変遷を議論する。具体的には，百貨店の誕生から関

―――――――――――――――――――――――――――――――――――――

1　井上（2010, p.366）は，Kotler and Keller（2006）の議論を踏まえ，製品ライフサイクルのパ
ターンとして，スタイル，ファッション，ファッド，そして波型パターンがあると議論する。
2　石井 et al.（2004），p.319

東大震災前まで（〜 1923 年）の期間を「生成期」，そして百貨店が「大衆化」した関東大震災から戦中の期間（1923 〜 1945 年）を「第 1 次成長期」，戦後から高度経済成長期を経て安定成長期までの期間（1945 〜 1982 年）を「第 2 次成長期」，バブル景気胎動期からバブル景気の期間（1982 〜 1991年）を「成熟期」，そして 1991 年以降を「衰退期」と位置づける（図表3-2）[3]。

　　1982 年を成長期と成熟期の区切りとしたのは，小山（1997）の議論に基づくものである。同氏は，第二次オイル・ショック（1979 年）後の不況期（1982 〜 1984 年）において，「百貨店冬の時代」と称され，戦後のわが国の

図表 3-1　製品・サービスのライフサイクルとマーケティングの関係性

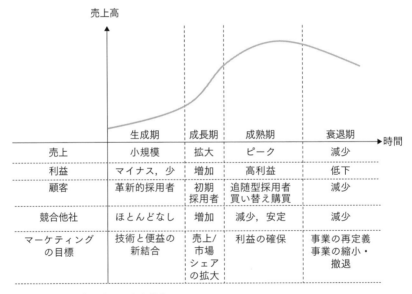

	生成期	成長期	成熟期	衰退期
売上	小規模	拡大	ピーク	減少
利益	マイナス，少	増加	高利益	低下
顧客	革新的採用者	初期採用者	追随型採用者買い替え購買	減少
競合他社	ほとんどなし	増加	減少，安定	減少
マーケティングの目標	技術と便益の新結合	売上/市場シェアの拡大	利益の確保	事業の再定義事業の縮小・撤退

出典：石井 et al.（2004）を一部加筆修正

3　小売業に関するライフサイクルに関しては，Davidson, Bates and Bass（1976）が議論している。彼らは，製品ライフサイクルをベースに小売業態ライフサイクル（The Retail Life Cycle）を提唱する。小売業態ライフサイクルも革新期（Innovation），発展期（Accelerated development），成熟期（Maturity），衰退期（Decline）の 4 つの区分から構成されている（訳は，懸田・住谷 2009, pp.89-90 を参照）。

百貨店の構造的問題に関してはじめて議論がなされたと指摘している[4]。確かに，その後もバブル経済の追い風とともに百貨店の売上は右肩上がりの成長を続けることとなったが，本書では，この「百貨店冬の時代」こそ，わが国の百貨店のビジネスモデルが円熟した時点であるとする。

　また 1991 年を「成熟期」と「衰退期」の変換期としたのは，1991 年が百貨店の最大の売上高（9 兆 7130 億）を記録した時点であるためである。

　百貨店のライフサイクルは，売上とともに，店舗や売場面積の規模の拡大経過からもその変遷を確認することができる。売上規模に準じ，百貨店の面積は拡大されていった[5]。

　以下では，百貨店のライフサイクル各期における，百貨店と消費者（生活

図表 3-2　製品・サービスのライフサイクルとマーケティングの関係性[6]

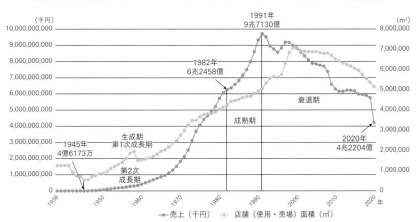

出典：日本百貨店協会（2021）を基に筆者作成

4　小山（1997, p.78）は，同時期において，イトーヨーカドーなどの GMS や，総合商社も減収減益となったと指摘し，わが国の流通産業全体がその構造的課題に直面した時代であったと議論する。

5　日本百貨店協会（2021）による，1938 〜 2020 年までの売上（千円）と店舗（使用・売場）面積（㎡）との関係性を，SPSS ver.27 を用いて相関分析から検討した。分析の結果，$r = .932$（$p < .001$）と強い正の相関が確認された。

6　表記は，売上（千円）と店舗（使用・売場）面積（㎡）。店舗（使用・売場）に関して，1938-58 年までは使用面積，1959-2006 年までは売場面積，2007 年以降は店舗面積という名称が用いられている（詳しくは，日本百貨店協会 2021 を参照されたい）。

者含む）のライフスタイル傾向および消費傾向との関係性を議論する。

2
「生成期」における百貨店と消費者：
百貨店の誕生から関東大震災まで

2-1　百貨店の誕生と他業態との関係

　日本の百貨店は，欧米の「Department Store」を起源とし，19 世紀末にパリ，ロンドン，ニューヨークなどで誕生した，欧米におけるデパートメントストアの経営知識・手法を移入することで成立した。

　諸説あるものの，基本的にはわが国の百貨店の設立は，1904 年に合名会社三井呉服店が，株式会社三越呉服店へと組織変更するに際し，顧客および取引先への挨拶状（1904 年）と，全国新聞に掲載された「一ページ広告」（1905 年）に掲載された，「一，当店販売の商品は今後一層其種類を増加し凡そ衣服装飾に関する品目は一棟の下にて御用弁成候様設備致し結局米国に行はる，デパートメント・ストアの一部を実現可致候事」に代表される表面文，所謂「デパートメントストア宣言」をその誕生とする[7]。

　一般的に「デパート」と「百貨店」と呼称される業態であるが，「百貨店」という言葉自体は，1909 年（明治 42 年）に当時の経済雑誌『商業界』『実業界』の主幹であった桑谷定逸氏が命名したものであり，それまでは「小売大商店」，「小売大店舗制度」，「部別営業」，「百貨商店」，「デパートメントストア」など様々な呼称が用いられていた[8]。

　わが国の百貨店は前述のように欧米の百貨店を参考[9]に，まさに輸入された業態ではあった[10]。しかしながら，木綿（2003）の「アメリカに比べると商慣習や規制等によって様々な制約を受けてきたわが国の百貨店は，異業態

7　詳しくは，飛田（2016），pp.65-68 を参照されたい。
8　詳しくは，坂田（2008），p.48 および宮副・内海（2011），p.3 を参照されたい。
9　加藤（2019）は，戦前の百貨店事業者による欧米百貨店の視察に関して言及している。

小売業との競争が回避されてきたこと等もあってひたすら統合化・大型化し，欧米諸国とは違った独自の成長を遂げてきていると言える」[11] という指摘や，坂田（2008）の「現在わが国の百貨店は衣食住を取り揃えているのが普通だが，米国の百貨店では一般的に食料品は取り扱われていないということなどは周知の事実である」[12] という主張，またターミナル百貨店を世界に先駆け誕生させた史実，アメリカのデパートメントストア1店舗の年間売上が多くても100億円程度であるのに対しわが国の都市部立地の有名百貨店では1,000億円を超える売上を築いているという事実[13] からも，欧米とは異なった経緯を歩み，発展してきたわが国独自の業態と位置づけられる。

　わが国の百貨店は主に呉服店と電鉄を基盤として現在まで発展してきた。ただ現在の百貨店とは異なりわが国の百貨店生成期における（呉服系）百貨店とは，Hollander（1960）[14] の議論に観られるよう，呉服店系百貨店が呉服店からの既存顧客である上層および中層階級を対象とする[15]，基本的に「高価格」な品揃えを展開する業態であった。つまり，市場ターゲットをマスと改め市場拡大戦略を採用したのではなく，呉服以外の品揃えを拡大することで，既存顧客のワンストップ・ショッピングによる利便性を高め，売上を拡充しようとしていた[16]。その後の「第一次成長期」において，「関東大震災」と「昭和恐慌」を背景として，百貨店の大衆化が進む中で，電鉄系が食品や

10　藤岡（2006）は，わが国の百貨店の誕生に大きく寄与した存在として「博覧会」の役割を議論する。また百貨店の誕生に寄与した別の存在として，勧工場（勧商場）があった（例えば，髙島屋1968，藤岡2004，濱名2016）。勧工場は，もともとは内国勧業博覧会の出品物を展示販売する機関として市場に誕生した。勧工場が形成した市場を引き継ぐかたちで百貨店が発展したと，貞包（2012, p.58）は議論する。ただ，百貨店同様の陳列販売の機能を特徴とする勧工場の発展に関し藤岡（2006, p.36）は，勧工場自体もその出自もあり，博覧会に影響を受け設立された業態であることを指摘し，百貨店の誕生の真の源泉として「博覧会」を位置づける。
11　木綿（2003），p.157
12　坂田（2008），p.7
13　松岡（2000），p.55
14　Hollander（1960, p.40）は，比較的に新興国（日本を含む）の近代的市場を形成する中心顧客層とは，少数の中産階級（middle-income）および上層階級（upper-income）であると議論する。そしてこのような事象は，工業化に伴う経済の発展に準ずるものであり，社会階層の高い顧客および高価格帯から小売業態が普及するものであると議論する。また，20世紀初頭の日本における百貨店による価格競争に関して，小売の輪仮説に反する現象であると指摘している。
15　梅咲（2020, p.28）も初期の百貨店の顧客とは，中産階級と上流階級の消費者であったと議論する。

日配品を中心とした百貨店の経営に着手するようになる。

　大戦景気を背景とした急激な近代化と都市化[17]を背景に，わが国の初期の百貨店も，第 1 章で議論した Bon Marché 同様，「現金販売」，「定価販売」，「入店自由」，「返品・取替制度」といった機能を有する店[18]として発展した[19]。また多くの欧米諸国の百貨店と同じく，この生成期（初期）におけるわが国の百貨店は，消費者に新たなライフスタイルを啓蒙する役割を担っていた。欧米諸国では，上層階級のライフスタイルを中産階級へ向けて啓蒙するものであったが，わが国のそれは，その当時の最新の欧米文化を主要顧客たる上層階級・中産階級に向けて啓蒙（移入）するものであった。ただここ

16　飛田（2016, pp.24-26）は，百貨店がわが国に定着した背景として，三越呉服店の初期の戦略であった「有名人の顧客化」の成功をその理由として挙げている。ここでいう有名人とは，皇室関係者，海軍や陸軍関係者（東郷平八郎もその顧客であったという），さらに美術家，文士，書家，芸者などである。これらの当時の上層階級の消費者を顧客とすることで，市場において「高級感」や「上質」といったプレステージなストア（店舗）イメージを醸成した。また同時に「文化催事」を介して，上層階級のライフスタイルを世間一般に提案する取り組みも実施していた。

17　Shaw（1992）は Simmons（1964）の研究を参考に，主に都市部の小売業の業態変革に作用する要因として，「所得および支出の水準（Level of income and expenditure）」，「輸送技術の水準（Level of transport technology）」，「生産技術の水準（Level of product technology）」，「人口増加と都市システムの成長（Growth of population and urban system）」を挙げる。そしてそれらが，「消費者の分布（Distribution of different consumers）」，「小売業の業態構造（Structure of retail types）」また「小売業態の分類および立地（Grouping and location of retail types）」へ影響すると議論している。

18　小山・外川（1992, pp.24-28）は，「高商品回転率・低価格販売」，「現金販売」，「定価販売」，「返品・取替制度」といった百貨店の特徴である近代商法に関して，百貨店の前身となった一部の呉服商（三井呉服店および髙島屋）が江戸時代から既に実践していたと議論する。その意味で，第 1 章で議論したフランスにおけるマガザン・ド・ヌヴォテ同様，百貨店の下地となる小売商が存在したといえる。また初田（1993, pp.66-72）や飛田（2016, p.62）は，髙島屋が 1887 年に，三井呉服店（後の三越呉服店）が 1895 年に陳列販売を開始したと議論する。加えて，「現金販売」，「定価販売」，「入店自由」という販売方法や，洋装建築や庭園・休憩室の設置という，わが国の百貨店の別の特徴に関しても，それよりも前に誕生した勧工場が有しており（詳しくは，初田 1993，鈴木 2001，田村 2011，貞包 2012 を参照されたい），その意味で，上述の特徴とは当時の百貨店（業態）の独自の革新性であるとはいえない（設立当初の勧工場では，出品人として三井呉服店や大丸呉服店といった後の百貨店業態を設立する大商人が軒を連ねていた。その影響もあり，勧工場と百貨店の特徴が似通った可能性がある〔貞房 2012, p.51 および藤岡 2006, p.36〕）。しかし，それらの特徴を同一資本として統合したことで，世間一般に広く大衆化させたことによって，市場において百貨店の特徴であるとの認知を形成していった。

19　Pasdermadjian（1954, p.7/ 翻訳 1957, p.22）は，百貨店の発展の要因のひとつとして，都市における寡占的な小売業の規模との関係を議論する。そして，多くの欧米諸国での百貨店の拡大傾向に対し，比較的小規模な小売店が中心であった地中海および東欧諸国では（ロシアを除き），百貨店が発展できなかったことを指摘している。

で注記すべきは，当時の百貨店によるライフスタイル提案は，藤岡（2004）[20] や田村（2011）[21] が議論するように，欧米の文化をそのまま移入するのではなく，日本の文化や価値観を踏まえ，わが国の消費者に沿った生活様式の提案であった。

　この期における百貨店が提案したライフスタイルは，幅広い製品・サービスのカテゴリーを対象とするものであり，サービス面での革新性を特徴とするものであった。取り扱い商品の拡張や洋風化のみ[22] ならず，食堂や演芸のためのホール[23] の設置といったサービスの充足，（当時において画期的な機械である）エレベーターの導入[24] に代表される目新しさやきらびやかさを備えた建物・設備[25] などのハード面の新規性，博覧会の参加や催事（展覧会）開催などのイベントの実施，独自の PR 誌の企画・発刊[26] などの店外の情報発信，さらに PB の企画販売[27] といった，わが国の消費者に多種多様の生活様式を提案した。この他にも，フランスの日本大使館の装飾を担当したことを契機（1908 年に完成）とし，和洋折衷の家具や装飾の企画販売に着手する三越呉服店[28] など，日本の近代化に伴う新たな生活様式提案からその定着まで，百貨店は近代消費の中心的な伝道者としての役割を担った。さらに女

20　藤岡（2004），p.181

21　田村（2011），pp.138-144

22　田村（2011, pp.145-146）は三井呉服店の当時の取り扱い商品の変遷を議論する。三井呉服店は，1905 年に化粧品，帽子，子供用装飾品，1907 年に鞄，靴，洋傘，ステッキ，櫛，旅行用品，1908 年に美術品，貴金属，煙草，文房具，ベール，そして児童用品と，主に洋装化にかかわる商品（輸入品）を中心に品揃えを拡大していった。

23　詳しくは，初田（1993）を参照されたい。

24　白木屋呉服店が 1911 年に業界初のエレベーターを，また三越呉服店が 1914 年に業界初のエスカレーターを導入した。詳しくは，飛田（2016, p.75）および梅咲（2020, p.31）を参照されたい。

25　三越呉服店は，「デパートメントストア宣言」以前の 1900 年に，日本橋本店の階上・階下に休憩室を設けていた。また同店は 1907 年には，屋上に花壇，噴水池，藤棚を有した「空中庭園」を設置する。1931 年には，屋上にロープウェイなどのアトラクションを有する「スポーツランド」と名付けられた遊戯施設（遊園地）を設けた松屋浅草店が開業した。詳しくは，初田（1993, pp.124 -129）を参照されたい。

26　三越呉服店は，ミツワ石鹸とのダブルブランド商品をはじめ，オリジナルの冷蔵庫の販売など多岐にわたる PB の企画販売を実施していた。詳しくは，初田（1993, pp.94-95）を参照されたい。

27　詳しくは，初田（1993, pp.77-81）および飛田（2016, pp.62-63）を参照されたい。

28　詳しくは，飛田（2016, pp.69-71）を参照されたい。

性従業員の採用という，労働環境の近代化に関しても一翼を担う存在であった[29]。

　サービス・マーケティングの視座からこの当時の百貨店を議論すると，まさに Rust and Oliver（1994）が提唱する，モノプロダクト（Physical Product）を中心とした，サービスプロダクト（Service Product），サービス環境（Service Environment），サービスデリバリー（Service Delivery）からなる，総合的なサービス価値の提供を実現する業態であった（図表 3-3）。つまり，ただ単に商品（物的な要素としてのモノプロダクト）を販売する業態というだけでなく，製品に付随するサービスプロダクト（使用に伴い得られる効用）[30] をはじめ，荘厳な近代建築の中で提供されるという（サービス）環境，接客をはじめとするサービスの提供（サービスデリバリー）を，複合的にまた統合的に提供する業態として，当時の消費者から評価されていたといえる。

　その結果百貨店は，「今日は帝劇，明日は三越」というフレーズに表象さ

図表 3-3　商品とモノ・サービスの関係

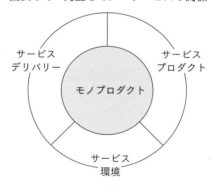

出典：近藤（2016），p.79[31]

29　詳しくは，谷内・加藤（2018）および梅咲（2020），pp.162-168 を参照されたい。

30　長島（2014）は，Rust and Oliver（1994）の構成要素を引き継ぐ形でサービス品質を議論した Brady et al.（2001）の議論を踏まえ，サービスプロダクト＝結果品質（Outcome Quality），サービスデリバリー＝相互作用品質（Interaction Quality），サービス環境＝環境品質（Physical Environment Quality）に相当するものであると議論する。

31　原典は Rust and Oliver（1994），p.11

れるよう，帝国劇場と並び，「大都市の象徴」かつ「都市生活者の憧れの文化的施設」[32] として，世間一般に知覚・評価されるようになった。上述のように，上層階級・中産階級をそのターゲットとしていた百貨店であったが，飛田（2016）が「この（三越呉服店の）キャッチ・フレーズは人々に広く知れわたり，帝劇に行ったことのない庶民層も，いつかは三越の客として贅沢を味わう日の来ることを願うようになりました」[33] と議論するように，所得階層を越え世間一般の「憧れ」の施設として百貨店が認識されていた。つまり，百貨店とはこの時代において，新たな社会的価値（規範）の形成，いい換えれば（社会学で議論された）集団のライフスタイルを醸成・伝達する存在であり，前述の井関（1979）の議論を踏まえると，消費者の生活意識のみならず生活構造（特に生活諸習慣やメディア接触パターン）に作用した生活環境要因であったといえる。

　現在のように一般大衆を対象とした業態として，積極的にセール（廉売）や催事に取り組むようになったのは，1918 年の米騒動に象徴される食糧危機と 1923 年の関東大震災以降であった[34]。

3
「第一次成長期」における百貨店と消費者：
関東大震災から戦中まで

3-1　関東大震災と百貨店の大衆化

　関東大震災（1923 年）という生活環境要因により，当時の消費者の生活意識および生活構造，そして生活行動は大きく変化することとなる。この震災により，東京にあった多くの百貨店は多大な損害を受け，三越呉服店のように全焼した百貨店も存在する[35]。

32　飛田（2016），pp.75-76
33　詳しくは，前掲の出典を参照されたい。
34　詳しくは，藤岡（2004），p.182 を参照されたい。
35　詳しくは，梅咲（2020），p.60 を参照されたい。

　この震災以前から百貨店は，富山で起こった米騒動（1918 年）を契機とする食糧危機を背景とした市場の情勢を踏まえ，マーチャンダイジングの幅を拡大し，食料品や台所用品にかかわる商品の取り扱いを積極的に開始していた[36]。例えば白木屋呉服店は，1920 年に大阪梅田の阪神急行株式会社（後の阪急電鉄株式会社）本社ビルに梅田出張所を開店し，食料品や日用雑貨の販売を開始している[37]。

　震災によって，一からの出直しを迫られた百貨店であった[38] が，この被災した地域に大きく貢献したのが，名古屋を拠点としている，いとう呉服店（後の松坂屋）であった[39]。いとう呉服店は，名古屋や大阪から，バケツ，お釜，焜炉，ゆかた，カヤ，布団などの生活必需品を買い集め，上野店の仮営業所（いとう松坂屋呉服店上野店は，震災による火災によって全焼している）での販売を開始した。また同時に，いとう呉服店は，手拭い，石鹸，食器などなどを入れた慰問袋を荷車に乗せ，無料での配布を実施した。その後さらに，東京市庁の被災者物資配給の独占委託を受け（1923 年 10 月 1 日に委託を受託），市内各所に「東京施設衣類雑貨臨時市場」[40] を開設し，日用の必需品の販売を開始した。

　いとう呉服店以外の百貨店もその後，臨時店舗を設けて生活必需品の販売に積極的に販売したことで，それまでの上層階級・中産階級をターゲットとした業態から，広く庶民，「大衆」に開かれた業態へと転換することとなった。この百貨店の「大衆化」に伴う変化として，生活必需品の販売に加えて，一部の百貨店の企業名からの「呉服店」の名称が削除（図表 3-4）されたこと，そして「下足の廃止」があった[41]。

36　この「大衆化」路線へのターゲット顧客の拡大という意思決定は，上層階級・中産階級を主要顧客とし，「憧れ」の商業施設としてのポジショニングを重要視していた百貨店の一部にとって，抵抗のある決断であった。詳しくは，藤岡（2004），p.182 を参照されたい。

37　詳しくは，藤岡（2006a），p.183 を参照されたい。

38　飛田（2016, p.79）は，震災による被害から，当時の三越呉服店と松屋呉服店が事業の「解散」を検討していた，と議論している。

39　詳しくは，飛田（2016），pp.79-82 を参照されたい。

40　設置会場の会場は，小学校，町役場，会館など様々な場所であった（場所は，小石川，牛込，青山から開始され，最終的には埼玉県下まで，27 ヵ所の会場が設置された）。詳しくは，飛田（2016），p.82 を参照されたい。

41　詳しくは，飛田（2016），pp.82-83 を参照されたい。

　「下足の廃止」とは，来店者の履物を預かる制度の廃止を意味する。この「下足の廃止」に移行した背景には，関東大震災後，押し寄せる来店客の多さに，下足を預かることができなかったという理由とともに，下足預り制度を廃止した百貨店がその他の百貨店よりも盛況であったため，売上拡大のための戦略として百貨店業界で徐々に採用されたという経緯がある[42]。

　加えて，藤岡（2004）[43] が議論するように，関東大震災を契機とし，百貨店と問屋の密接な関係性が構築された。これにより，百貨店は，市場において広くそして強い影響力を保有するだけでなく，流通という垂直的取引関係においても存在感を有することになった。

　さらに，三越の地方中核都市への支店の出店などもあり，百貨店は大都市のみならず，日本全国へ拡大する業態へと進化する[44]。

図表 3-4　呉服系百貨店の名称変更

百貨店（店名）	誕生年	社名
三越	1904 年	株式会社三越呉服店→株式会社三越（1928 年）
大丸	1908 年	株式会社大丸呉服店→株式会社大丸（1928 年）
髙島屋	1909 年	髙島屋飯田合名会社→株式会社髙島屋（1930 年）
松坂屋	1910 年	株式会社いとう呉服店→株式会社松坂屋（1925 年）
そごう	1919 年	株式会社十合呉服店→株式会社十合（1940 年） →株式会社そごう
松屋	1919 年	株式会社松屋鶴屋呉服店→株式会社松屋（1948 年）
白木屋	1919 年	株式会社白木屋呉服店→株式会社白木屋（1928 年）

出典：濱名（2016），p.17 を一部加筆修正

42　神戸元町商店街（2011）では，関東大震災と「下足の廃止」との関係性を議論する。また神戸市に存在した元町デパートの廃業の理由のひとつとして下足預かりを継続したことを挙げている。（詳しくは「鈴蘭灯（百貨店の下足問題）」（2011 年 9 月 1 日）を参照されたい。『元町マガジン』）（最終アクセス 2021 年 9 月 4 日）

43　藤岡（2004），p.184

44　三越は，京都（1928 年），神戸（1929 年），高松（1930 年），札幌（1932 年），仙台（1932 年）など，1930 年前後において，支店網を拡大した（詳しくは，田村 2011，p.154 および加藤 2019，p.74 を参照されたい）。

3-2　電鉄系百貨店の誕生と百貨店の大衆化

　百貨店の大衆化に関して，上述では関東の動向に注目して議論してきたが，大衆化の別の要因として「電鉄系百貨店の誕生」がある。大正末期から昭和にかけての鉄道をはじめとする交通インフラの発達の伴い，大都市周辺の郊外地に住宅が開発されることとなる。そして阪神急行電鉄（後の阪急電鉄）は，自社の乗降客をメインターゲットに，電鉄として初めて百貨店の経営に着手することとなった。

　この阪急百貨店の誕生には，先述した白木屋による「白木屋梅田出張店」の存在が大いに関係している。1920年に，阪神急行電鉄は，電鉄のターミナル駅（大阪梅田）であった阪神急行本社ビルの1階に白木屋の出張店を，そしてその2階に自社経営の食堂[45]を併設する。そして，この出張店の売上実績を鑑み，1925年の契約期間満了に伴い，白木屋[46]との契約を解除し，阪神急行電鉄は自社での自社直営の食料品や生活雑貨中心とした，「値ごろ感」を強みとする阪急マーケットと，直営の阪急食堂を併せ持つ，ターミナル百貨店の足掛かりとなる複合商業施設の経営に着手する[47,48]。

　そして1929年に，阪神急行電鉄は阪急マーケットを拡張し，わが国初のターミナル百貨店，阪急百貨店を開店する[49]。当時の阪急百貨店は，コス

45　末田（2010，p.219）は，阪急直営店の梅田阪急食堂の特徴とは，献立を洋食に絞り，どのレストランよりも安く提供することであったと議論する。廉価であるということとともに，洋食に特化したことは，呉服系百貨店の戦略と異なるものであった。初田（1993，pp.117-124）の議論によれば，呉服系百貨店では洋食と和食の両方の食堂を設けることが多く，また当時の消費者の傾向として和食を利用する割合が高かったことが示されており，その意味でも阪急食堂の取り組みは，当時の市場においてある種異質性を有するものであったと推察される。しかし，この取り組みによって，阪神急行電鉄のブランドイメージだけでなく，後の阪急マーケットや阪急百貨店のストア（店舗）イメージに，「モダン」や「ハイカラ」を特徴とする“阪神間モダニズム”という，消費者の評価属性が付与されることとなった（詳しくは，戸田2009を参照されたい）。

46　阪神急行電鉄ビルが開業した当時（1920），白木屋は大阪堺筋備後町に8階建ての大型百貨店の建設中であった。（詳しくは，末田2010，p.219を参照されたい）。

47　谷内（2017）は，石山（1925）の小林一三の阪急宝塚（新温泉）に関する議論を踏まえ，阪急マーケットが，「大廉価所」というコンセプトをもって設立された小売店であると議論する。（詳しくは，谷内2017，p.11を参照されたい）

48　阪神急行電鉄が，小売店に着手した背景には，新京阪電鉄（京阪電気鉄道の子会社：現在の阪急京都本線）の天神橋筋六丁目〜十三間の開通によって，自社の乗降客数が低減したことが背景にあると議論する。

ト・リーダーシップ戦略を採用し，他店よりも安い値段をその強みとするものであった[50]。その後阪急百貨店は，売場を段階的に拡張し，大阪の市場において強い販売力を持つ小売店へと成長していく。具体的には，1932年以降の阪急百貨店は，阪神急行電鉄にとって，運輸収入に次ぐ収益を計上するものであった。

　この阪急百貨店の盛況と同時に，大都市における地下鉄開通も相まって，ターミナル百貨店というビジネスモデルが各地で採用されることとなった[51]。そして，ますます百貨店の「大衆化」が促進されることとなる。

　またこのターミナル百貨店が誕生した時期における「百貨店」の大衆化に関して，飛田（2016）は，先述の「関東大震災」とともに，「昭和恐慌」という生活環境要因による影響を指摘する。

　この経済的減退という生活環境要因の変化により，百貨店間の価格競争が激化した。加えて，サービスにかかわる様々な売上増進策が，多くの百貨店で採用されることとなった。具体的には，店舗の大型化，支店の開設による多店舗化，無料配達地域の拡大や送迎バスの運行，また地方都市への出張販売を実施などがあった[52]。

3-3　戦前における百貨店の位置づけとは

　ここまで，わが国における百貨店の誕生から，その業態が大衆へ根付くまでの，戦前の「生成期」および「第1次成長期」について議論した。

　「デパートメントストア宣言」を契機とし産声をあげたわが国の百貨店

49　谷内（2017, p.25）は，阪急百貨店（1929年）をターミナル百貨店の嚆矢とするものの，それ以前に，大阪電気軌道（後の近畿鉄道）が大阪上本町のターミナルビルを建設した際（1926年）に，三笠屋が白木屋呉服店と十合呉服店に競り勝ち，同ビルで店舗を構えたことを，ターミナル百貨店の始まりとする場合もあると議論している。

50　阪急百貨店の当時用いられていたキャッチ・フレーズは「どこよりも良い品を，どこよりも安く」であった。詳しくは，谷内（2017）pp.12-18 および p.64 を参照されたい。

51　阪急百貨店に続く，電鉄系百貨店には東横百貨店（1934年）や大軌百貨店（後の近鉄百貨店1935年）などがあった。また呉服系百貨店も地下鉄駅に直結するよう地下鉄事業者に働きかけ（例えば駅の建設費の全額あるいは一部を負担），交通インフラとの親和性を高める取り組みを実施している（詳しくは，梅咲2020, pp.62-64 を参照されたい）。

52　詳しくは，飛田（2016），p.85 を参照されたい。

は，呉服店からの既存顧客（上層階級・中産階級）を対象とし，呉服にかかわる品揃えに加え，輸入品を中心とした取り扱い商品の拡大を実施するものであった。この「生成期」における百貨店は，2 度の大戦景気（日露戦争期，第一次世界大戦期 1915-1920 年）という生活環境要因に背中を押されながら，文明開化後の有閑階級をターゲットにインキュベーション（孵化・育成）を実現した[53]。当時の百貨店利用者がなぜ百貨店を支持したのかを考察する上で，Pasdermadjian（1954）が欧米の百貨店の生成期における消費傾向の特徴として議論した，「未利用の購買力」が参考になる[54]。同氏は，上層階級・中産階級の多くは代々にわたって蓄積されてきた自由に利用できる貯えを「未利用の購買力（Unused purchasing power）」と議論し，当時の欧米において欠けていたものはむしろ消費習慣（生活構造）であったと主張する。つまり Pasdermadjian（1954）の指摘とは，百貨店の誕生により購買機会が増加したこと，また広告をはじめとする販売促進活動に刺激されたことで，それまでの「貯蓄を重要視する生活構造（規範：社会的価値観）および生活行動」から，「生活非必需品やサービスに対する快楽的購買行動を善しとする新たな生活構造（規範：社会的価値観）および生活行動」へ，消費者の価値観が移行したという，まさにライフスタイルのパラダイムシフトを示唆するものである。

　わが国においても，「未利用の購買力」をベースとした需要の空白地帯に対し，百貨店は，ただ単に輸入品を品揃えするだけでなく，わが国の既存のライフスタイルの沿ったかたちでの新たな生活意識と生活構造にかかわる提案を実施した。それは，取り扱い商品というモノプロダクトだけでなく，

53　1907 年に明治 40 年恐慌をわが国は経験するが，末田（2010, pp.80-81）が三越呉服店の売上総利益の推移を踏まえて議論するように，その影響を百貨店はほとんど受けていないことが示されている。実際，明治・大正における，三越呉服店およびいとう呉服店（後の松坂屋）名古屋本店の売上高は，1907 年においても増加傾向にあることが示されている（詳しくは，末田 2010, p.83 および p.123 を参照されたい）。売上高が減少しなかった理由として，Pasdermadjian（1954）による欧米の百貨店生成期の競争優位性に関する議論と同様，この当時の百貨店が有閑階級を対象としていたこと，大都市の一部の呉服店のみが百貨店化していたこと，高利益率の販売体制（高級品の販売）を採用していたこと，さらに競合業態が少なかったことなど，百貨店にとって有利な条件が合いまったことで，恐慌の影響をほとんど受けなかったと推察される。
54　詳しくは，Pasdermadjian（1954, pp.29-30／翻訳 1957, pp.54-55）を参照されたい。

サービスプロダクト，サービス環境，サービスデリバリーを含めた，総合的なサービス価値の提供を実現するものであった。その結果百貨店は，ターゲット顧客にとっては消費だけでなく娯楽の殿堂として，また一般庶民にとっては「憧れ」の象徴として，先進的で革新的な「生活意識」と「生活構造」を啓蒙し体現する存在として位置づけられることになった。

その後，百貨店業態は，中小小売商を保護する目的で制定された「（第一次）百貨店法」による営業活動の制限という問題に直面するが，その制約にもかかわらず，拡大・成長することとなる[55]。しかし，第 2 次世界大戦に向かうにつれ，百貨店の成長期は，1940 年をピーク[56]とし，一度中断されることとなった。その結果，百貨店は，そのビジネスモデルを回復させるまで，例えば従業員数に関しては 12 年を有する[57]など，長期にわたる停滞を余儀なくされた。

4
「第二次成長期」における百貨店と消費者：
戦後からバブル景気胎動期まで

4-1　高度経済成長期前（1950 年まで）の百貨店の動向

終戦後，わが国の市場を牽引したのも百貨店であった。百貨店の売上は，1946 年にはすでに，戦前の売上を大きく凌駕することとなる（図表 3-2）。

この百貨店の売上が高く計上された要因のひとつとして，戦争によって齎されたモノ不足が，物価を急激に高騰させたという，ハイパー・インフレーションが，その理由としてまず挙げられる（図表 3-5）。このハイパー・インフレーションは，戦後直後（統計資料の菅家により 1947 年）から 1949 年の推移において確認することができる。消費支出金額の推移が緩やかな増

55　詳しくは，藤岡（2004），pp.188-192 を参照されたい。
56　詳しくは，通商産業大臣官房調査統計部調査課（1949），p.1 を参照されたい。
57　売場面積の回復に関しては，9 年の期間を有した。詳しくは，飛田（2016），p.87 を参照されたい。

図表 3-5　消費者物価指数および消費支出金額の推移（2020 年を基準値として）

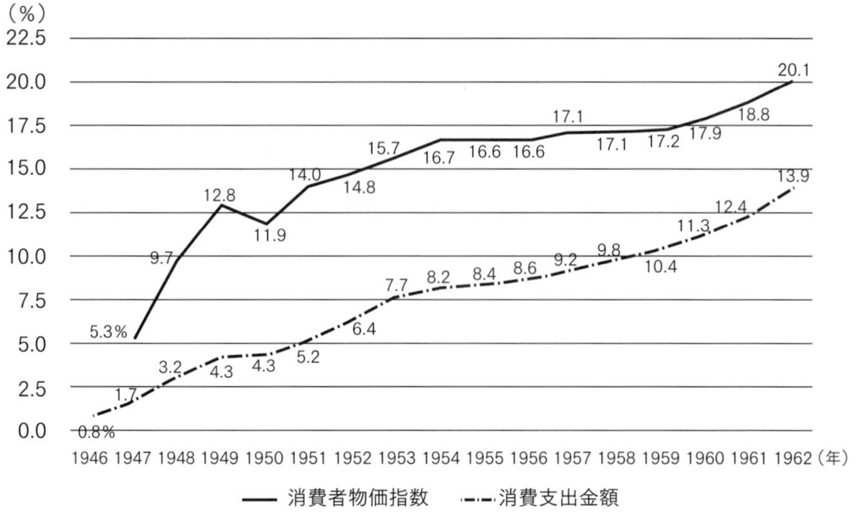

出典：統計局（2020）「消費者物価指数（年）（持家の帰属家賃を除く総合指数）」[58]，「家計調査年
報（家計収支編）2020 年（令和 2 年）」[59] および「家計収支（1946 ～ 1962）[60]」より筆者作
成。

加であるに対し，物価指数の上昇は急激なものであった。

　伊藤（2012）は，戦後占領期の 1949 年 2 月に，日本経済の自立と安定と
のため GHQ が提示した，「経済安定 9 原則」の一翼を担う財政金融引き締
め政策である，（当時のデトロイト銀行頭取の Joseph Dodge が立案した）
Dodge Line（ドッジ・ライン）の実施まで，ハイパーインフレーションが
続いたと議論する。また同氏が，同時期のドイツやハンガリーにおけるイン
フレーションではないとするものの，「それでも 1934-36 年卸売物価を 1 と

58　詳しくは統計局データを参照されたい。
59　当該データは 1 世帯（二人以上の世帯）当たりの収入（勤労者世帯のみ：農林漁家世帯を含
む）を対象としたものである。2020 年の一ヵ月あたりの消費支出金額は 277,962 円であった。
詳しくは統計局データを参照されたい。
60　当該データは 1946 年以降の一ヵ月の，1 世帯（二人以上の世帯）当たりの収入（勤労者世帯
のみ：農林漁家世帯を除く）を対象としたものである。1946 年の一ヵ月あたりの消費支出金額
は 2,125 円であった。詳しくは統計局データを参照されたい。

すると49年までに約220倍，45年の水準からみても約70倍というハイパー・インフレとなった」[61]と議論しているように，急激な物価高騰が存在した。

　もちろんこの当時，物価の高騰を防ぐため，GHQを主導として価格統制が実施されていたが，絶対的な供給不足（モノ不足）とそれに対する闇市の盛況（自由市場価格と公定価格との乖離）により，物価の高騰を充分に抑制できなかった。百貨店では，公定価格を厳守し，販売を実施していたものの，その公定価格は戦前の市場価格よりも総じて高いものであった[62]。

　加えて，この当時の百貨店の売上増加のその他の要因として，田中・和田（1980）や藤岡（2004）が議論するように，主にGHQ将兵を対象にした，外国人向けの販売に着手したことが挙げられる。

　例えば，（京都の四条烏丸にある）藤井大丸では，1945年の終戦直後から，店舗の2階に京都産業館を設け，進駐軍を対象に土産物や衣料品，美術品，骨董品，高級繊維等を販売している[63,64]。また髙島屋は，GHQ将兵を対象にした輸出用繊維品をドル売りするEB（Export Bazar：エキスポート・バザー）（1949年〜）や，外国人向けに日用品や食料品を販売するOSS（Overseas Supply Store：オーバーシーズ・サプライ・ストア）（1950年〜）を展開した。実際，1949年の髙島屋（東京店）[65]のEB売場は，当時の東京店の半期の売上15億を計上した[66]。さらに，翌年から始まったOSSに関して，日本橋店では，1日2〜3万ドルの売上を計上しており，それは，OSSワンフロアで全館の売上に相当するものであったという[67]。

61　詳しくは，伊藤（2012），p.1を参照されたい。

62　森永（2010）。

63　GHQによる接収のため，1946年4月には閉店を余儀なくされた。詳しくは，荒金（1970），p.189を参照されたい。

64　通商産業大臣官房調査統計部調査課（1949）の記録によると，1948年5月における京都の売上が高く計上されている。そして，進駐軍への需要が多かったことが，その理由として記されている（詳しくは，p.13）。このことから，藤井大丸の京都産業館の閉館後も，京都では他の百貨店によって進駐軍への販売が実施されていたと判断できる。

65　後の日本橋店。最初に「東京店」という名称は，後の京橋店に用いられていた。その後，日本橋に新規出店した際（1933年3月に，その名称は（後の日本橋店に）転用されることとなった。詳しくは，高島屋編纂委員会（1982）p.104およびp.116を参照されたい。

66　田中・和田（1980），p.157

　他にも，GHQ 将兵やその家族に対して，輸入品の衣料雑貨を販売する IB（Import Bazar: インポート・バザー）という進駐軍をターゲットとする催しが，仙台の藤崎百貨店（1949 年〜）を皮切りに，松屋（東京銀座），阪急百貨店（大阪梅田），福岡玉屋，佐賀玉屋などで開催された[68]。日本百貨店協会（1998）によると，IB はスイス製時計や毛織物などの豪華な高級品を取り扱うという当時の百貨店において異彩を放つものであり，新たな百貨店の方向性を示す売場であった[69]。

　この外国人向けの販売は，売上のみならず，別の恩恵を百貨店にもたらすものであった。髙島屋の EB は 1952 年に，OSS は 1953 年の閉鎖されることとなったが，田中・和田（1980）が議論するように，外国人向けの販売を経験したことは髙島屋にとって，当時の消費者の目指すべきライフスタイルであった「アメリカン・ウェイ・オブ・ライフ」[70] とは何か，その実際の生活様式を学ぶ機会となった[71]。この経験により蓄積されたナレッジもあり，その後髙島屋は 1958 年に日本初のアメリカ進出（タカシマヤニューヨークの出店）を果たすなど，日本のみならず国外でもその影響力を高めることとなる[72]。

　さらに，百貨店の売上増加の要因として，百貨店の卸売業への進出がある。通商産業大臣官房調査統計部調査課（1949）の資料によると，大阪の

67　詳しくは，前掲の出典を参照されたい。

68　詳しくは，日本百貨店協会創立 50 年記念誌編纂委員会（1998），p.22 を参照されたい。

69　詳しくは，前掲の出典を参照されたい。

70　アクロス編集室（2005）によると，1945 〜 50 年のわが国のストリート・ファッションを牽引する象徴として「ストリート・ガール（通称パンパン）」を挙げている。彼女らのファッションは，「赤や緑などの原色の色使い，パーマネントや派手なメイク，プラットフォームヒールの靴，ショルダーバッグ，ネッカチーフなど，露骨なまでのアメリカ志向」であった。彼女らは，GHQ 将校の婦人などのミリタリルックを取り入れ，肩パッドを入れて四角く盛り上げた「いかり肩ルック」など，新たなファッションスタイルを大衆に流行させた。詳しくは，アクロス編集室（2005），p.18 を参照されたい。

71　詳しくは，田中・和田（1980），pp.157-158 を参照されたい。

72　髙島屋は，ニューヨーク店の出店を皮切りに，ワシントンの日本大使館の内装の受注（1972年），カールプレイスへの日本レストラン（シロオブジャパン）の出店（1973年），カリフォルニアタカシマヤの出店（1976年）など，アメリカでの事業を拡大した。また，ヨーロッパにおいては，パリの Au Printemps（オ・プランタン）の 1 階に 120 ㎡の髙島屋の売場の開設（1973年），ブルガリアのソフィアにある国営ホテルへの家具の納品やドイツのデュッセルドルフの日航ホテルの内装を手掛けた。詳しくは，田中・和田（1980），pp.159-163 を参照されたい。

百貨店が他の 6 大都市（東京，京都，神戸，名古屋，横浜）を抜き，1947年および 1948 年において高い売上を計上したことが記録されている。大阪が東京よりも百貨店の売上が増加した背景には，東京よりも戦争の被害が少なかったこと，東京において新興百貨店[73] が既存百貨店の売上を阻害したこと[74]，そして大阪の百貨店が卸売への進出をしたこと，という複合的な要因があった。1948 年 5 月～ 1949 年 2 月までの 6 大都市の総売上における卸売の割合を確認すると，大阪が突出して高いことがわかる（図表 3-6）。

　以上のように，高度経済成長期前（1950 年まで）の百貨店は，ハイパー・インフレーション，GHQ を中心とした外国人消費者の需要への対応，卸売業への進出という要因を背景とし，戦前の売上を大きく上回ることが可能となり，その資金力をもって，徐々に復興に向け歩みはじめていた。

　その後，1949 年になるとインフレが落ち着き，需要に対して供給が徐々に追いつき始めたことによって，闇市の市場での影響力が減退するようになった。このような生活環境要因の変化から，通商産業大臣官房調査統計部調査課（1949）が指摘するように，戦前の百貨店同様，その販売力だけでなく，百貨店がわが国の小売市場を寡占化するようになっていた。また通商産業大臣官房調査統計部調査課（1949）は，百貨店による市場の寡占化の別の要因として，関東大震災以降に構築された問屋との密な関係性を挙げている。加えて，メーカーとの直接取引や，資本力の乏しい企業の買収など，生産者との関係性を強化していたことも，この時期の百貨店の特徴である[75]。

　しかし戦前とは違い，百貨店間での関係性（産業的トラスト），つまり百貨店組合に関しては，独占禁止法（1947 年 7 月制定）に伴い，GHQ によっ

73　石樽・初田（2014）は，地図資料の分析から，1946 年以降闇市をベースとして様々な新興マーケットが誕生したことを明らかにしている。これらマーケットの中には，百貨店やデパートを名称につけるもの（例えば，渋谷にあった丸大デパートや目黒の目黒デパートなど）がいくつか存在している。

74　通商産業大臣官房調査統計部調査課（1949）では，大阪において新興百貨店が発生しなかった要因として，他の 6 大都市よりも大阪の市場（いちば）が発達していたことをその理由として議論する。詳しくは，通商産業大臣官房調査統計部調査課（1949），p.25 を参照されたい。

75　詳しくは，藤岡（2004），p.194 を参照されたい。

図表 3-6　6 大都市の総売上における卸売の割合（1948 年 5 月〜 1949 年 2 月）

	1948								1949	
	5	6	7	8	9	10	11	12	1	2
東京	1.2%	1.0%	0.9%	0.5%	0.4%	0.3%	0%	1.8%	2.2%	0.8%
大阪	21.2%	18.8%	16.8%	15.1%	15.6%	19.4%	20.0%	13.4%	23.4%	22.8%
京都	1.8%	3.9%	2.7%	4.8%	5.5%	3.0%	2.9%	1.2%	1.4%	0.9%
神戸	13.7%	9.9%	14.4%	10.1%	9.9%	7.5%	11.2%	2.1%	1.7%	2.7%
名古屋	7.1%	9.4%	6.4%	5.4%	5.9%	5.7%	3.7%	4.9%	4.5%	6.0%
横浜	0%	0%	0%	0%	0%	0%	0%	0%	0%	0%
6 大都市計	9.4%	9.2%	7.9%	8.0%	8.0%	9.1%	8.9%	6.4%	10.8%	10.0%

出典：通商産業大臣官房調査統計部調査課（1949），p.30

　て 1947 年 8 月に解散させられていた。ただその一方で GHQ は，（第 1 次）百貨店法を同年 12 月に廃止するという，百貨店にとって有利な施策も講じている。

　その後，百貨店の中小小売商に対する強力な市場競争力が問題視され，過度経済力集中排除法（1947 年 12 月制定）[76] に基づき，三越，大丸，髙島屋，松坂屋の 4 社が，企業再編成の対象として指定されることとなる（1948 年 2 月）[77]。しかし，持株会社整理委員会による「過度の経済力の集中」の指定を再考するうえで，それらの百貨店は同年 5 月にその対象とから解除される運びとなった。

4-2　特需景気時（高度成長経済胎動期：1950 年〜 1952 年頃）の百貨店の動向

　1950 年になると，わが国は朝鮮戦争を契機とした特需景気の恩恵を受けることで，急激な経済成長を果たすこととなる。この特需は，朝鮮戦争に関わるアメリカ軍からの物資発注だけでなく，増員された在留アメリカ軍兵士

76　詳しくは，髙橋（2017）を参照されたい。
77　詳しくは，藤岡（2004, p.195）および髙橋（2017, p.154）を参照されたい。

へのサービスにかかわる需要も喚起されるものであった[78]。この特需によって，わが国は貴重な外貨収入を獲得することが可能となった。その結果，設備投資関連の輸入が可能となり，国内製造業は加速度的に成長する。例えば，国内の鉱工業生産指数は，朝鮮戦争から4ヵ月たらずの1950年10月時点で，戦前の水準を超える[79]など，著しい経済回復を実現するようになった。

　そして国内の経済状況という生活環境要因が徐々に回復してきたことにより，主食を除く食料品の公定価格が解除されるようになる。さらにGHQのよる戦後直後からの百貨店店舗の接収も解除されることとなり，百貨店はようやく，戦前同様，自国の「大衆」を対象として，わが国の市場をけん引する存在へと返り咲くことが可能となった。

　戦争が終結してから5年，消費規制の解除が拡大され，多くの商品が配給制度の対象から外れ，自由販売が可能になる[80]。同時に，衣類切符制が廃止され衣料品も自由販売に移行した（1952年）こともあり，衣料品や化粧品などのファッションに関連する製品・サービスに対する関心が高まるようになっていた[81]。田村（2011）は，その例として，化粧品に関しては資生堂やポーラなどの化粧品メーカーによる美容講座や移動美容室，衣料品に関しては女性の下着ブームを挙げている。

　百貨店はこの流行において，ナイロン等の戦前にはなかった人口素材を使った衣類[82]を販売するとともに，海外ファッションを紹介し，女性の

78　詳しくは，永江（2020），pp.260-262を参照されたい。
79　詳しくは，永江（2020），p.262を参照されたい。
80　詳しくは，田村（2011），pp.202-206を参照されたい。
81　アクロス編集室（2005, p.22）は，1940年代後半〜50年前後のわが国のストリート・ファッションに関して，「裾だしアロハにリーゼント。マッカーサー風サングラスを着けている者も多かった。進駐軍の日常着をそのまま模倣したといってよい」と述べ，「アメリカ迎合」という潮流が，当時の日本国内を席占していたと議論する。1950年代のわが国のストリート・ファッションを象徴するライフスタイルおよび消費傾向の表れとして，アプレ族，アメリカンスタイル（40年代後半〜50年代前半），シネマファッション（1953〜58年），マンボスタイル（1955年），カリプソスタイル（1957年），ロカビリー族（1958〜60年）などがあった。これらに共通する価値観とは，戦後直後からの「アメリカ迎合」という生活意識であった。詳しくは，アクロス編集室（2005）を参照されたい。
82　藤岡（2004）は，1955〜1965年（昭和30年代）の衣料品に関して，百貨店で取り扱う衣類はオーダー（仕立て）が一般的であったと議論する（詳しくは，藤岡2004, p.204参照のこと）。

ファッションに対する関与を刺激する存在としての役割を担っていた。例えば，髙島屋は，婦人服部門を設置した 1951 年ごろから，婦人服部門単体で利益を計上することが可能となった[83]。

　しかし基本的には，この当時の百貨店とは「廉売」を特徴とする業態であった。藤岡（2004）は，1951 年の朝鮮動乱の休戦に伴い，景気が一時後退し，百貨店間の価格競争が激化したことを指摘している[84]。この百貨店間の価格競争は，問屋に対する不当返品，不当値引き，手伝い店員などを強いるものであった。これに対して当時の公正取引委員会は，1952 年に警告を行い，その後 1954 年には独占禁止法に定発するものとして，不当返品，不当値引き，手伝い店員，そして不当な条件による委託仕入の禁止が，百貨店に適用されることとなった[85]。

4-3　高度成長経済期（1952 年頃〜）の百貨店の動向

　1951 年にわが国は対日親和条約であるサンフランシスコ講和条約を調印し，翌 1952 年に同条約が発効されたことで，GHQ が解体され，わが国に主権が返還されることとなった。そしてその後，1954 年に高度成長経済の契機となる神武景気（1954 〜 1957 年），それに続くかたちで岩戸景気（1958 〜 1961 年），東京オリンピックの開催（1964 年），そしていざなぎ景気（1965 〜 1970 年）が到来し，急激にわが国は経済発展することとなる。

　この時期，呉服系百貨店・電鉄系百貨店問わず，多くの百貨店は，本店があるドミナントエリアから離れ，新規市場を求め新たなエリアへ店舗を設ける「多店舗展開」や，既存店舗の増築など，大衆を囲い込むための拡大戦略を積極的に採用していた（図表 3-7）。

　例えば阪急百貨店は東京の大井町（1953 年）と数寄屋橋（1956 年）へ，大丸は 1954 年に東京駅八重洲口へ，十合が 1957 年に東京・有楽町へ，髙

83　詳しくは，藤岡（2004），p.197 を参照されたい。
84　藤岡（2004，p.198）は，当時の特売の売上は，百貨店全体の売上高の 15~25 ％を占めるまで拡大したと議論している。
85　詳しくは，藤岡（2004），p.197 を参照されたい。

図表 3-7 1950 年代における都内百貨店の主な新築・増床状況

年	月	百貨店名	所在地	店舗戦略
1953	6	西武	池袋	増床
	11	阪急	大井町	開店
1954	3	三越	銀座	増床
	4	髙島屋	日本橋	増床
	10	西武	池袋	増床
	10	大丸	八重洲口	開店
	22	東横	渋谷	増床
1956	5	阪急	有楽町（数寄屋橋）	開店
	12	西武	池袋	増床
1957	10	三越	池袋	開店
	3	白木屋	日本橋	増床
	3	松坂屋	上野	増床
	5	十合	有楽町	開店
1960	1	西武	池袋	増床

出典：伊勢丹広報担当社史編纂事務局（1990），p.160 を一部加筆修正

島屋が 1959 年に横浜駅西口へ新たに店舗を構えた[86]。

　また新たな電鉄系百貨店が誕生するのもこの時期であった。具体的には，名鉄百貨店（1954 年）や阪神百貨店（1957 年）が，その後，東武百貨店（1960 年），小田急百貨店（1961 年），そして京王百貨店（1961 年）が誕生している[87]。このように，1952 年以降の百貨店は，ますます市場での影響力を拡大することとなった。1953 年には，戦前（1936 年）の実質売上高を越し，1958 年の段階では約 2 倍の売上が計上されている[88]。

　この百貨店の増床・開店が相次いだ背景には，大衆消費の再誕[89]というライフスタイル傾向・消費傾向の変化と，それに対応した百貨店の大衆化[90]と

86　詳しくは，日本流通経済新聞（1993），p.40 を参照されたい。
87　詳しくは前掲の出典を参照されたい。
88　詳しくは，山口（2005），p.138 を参照されたい。
89　詳しくは，山口（2005）および田村（2011）を参照されたい。

いう業態特性の変化があった。このライフスタイル傾向・消費傾向の変化は当然のことながら，高い経済成長という生活環境要因の変化に誘発されたものである。経済が回復・発展するにつれ，消費者の生活も豊かになっていった。

　1956年の経済白書で表明された「もはや戦後ではない」というフレーズは，まさに消費者の豊かさの回復を象徴する言葉であった。この時代のライフスタイル傾向とは，第2章で示したように，「『中流』の暮らし」志向であり，「隣に負けるな」という横並び志向を原動力とするものであった。消費傾向も，生活基盤形成にかかわる製品の普及がほぼ充足するようになったことを背景とし，必需品から専門品や高級品などへの購買への移行，すなわち「量」から「質」への変化していった。この時代の象徴的な製品として，電気洗濯機，電気冷蔵庫，白黒テレビがある。これらは，当時の消費者にとって「三種の神器」と称され，豊かさや憧れの象徴とされていた。1960年代半ば，いざなぎ景気以降は，新三種の神器としてカラーテレビ，車，クーラーが象徴的な製品として位置づけられるようになる[91]。

　日本経済新聞社（1993）が，「白黒テレビ，電気洗濯機，トランジスタラジオ，テープレコーダーなどの当時の家電製品はほとんどが三越から最初に売り出され，技術革新の進展で製品価格が値下がりするにつれて大型の売れ筋になっていった」と記するように，当時の家電の流通に関して百貨店が大きく寄与していた[92,93]。また同時に，産業展といわれる，新製品や新技術を紹介する催事をメーカーと共同で開催することで，大衆への認知の拡大にも貢献している[94]。

　もちろんこの高度経済成長期において，消費が促進されたのは耐久消費財

90　詳しくは，日本流通経済新聞（1993）を参照されたい。

91　カラーテレビ（Color Television），車（Car），クーラー（Cooler）の頭文字Cから3Cと称されていた。

92　日本流通経済新聞（1993），p.40

93　家電メーカーにとって百貨店は販売量という意味では有益なチャネルであった一方で，自由価格販売を背景とした百貨店間の値引き競争や，百貨店によるPB開発もあり，必ずしも恩恵だけを享受できるような，統制されたチャネルではなかった（詳しくは，長谷川2009，pp.70-71を参照されたい）。

94　詳しくは，志賀（2018）を参照されたい。

のみではない。都市部への集団就職や給与水準の上昇[95]などを背景とした若者消費者[96]の登場とともに，ファッション消費が拡大するのもこの時代の特徴である。百貨店も，このファッション消費への気運の醸成，さらに市場への伝播を担う伝道者としての役割を担っていた。

例えば髙島屋では，1956年にイタリアの百貨店であるLa Rinascenteと提携し，戦後初の海外展であるイタリアン・フェアを開催[97]し，衣料品を含めた品揃えにより，多くの来客者を引き付けた。その後髙島屋は，この催事で培われた経験や関係性[98]を生かして1958年にフランスのAu Printempsと提携し，フランス・フェアを開催することとなる。このフランス・フェアでは，DiorやHermésといったラグジュアリーブランドが展示され，わが国の消費者に世界のファッションを認知させる契機となった[99]。加えて，この期における，百貨店のわが国のファッション消費にかかわる貢献として，既製品のサイズの統一というものがある。

伊勢丹は1957年に服飾研究室を設立し，欧米のサンプルを基にメーカーと協力しながら，日本人の身体にフィットする，オーダーメイドよりも安価な既製服の製造を実現した。その後，自社で蓄積したイージーオーダーの採寸データを基に，日本人の体格にあったサイズの開発と，他の百貨店とのサイズの統一を試みた。伊勢丹は，日本人女性の平均サイズを算出し，それをパターン化することで，日本人の体格にあったサイズを完成させる。そして，そのサイズを髙島屋や西武百貨店と共有することで，サイズの標準化を推進していった[100]。

また高度経済成長期の消費に関して，マスメディアが大きく寄与したこと

---

95 田村（2011）は，高度経済成長期の平均消費支出の急成長（1955年を1としたとき，1965年は2倍，1970年では3.1倍）だけでなく，所得階級間での消費支出格差も縮小したことを，家計調査等のデータから提示する（詳しくは，田村2011, pp.209-210を参照されたい）。

96 田村（2011）は，高度経済成長期の若者消費の特徴とは，「世帯あるいは家族を単位として行動する消費者ではない点である」と議論する（詳しくは，田村2011, p.221参照されたい）。

97 イタリアン・フェアは東京店を皮切りに，京都店そして大阪店へと持ち回り開催された（詳しくは，藤岡2013, p.102を参照されたい）。

98 La Rinascenteに紹介される形で髙島屋は，1956年に一国一店を原則とする，大陸百貨店連盟（Intercontinental Group of Department Stores：IGDS）へ加盟することとなった。

99 詳しくは，藤岡（2013），p.103を参照されたい。

100 詳しくは，伊勢丹広報担当社史編纂事務局（1990）および藤岡（2013）を参照されたい。

も特徴であろう。百貨店も，チラシやポスター広告，催事といったイベントだけでなく，ラジオやテレビ広告を採用し，大衆化する消費者へのコミュニケーションを図った。

　このような，高度経済成長期の年々増加拡大する需要に対し百貨店は，メーカーの技術革新を活用しながら，市場への価値の伝播およびその実現に大きな役割を担う流通業者であった。

　しかし，百貨店にとって有利な状況のみがあったわけではない，1956 年，GHQ によって廃止された百貨店法が再度制定することとなる。中小小売商や問屋を保護するための百貨店に課された第 2 次百貨店法は，店舗新設および増床に関して通産省大臣の許可を百貨店に求めることや，百貨店の閉店時間や休業日数という営業時間，また出張販売や顧客送迎などのサービスにかかわる活動に関して，百貨店審議会を介して，（店舗所在の商工会議所などから構成される）商業活動調整協議会が意見（勧告）できる権利を有する，という法律であった[101]。

　そして，その後の百貨店を脅かす存在となる，スーパーマーケット（以下SM）が誕生したのもこの時期である[102]。

4-4　高度成長経済期の終焉以降（安定成長期）（1972 年頃〜）の百貨店の動向

　1970 年 7 月にいざなぎ景気が終焉し，米ドルが兌換制度を基盤とした固定為替制度から変動相場制へ移行する契機となった，ニクソン・ショック（ドル・ショック）（1971 年）を経験した後，わが国は第 1 次オイル・ショック（1973 年）に影響を受け不況へと突入することになった。このオイル・ショックにより，1974 年の卸売物価は 30 ％，消費者物価は 23 ％も上昇し，「狂乱物価」と称される物価高騰が生じることとなる[103,104]。その結果

101　詳しくは，岩永（1992）および城田（2007）を参照されたい。
102　スーパーおよび GMS の誕生およびその発展に関しては，圓丸（2021）を参照されたい。
103　詳しくは，牛島（2020），p.299 を参照されたい。

世界各国で，物価高騰（インフレーション）と景気の低減が併存した状態である，スタグフレーション（景気低迷）が発生した。その後，労働者の賃金は据え置きである一方で，物価が高騰したことで，労働組合による賃上げ要求が活発になり，わが国においては1974年の春闘において32.9％の賃上げが妥結されることとなった[105]。

　牛島（2020）は，この時期の日本のインフレーションと世界のそれを比較し，その収束が比較的早かったこと，さらに失業率も一時的な増加であったことを指摘し，オイル・ショックからの回復は良好であったと議論している[106]。

　また1979年に，第2次オイル・ショックが発生し，再度物価は上昇することとなったが，円高による輸入価格上昇への影響緩和，省エネルギーへの転換や金融引き締め賃上げの抑制といった政府や企業の政策が功を制し，わが国はその影響を他の国々に比べ最小限に抑えることに成功した[107]。

　上述のような世界規模の大きな経済的な負の影響があったにもかかわらず，1973年を除き，1970年代のわが国の経済は安定成長期と称される経済発展を遂げている。この背景には，1978年に公布された，特定不況産業安定臨時措置法，特定不況地域離職者臨時措置法および特定不況地域中小企業対策臨時措置法といった政策が実を結んだこと，また，70年代後半から80年代にかけて自動車やエレクトロニクスなどの機械産業がわが国の経済を牽引したことが挙げられる。自動車産業は，ガソリンの世界的高騰を背景にアメリカ市場において低燃費の小型車への需要が喚起されたことで，特に輸出を拡大させた。70年代末には，わが国の自動車産業は，世界最大であったアメリカの自動車の生産台数と拮抗するほどの水準にまで発展する[108]。

　この安定成長期における市場の特徴に関して，田村（2011）は，家計消費支出の成長に対する人口効果の寄与率（人口増が寄与する割合）が高まっ

104　当時の物価高騰の別の要因として，田村（2011，p.259）は，1972年に組閣した田中内閣が列島改造論を掲げたことで，地価が高騰しその結果物価が上昇したことを指摘している。
105　詳しくは，牛島（2020），p.301を参照されたい。
106　詳しくは，前掲の出典を参照されたい。
107　詳しくは，前掲の出典を参照されたい。
108　詳しくは，前掲の出典を参照されたい。

たこと，所得階級間での消費格差が固定化し始めたこと（高度経済成長期における消費格差の収束傾向の終焉），を挙げている[109]。

さらに田村（2011）は，安定成長期の別の特徴として，戦争を知らない「新世代消費者（ニューファミリー)[110]」の登場についても言及する。同氏が「新世代消費者」のライフスタイル傾向に関して，「家族の内部においても，個人消費者として主体化し始めた。かれらは自由裁量所得を増やし，快楽主義的欲望にもとづいて自由に商品選択することを要求し始めたのである」[111]と述べているように，集団よりもパーソナルなライフスタイルを望む傾向が確認できる。この議論は，前章で提示した「分衆」に関する議論，「個性的，多様的な価値観を尊ぶ個別な集団」に相当するものである。つまり，70 年代の消費者の特徴的なライフスタイルとは，戦後生まれの若年層の消費者が時代の旗手となり，大衆から分衆へ，自己充足を重視するものであった。

この時代の注目すべき消費傾向として，『anan』（1970 年創刊）や『non-no』（1971 年創刊）に代表されるファッション誌に刺激されるかたちで，若年層においても海外のハイブランド（CELINE や Louis Vuitton など）が受容されるようになったことが挙げられる。加えて，消費者の関心が，いわゆる「モノ」消費から「コト」消費重視へ移行したことで，サービス需要[112]が高まったこともこの時代の特徴的な消費傾向である。さらに 1970 年代は特に食の工業化が促進された時代でもあった。例えばそれには，インスタント食品に代表される調理済み食品の発展[113]や，ファミリーレストランの誕生[114]がある。

109　詳しくは，田村（2011, p.253）を参照されたい。

110　小山・外川（1992）は，戦後のベビーブーム世代（ベビーブーマー）に出生した消費者を「ニューファミリー」と称し議論している。

111　田村（2011），pp.270-271

112　田村（2011）は，消費社会の成熟に伴い，子供への補修教育，教養・娯楽の向上，健康，食生活の合理化，流行化，社会的交際やモビリティの拡大など，「生活の質」向上を目指す指向の醸成に伴い，1970 年代はサービス経済が拡大したと議論する。詳しくは，田村（2011），p.287を参照されたい。

113　1968 年に既にボンカレーが市販されていたが，1971 年にカップヌードルが誕生するなど，1970 年代はインスタント食品の種類・形態が拡大した時代であった。詳しくは，田村（2011），p.289 を参照されたい。

　百貨店は，この安定成長期の初期の段階，第 1 次オイル・ショック（1972年）前において，既に SM に売上を抜かれるという状態であった。具体的には，ダイエーが三越を抜き，売上 3,052 億円を達成し小売業首位の座を獲得することとなった[115]。

　この SM に後れを取った背景には，郊外化する人口急増地帯への出店という立地戦略やセルフサービス方式の採用をはじめとする，SM の革新性に加え，第 2 次百貨店法による制約が百貨店に課せられていたことが，その理由として挙げられる。一方，SM は，百貨店法の規制の対象とならない総合スーパー（General merchandise store：以下 GMS）やショッピングセンター（以下 SC）[116] という新業態へ着手し，大都市化とモータリゼーションの発展によって拡大傾向にある郊外へ出店[117] することで，さらに市場での影響力を高めていた。

　特にこの SM および GMS の勢力の拡大によって影響を受けたのが，地方の百貨店である。小山・外川（1992）が指摘するように，全国の百貨店店舗数は拡大傾向であった一方で，倒産や大手百貨店および SM の傘下への譲渡されるなど，地方百貨店にとっては厳しい時代であった[118]。

　その後，第 1 次オイル・ショックによる景気の低迷によって，百貨店・SM ともに市場における消費不振に直面することとなる。そして本書の議論のテーマである"百貨店離れ"という言葉が，消費不振を契機とした「モノ離れ」とともに初めて議論されるようになったのもこの時代からである[119]。

114　森川（2017）は，1970 年代に，すかいらーく（1970 年），ロイヤルホスト（1971 年），デニーズ（1974 年）などのファミリーレストランが，1971 年にマクドナルドが開店し，その後チェーンオペレーションを特徴とするレストランが，全国に拡大したことを議論している。

115　詳しくは，建野（2001），pp.59-60 を参照されたい。

116　百貨店による日本初の SC は，高島屋グループの東神開発によって企画運営された玉川髙島屋ショッピングセンター（1969 年）である。玉川髙島屋 S・C は，高島屋百貨店が中核とする広域型（リージョナル型）SC であった。この玉川髙島屋 S・C 以前に，SM 資本による SC である，いずみや（現イズミヤ：株式会社エイチ・ツー・オー　アセットマネジメント）による百舌鳥ショッピングセンター（大阪堺市）（1968 年開業）や，ダイエー（現イオン株式会社傘下）による香里ショッパーズプラザ（大阪寝屋川市）（1968 年開業）が既に存在していた（詳しくは，小山・外川 1992，pp.108-109 を参照されたい）。

117　詳しくは，圓丸（2021）参照のこと。

118　小山・外川（1992），p.113

　小山・外川（1992）は"百貨店離れ"に関して，当時の消費を牽引していた団塊の世代，新世代消費者（ニューファミリー），そしてそれよりも若い消費者にとって，百貨店の魅力が急速に薄れていきつつあったことを指摘している。その理由について彼らは，「日用必需的な商品分野では急速に品揃えを拡充し，生活百貨店になりつつあった大型総合スーパー（量販店）にかなわず，個性が重視される商品やファッション性の高い商品分野では専門店にかなわないのが百貨店である，という状況になりつつあったからである」[120]と議論する。加えて小山・外川（1992）は，この期において売上を維持した百貨店の売場とは食料品と商品券のみであったと議論し，百貨店が自家用の消費ではなくギフト需要への偏重の，伝統やプレステージ性のみを強みとする小売業態になりつつあったことを指摘する[121]。

　百貨店だけでなく SM・GMS による中小小売業の事業機会への影響を制限するための法律[122]，大規模小売店舗法（大規模小売店舗における小売業の事業活動の調整に関する法律：以下大店法）が 1973 年に成立することで，その後大型小売業業態の出店・拡大は制限されることとなる。しかしながら，GMS の経営主体である SM は，大規模小売店舗法の強化を恐れ，その施行までの間に出店を加速させた[123]。この出店増加により，さらに地域百貨店の衰退は加速することとなり，また続く 80 年代における GMS 間での熾烈な競争を誘発する結果となった。

　日本流通経済新聞（1993）では，70 年代の地域百貨店の動向に関して，それまで依然と比べ格差が広がったと指摘している。そして，この時代の特徴として，「丸井今井（北海道），天満屋（岡山），トキハ（大分）などの一部有力地方百貨店は地域に密着して地盤を強固にする一方，救済を求めて大手スーパーや都市百貨店の傘下に入る百貨店も少なくなかった。地方百貨店

119　詳しくは，小山・外川（1992），p.136 を参照されたい。
120　小山・外川（1992），pp.136-137
121　詳しくは，小山・外川（1992），p.137 を参照されたい。
122　大店法は，中小小売業者だけでなく，地方百貨店からの SM が展開する"擬似百貨店"への対応要請もあり，施行された法律であった（詳しくは，小山・外川 1992，p.124 を参照されたい）。また百貨店法の規制により新規出店が困難となった百貨店が，別会社を設立し事業主名を変えて大型小売店舗を出店したということも，この法律が施行された背景には存在する。
123　詳しくは，矢作（2006），p.243 を参照されたい。

を中心とする流通再編のなかで特徴的な動きは経営難に陥った地方百貨店の多くが都市百貨店ではなくジャスコ，ニチイ，イトーヨーカ堂など大手スーパーに救済を求めた点だ」[124] と述べ，市場における影響力が百貨店から SM（GMS 含む）へ移行したことを指摘している。

　同時期に，大都市に展開する百貨店もその生き残りをかけ，本店の大規模リニューアルを実施している。その代表とされているのが，西武池袋店（1975 年），松屋銀座店（1978 年），伊勢丹新宿店（1980 年）である。

　西武池袋店の特徴は，商品別ではなくライフスタイル別の売場構成である「ライフスタイル別提案型売場」，Boucicaut 夫妻による世界初の百貨店 "Bon Marché" を彷彿させる「本格的常設美術館」，そして販売だけでなく情報発信の拠点として百貨店をひとつの"街"と位置づける「街としての百貨店」というものであった[125]。

　松屋銀座店の特徴は，海外の有名ファッションブランドを導入したこと，各フロアの売場に紳士用・婦人用を設置するとともにそれらを斜め通路導線によって二分したこと，CI（Corporate Identity）を導入し，リテールブランドイメージおよびストア（店舗）イメージの刷新を図ったことであった[126]。

　そして伊勢丹新宿店では，当時高い評価を得ていたニューヨークの百貨店，Bloomingdale's や Saks Fifth Avenue のリニューアルの成功事例を踏襲し，VMD（ヴィジュアルマーチャンダイジング）を駆使し，店舗環境（照明や装飾など）の刷新とともに，ショーケース中心からオープン陳列中心への変更を実施することで，以前よりも高級な雰囲気を醸成することが目指された。この伊勢丹の戦略も "Bon Marché" や戦前の "三越呉服店" が目指した「消費の殿堂」のように，売場を舞台として位置づけ「商品は，主役である消費者がこうありたいと考える生活の小道具である」[127] とする，劇場型百

124　日本流通経済新聞（1993），p.45　ジャスコはその後「イオン」になり，ニチイは最終的に「イオン」に吸収されたことで消滅した。

125　詳しくは，小山・外川（1992，p.141）日本流通経済新聞（1993，p.45），および小山（1996，p.69）を参照されたい。

126　詳しくは，小山・外川（1992，pp.141-142）日本流通経済新聞（1993，p.45），および小山（1996，p.69）。

貨店の体現を試みる取り組みであった。

　これら都市部の百貨店によるリニューアルの流れに続くように，大都市部・地域を問わず，百貨店のリニューアル（増改築）がその後着手されることとなった[128]。

　しかしながら，この百貨店のリニューアルは，短期的な改善をもたらしたものの，課題とされていたその構造不況産業化する体質を改善するような改革とはなりえなかったことが指摘されている。例えば日本流通経済新聞（1993）は，「リニューアルは大半が即効薬にはなっても抜本的体質強化になりえず，やがてバーゲンの乱用，MD（商品政策）力の弱体化というドロ沼に陥るケースが目立った」と指摘し，構造改革にまで至らなかったと議論している[129]。

　同様に，小山（1996）も「経営構造の改革や営業・取引構造の変革という目に見えない部分での改革に取り組むという大切な作業に目をつぶってしまっていたこと」という当時のリニューアルの課題を指摘している。つまり，「取引先に依存することなく，自らMDを組み立てることができる能力」や「商品基点の発想を超えた売場づくりに関わる能力」，「分衆化・パーソナル化する消費者への（他の小売業者と差別化された）対応する能力」などの百貨店の抜本的な課題を変革するための要素を，当時の百貨店が問題視していなかったこと，あるいは経営構造に組み込むことができなかったことを，小山（1996）は指摘する。

　百貨店は，以上のような課題に対する真の意味での改革が実現しないま

127　詳しくは，小山・外川（1992, pp.142-143），日本流通経済新聞（1993, p.45），および小山（1996, pp.69-70）を参照されたい。

128　小山・外川（1992）は，都市部と地域百貨店のリニューアルの違いを議論している。具体的には，前者のリニューアルが，商品構成や店づくりをはじめ，構造的な変革を目指していたのに対し，後者の多くでは，婦人服や雑貨売場の拡張や，海外ブランドの導入など高級化を目指すものであった。詳しくは，小山・外川（1992），p.145 を参照されたい。

129　多くの百貨店が構造改革に至るリニューアルを実施できなかったと指摘する一方で，日本流通経済新聞（1993）は，西武百貨店，そごう，丸井の3社の当時の戦略を評価している。西武グループに関しては百貨店を核とした多角化戦略，そごうは長期経営計画を携えた多店舗化戦略，日本で初めてクレジットカードを発行するとともに，若者にターゲットを絞りMDの専門化を図ったのが丸井の特徴であった（詳しくは，日本流通経済新聞1993, pp. 47-48 を参照されたい）。

ま，1979 年の第 2 次オイル・ショックを契機とする，経済環境のさらなる低迷により，「百貨店冬の時代」と称される不遇の時期を経験することとなった。もちろん，この当時の SM も同様，低迷する市場環境への対応という課題を抱えてはいたが，大店法の網をブレイクスルーする業態としてコンビニエンスストアや，専門店の出店，ファミリーレストランの展開といった多角化戦略，組織のスリム化，さらに POS の導入等の情報化への先行投資などが功を奏し，回復軌道に乗ることができていた[130]。

　一方，百貨店は，大型リニューアルにもかかわらず，構造不況業種と位置づけられるほどの低迷を見せる。1982 年度の大手百貨店の業績は，三越が不良在庫の処分損で 51 億円の欠損を計上し，大丸は梅田店の開業負担と不振のため大幅減益，髙島屋は関連会社不振のため連続減益，松坂屋に至っては 28 年ぶりの減収など，大手百貨店の売上は軒並み減退するものであった。

　小山（1996）が指摘するように，百貨店の低利益率体質は実はその当時から問題視されていた。同氏は，1983 年当時の大手百貨店 8 社の損益分岐点比率の高さ（95.92 %）を指摘し，「売上の伸びが少しでも停滞すると利益を出せないという極めて脆弱な体質にほとんどの百貨店は陥っていた」[131]と指摘している。

　百貨店も「冬の時代」を乗り越えるべく，人員の削減を始め，経営の軽量化を試みるなど，越冬するための対策を実施したものの，先のリニューアル同様，抜本的な構造改革に着手することはなかった。そして，その構造的課題を抱えたまま，百貨店は平成バブル期を迎えることとなり，必要とされる真の改革はバブル崩壊後に持ち越されることとなった。

4-5　戦後からバブル胎動期（百貨店冬の時代）までの百貨店位置づけとは

　戦後からバブル胎動期（百貨店冬の時代）までの百貨店の市場における役

130　詳しくは，小山・外川（1992，pp.158-159）を参照されたい。
131　小山（1996），p.79

割を改めて考察すると，GHQ 将兵やその家族を対象とした小売業→（特需景気を背景とした戦後の復興に伴う）生活の基盤形成にかかわる高まる需要への対応（量販店としての百貨店）→（高度経済成長を背景とした）消費者の大衆化と生活の豊かさ形成需要への対応（プレステージ小売業）→（景気低迷および分衆化・パーソナル化を背景とした）大衆向けからの脱却のためのライフスタイル消費特化の専門店（プレステージ・ライフスタイル提案小売業）というように，その役割は生活環境要因やライフスタイル傾向の変化とともに変容を重ねたことが確認される。

　戦後から特需景気までの百貨店の目指すところは，戦前の百貨店への回帰であり，大型小売業としての機能回復と顧客の獲得であったといえる。その後，特需景気時期では，産業の工業化を背景に，百貨店は高まる需要に対応するため「量」のマーケティングを牽引する，大衆消費を担う存在であった。そして高度経済成長期に入ると，生活基盤形成の需要が充足されたことで，「量」から「質」を重視するライフスタイル傾向が顕在化するようになる。それに伴い百貨店は，海外のハイブランドを展開するなど，欧米のプレステージを体現することが可能な「場」を提供する存在となった。

　しかし，この高度経済成長期には SM が誕生し，主婦の店として急激に成長したことを留意する必要がある。また SM がその後展開する GMS は百貨店のように，食料品や日用品を始めとする「モノ」だけでなく，飲食やアミューズメントを併設することで，サービスや経験の場といった「コト」を提供する業態へと段階的に変革し，最終的には，百貨店を脅かす存在となった。

　2 度のオイル・ショックにより，順調に拡大成長してきたわが国の経済が低迷する（鈍化する）ようになると，百貨店はその存在意義を市場から問われるようになった。1970 年代からバブル期（1983 年）まで，特に 1979 年〜 1982 年までの「百貨店」冬の時代において，百貨店各社は顧客との関係を改めて検討することが求められ，その結果多くの百貨店でリニューアルが実施された。この百貨店のリニューアルとは，分衆化・パーソナル化する顧客のライフスタイルへの対応，あるいは新たなライフスタイル提案の場として百貨店を位置づけるものであり，ある種 Bon Marché が目指した百貨店へ

の原点回帰を図るものであったといえよう。

　しかしながら，この時代の改革は先述したように抜本的な改革とはいえず，何より，戦争後に生を受けた新世代消費者（ニューファミリー）にとって誘因とはならなかったという課題を内包するものであった。つまり百貨店のこの当時のリニューアルとは，それまでの百貨店と変わらず，既存の百貨店イメージ，あるいは既存の顧客像を念頭に置いた改革であり，新たな時代の消費者（生活者）のライフスタイルに沿ったものでなかった。その意味で，この時点において百貨店のビジネスモデルは既に円熟していたといえよう。新しい時代のライフスタイルに則さない業態として市場において認識され始めたことで，"百貨店離れ"という消費者傾向が顕在化そして問題視されるようになった。

5
「成熟期」における百貨店と消費者：
バブル景気における百貨店

　プラザ合意（1985 年）を契機とした，①円高を背景とした物価の安定，②（1986 年 1 月からの 5 回にわたる引き上げで公定歩合が年利 2.5 ％と戦後最低水準，③人手不足を背景とした大幅賃上げによる所得の増加，④土地高・株高による「資産効果」などを要因[132] とし，内需拡大を最大の特徴とした新しい経済の成長軌道，バブル景気（1986-1991 年）へとわが国は突入することとなる。

　この時代のライフスタイル傾向として，70 年代からのわが国の特徴である「分衆化・パーソナル化」のさらなる浸透・拡大とともに，「グレード・アップ消費」や「ワン・ランクアップ消費」に体現される消費傾向を志向する社会的価値観（規範）が共有されていた。初期のバブル期（1984 ～ 1985 年）において人気を博した，具体的な「グレード・アップ消費」の対象となる財は，海外ブランド，DC（デザイナー＆キャラクター）ブランド，高級

132　詳しくは，日本流通経済新聞（1993），p.50 を参照されたい。

素材商品，家電，オーディオ関連商品など高付加価値・高機能商品であった。その後，民間住宅投資の拡大に伴い，家具やインテリアなどの住宅関連商品への関与が刺激されたことで，大型テレビや冷蔵庫，大型家具などへの需要が高まった。同時に，高級自動車に対する需要も高まりをみせた。さらに，「時間消費」や「空間消費」への関与の高まりを背景に，海外旅行，リゾートブーム，テーマパークなどが人気を博すのもこの時代の特徴である[133]。

　このように高級化かつサービス化を促進する消費傾向を産んだバブル期は，多くの流通業者にとって「春の時代」であった。百貨店のビジネスモデルは，先述したように円熟しており，また構造的課題を内包してものであったが，景気の向上の後押しされることで，その売上を大幅に拡大した。例えば 1990 年度の決算と観ると，そごうグループの売上は 1 兆 1,185 億円（前年対比：18 ％増），大丸は 1 兆 160 億円（前年対比：7 ％増）をはじめ，三越，髙島屋，西武グループが 1 兆円を超す売上を計上している[134]。

　これら百貨店の好調の背景には，バブル期における内需の拡大とともに，法人取引の拡大という要因も存在する。日本流通経済新聞（1993）[135]は，1990 年のそごうの商品部門別売上を鳥瞰し，家庭用品部門における内装工事にかかわる売上の 45.5 ％増をはじめ，雑貨部門における宝石・貴金属 32.8 ％増，絵画・工芸品 36.7 ％増など，同社の好調な売上を導いた要因として，地価や株価の上昇に恩恵を受けた中小企業のオーナー経営者による買物の影響を指摘する。

　好調に沸くバブル期において，百貨店も全く経営改革を実施しなかったわけではない。「グレード・アップ消費」に牽引されたプレステージ消費の拡大と増加に対応するべく，多くの百貨店が安定成長期同様，店舗のリニューアルに着手する。この期のリニューアルの目的は，売場拡大と売場の高級化であった。例えば大丸は東京店の全面改装に際し，美術館の新設，宝石・貴金属売場の増床，そして装飾としてフロアに大理石をふんだんに用いるな

133　詳しくは，小山・外川（1992, pp.172-178）を参照されたい。
134　詳しくは，日本流通経済新聞（1993），p.50 を参照されたい。
135　詳しくは，前掲の出典を参照されたい。

ど，プレステージを感じさせる店舗環境の充足を図った。加えて，日本人の
海外旅行の増加や，企業（主にメーカー）の海外進出とその従業員の海外赴
任に合わせる形で，海外出店を実施することも，この期の特徴的な百貨店の
動向のひとつである。

　しかし，同様のリニューアルが他の百貨店で実施されたこともあり，百貨
店間の同質化を導く要因でもあった[136]。また海外出店と，他業種への多角
化戦略のための投資は，バブル崩壊後の百貨店に大きな痛手を残すこととな
る。

　以上のように，バブル期の消費者のライフスタイル傾向および消費傾向を
考察すると，分衆化・パーソナル化といわれる一方で，景気上昇の気運に後
押しされた「グレード・アップ消費」という，高度経済成長期と同様の価値
観が共有されていたといえよう。たしかに，消費する対象は，個性化・多様
化していたが，高度経済成長期に用いられた「消費は美徳」や「消費は王
様」という言葉[137]に通ずる社会通念がその根底に存在しており，その意味
でバブル期の消費とは，景気という生活環境要因に刺激された「大衆化」へ
のより戻しであったと議論される。

　その後，1990 年 1 月から株価が下落，翌 1991 年には高騰していた地価も
下落し，わが国のバブル期は終焉を迎えた。このバブル崩壊の背景には，①
株価・地価の下落，②利子率（金利）の引き上げ，③資産価値上昇期待の終
焉と下降期待の醸成，そして④政策的な「バブルつぶし」の存在がある[138]。

136　詳しくは，日本流通経済新聞（1993），p.51 を参照されたい。
137　詳しくは，小山・外川（1992），p.73 を参照されたい。
138　詳しくは，小峰（2020）を参照されたい。

6
「衰退期」における百貨店と消費者：
バブル景気崩壊後の百貨店

6-1　バブル崩壊後の百貨店の動向

　バブル景気崩壊後，平成不況に直面した百貨店は，バブル景気前の「冬の時代」同様軒並みその売上を大幅に低下させた。加えて，2008 年のリーマンショックによりさらなる打撃を受け，百貨店の 2009 年の売上伸率は，－10 ％を超える大幅な落ち込みを経験する。

　日本百貨店協会の資料によると，2000 年から 2010 年の約 10 年間で売上が 72.8%（2000 年：8 兆 8,200 億円，2010 年：6 兆 2,921 億円）に，2020 年と比較すると約 47.9 ％（2020 年：4 兆 2,204 億円）とコロナ禍の影響もあり大幅な減退を確認することができる。

　さらに，震災の影響，ファストファッションの躍進を含む他のファッション小売業態との競争激化，ファッション支出の低下，そしてリーマンショックの影響により，全国の事業所数（日本百貨店業界加盟店舗）も，2000 年以降減少が続いている。地方都市だけでなく三大都市圏においても大幅な閉店が相次ぎ，百貨店の 2020 年における店舗数はピーク時の 2000 年の 6 割程度（311 店舗から 195 店舗）まで減少している（図表 3-8 参照）。

　百貨店の総店舗面積も閉店に伴い縮小傾向にはあるが，都市部百貨店の増床や出店により，大きく減少してはいない。しかしながら，1 ㎡あたりの売上高はバブル期のピークである 91 年の 185.9 万円を最後に大きく低下し，2020 年には 83.6 万円と，2000 年の 123.1 万円と比較すると 32.1% 減少，2010 年の 97.3 万円に対しては 14% 減少，さらに売上高がピークであった 91 年と比べると 65 ％の減少と，この 30 年で大幅に非効率な業態へと転落したことがわかる。

　このような数値からも，田村（2008）が指摘した以上に，百貨店業態は最後の衰退段階にあり，まさにその存在意義を市場から問われているといえよう。

図表 3-8　百貨店店舗数推移[139]

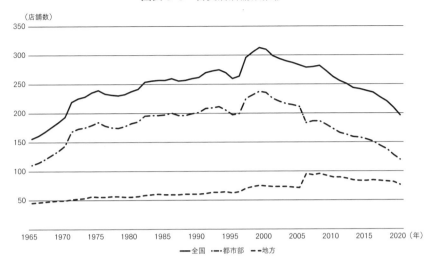

出典：日本百貨店協会（2021）「令和 2 年 日本百貨店協会統計年報」より筆者作成

　百貨店衰退の理由としては，「景気後退による消費の変容」，「競合業態の発展」，また「そもそも業態としてライフサイクルが衰退段階にある」など，様々な議論がなされているが，百貨店が直面している課題は以下の 3 つに集約することができる。

　それは，「（市場成熟化による）消費の変容」，「業態内外の競合激化」，そしてこの 2 つの要因を背景とした「低利益率業態への変容」の 3 つである。

　「（市場成熟化による）消費の変容」とは，バブル経済の終焉を機に一般化した市場観であり，消費の個性化・多様化を規定する価値観の変化を意味する。他の小売業以上に，取り扱い商品の大部分を高額商品が占める百貨店は，大きくこの煽りを受け，関東大震災以降のマス（大衆）を主たるターゲットとしていた業態から，富裕層，女性，ファッション愛好家などに焦点を絞った業態への転身を迫られるようになった。しかし，ファストファッション志向による影響もあり，近年家計におけるファッション支出金額はバ

139　2005 年より都市部の対象が 6 都市（東京，横浜，名古屋，京都，大阪，神戸）に加え，札幌，仙台，広島，福岡が含まれるようになり，10 都市の数値へと変更されている。

ブル期の半分であることからも（1991 年の一ヵ月の被服および履物に対する支出金額は 23,814 円であったのに対し 2017 年のそれは 10,856 円と半減している）[140]，ファッションを基幹とした売場設計に対しても大きな変革が求められている。

「業態内外の競争の激化」は，小売業の日用品市場における SM の躍進のみならず，大規模店舗法の緩和により，従来の業態の垣根を越えた郊外型・都市型 SC の誕生と増加，つまり大型小売商の増加に起因した現象である。他方，業態「内」の競争は，売上仕入の取引慣行や派遣販売員制度への依存体質の浸透（拡大）を背景に，百貨店間での「同質化」が加速したことを発端とする。

序章でも議論したように，広義の競合との差別化を実現することが百貨店には求められている。バブル経済崩壊後も百貨店各社は，様々な施策に着手しているが，バブル経済時に差別化戦略の一環として施行された多角化戦略や不動産投資に関する負債によって，閉店へと追い込まれた百貨店も存在する。このような百貨店の，市場における縮小傾向を背景に，大手百貨店の業務提携が推進され，その後，2007 年以降は合併を伴う業態内の再編が活発化するようになった。

「低利益率業態への変容」は，一般的にはバブルの崩壊を契機と議論されているが，先述のように，百貨店の低利益率体質は 80 年代初頭から問題視されていた。しかし，百貨店はその後の平成バブル期への突入に伴い，高い売上を確保できるようになったことで，平成不況時まで，「低利益率業態」に関する課題を先延ばしにしてきた。そして現在，低利益率・高コスト構造を改善すべく，「消費者」や「競合他社」への対応だけでなく，改めて抜本的な組織内部の変革を迫られている。

これらの課題により百貨店は，田村（2008）が指摘するように，「粗利益率の改善のためには，売上数量を減らさず，より高い価格を設定できるような商品を中心に品揃えするか，あるいは商品原価を削減することが必要」といえる[141]。そのための方略のひとつとして，前高級品やブランド嗜好品の

140　詳しくは，家計調査（1963-2017）「農林漁家世帯を除く収入及び支出金額」を参照されたい。

販売に注力するという，よりターゲットを限定した専門店化への転向，あるいは PB の開発による高利益率商品の開発や，人件費削減，広告費削減等の経費削減による利益率の確保が挙げられる。

6-2　百貨店業界再編と現在の百貨店の戦略

　上述のような課題を抱えた百貨店は，業務提携や経営統合（合併）によって資本力を高め，総売上高の向上だけでなく，非効率化した業務の改善や合理化，また低利益率体質改善の為の取引慣行の見直し，加えて店舗施設の刷新や大型化に着手することとなった。

　代表的な百貨店の経営統合には，そごうと西武百貨店との「ミレニアムリテイリング」（2003 年）（2006 年よりセブンアンドアイ ホールディングスの 100 ％子会社となった），大丸と松坂屋を中核とした「J. フロント リテイリング」（2007 年），阪急百貨店と阪神百貨店の「エイチ・ツー・オー リテイリング」（2007 年），三越と伊勢丹を中核とした「三越伊勢丹ホールディングス」（2008 年）が挙げられる（図表 3-9）。

図表 3-9　大手百貨店の経営統合

表	形態	旧		新
2003	経営統合	西武	そごう	ミレニアム リテイリング
2005	買収	セブンアンドアイ ホールディングス	ミレニアム リテイリング	セブンアンドアイ ホールディングス
2007	経営統合	大丸	松坂屋	J. フロント リテイリング
2007	経営統合	阪急百貨店	阪神百貨店	エイチ・ツー・オー リテイリング
2008	経営統合	三越	伊勢丹	三越伊勢丹 ホールディングス

出典：圓丸（2015），p.4

141　田村（2008），p.202

　現在，大きな経営統合を経験していないのは呉服系百貨店では髙島屋のみ
となり，東急百貨店，近鉄百貨店，京王百貨店等の非経営統合の電鉄系百貨
店と合わせて，今後の動向が注目されている。

　このように，百貨店は「（市場成熟化による）消費の変容」，「業態内外の
競合激化」，「低利益率業態への変容」といった課題に対応すべく，業務提携
や経営統合等による資本力の強化や市場シェアの拡大を実践している。また
百貨店は，消費者との関係を再定義し，新たな戦略を実践することで，上記
の課題への対応を図っている。

7
市場における百貨店の位置づけの変容

　本章では，百貨店の誕生から現在までの百貨店のライフサイクルを，わが
国のライフスタイル傾向・消費傾向の視座から議論した。そして，「高度資
本主義の嫡出の子」と称された百貨店が，わが国の一世紀近くの歴史におい
てどのような存在であったかを確認した。

　生成期の百貨店は，上層階級や（新たに誕生した）中流階級をターゲット
とし，欧米の百貨店同様，工業化・都市化に伴い顕在化した消費者の「未利
用の購買力」に対して，呉服を中心としたマーチャンダイジングを提供する
小売業者であった。ただ，この当時の百貨店とは，「消費の殿堂」として憧
れの対象であり，さらにモノだけでなく，魅力的なサービスの提供を強みと
する業態であった。また，消費者に新しい時代のライフスタイルを啓蒙する
存在でもあった。

　その後の第1次成長期では，関東大震災を契機とし，百貨店は大衆を対
象とした業態へと転身する。この関東大震災，また戦後直後における百貨店
の動向を鑑みると，復興の旗手として大いなる貢献をした存在であったとい
える。つまり，流通というライフラインの回復に寄与した，消費者にとって
なくてはならない存在であるとともに，新たな生活を提案する存在でもあっ
た。生成期との違いは，ターゲットを限定せず，広く大衆へと門戸を開いた
ことである。

　そして戦後の特需景気および高度経済成長期に入ると，百貨店は改めて大衆の「生活基盤形成」を実現する担い手として貢献するとともに，海外のハイブランドを導入することで，戦後のライフスタイルの在り方を提案する存在として市場を牽引した。

　しかし，第 1 次オイル・ショックの後の安定成長期に入ると，「百貨店離れ」という言葉が市場で議論されるようになった。この背景には，他の小売業の躍進もあり，当時の消費の担い手であった，新世代消費者（ニューファミリー）にとって百貨店が，魅力的な存在として知覚されなくなったことがあった。百貨店も生成期の百貨店への原点回帰を模索し，リニューアルを実施したものの，80 年代初頭の「冬の時代」を経験することとなる。その意味で，バブル期前に百貨店のビジネスモデルは円熟していたといえる。百貨店は既に，戦後生まれの消費者のニーズを充足する存在ではなかった。

　その後，バブル経済によって高められた消費意欲によって，百貨店は改めて回復軌道へと返り咲いた。この成熟期における百貨店とは，大衆を対象に，プレステージのモノとコト（サービス）そして場を提供する存在であった。しかしながら，この当時の百貨店も「百貨店冬の時代」で問題視された構造的課題を改修できずにいた。

　そしてバブル経済崩壊後，失われた 30 年と称される現在において百貨店はわれわれにとってどのような存在といえるであろうか。

　次章からの第 2 部において，消費者の百貨店に対する知覚に関するの調査結果を交えながら，現代の消費者にとって百貨店とはどのような存在かを議論する。続く第 3 部では，コロナ禍前からの百貨店の課題を改めて確認し，ニューノーマルおよび DX 時代の市場環境も踏まえ，今後の百貨店の展望について検討する。

参考文献

Brady, Michael K. M. and Cronin, J. J. (2001), Some new thoughts on conceptualizing perceived service quality: A hierarchical proach, *Journal of Marketing*, 65 (3), 34-49. https://doi.org/10.1509/jmkg.65.3.34.18334

Davidson, R. W., Bates, D. A., and Bass, J. S. (1976). The retail life cycle, *Harvard Business Review*, 54(6), 89-96.

Hollander, C. S.（1960）The wheel of retailing, *Journal of Marketing*, 25（1）, 37-42. https://doi.org/10.2307/1249121

Pasdermadjian, H.（1954）*The department store:Its origins, evoluation and economics*. Newman Books.（パスダーマジャン（著）片岡一郎（訳）（1957）『百貨店論』ダイヤモンド社）

Rust, T. R. and Oliver L. R.（1994）*Service quality : New directions in theory and practice*. SAGE Publications.

Shaw, G.（1992）The study of retail department. in Benson, J. and Shaw, G.（1992）*The evolution of retail systems c1800-1914*, Leicester University Press.（ジョン・ベンソンギャレス・ショー（編）前田重朗・辰馬信男・薄井和夫・木立真直（訳）（1996）『小売システムの歴史的発展—1800 年〜 1914 年のイギリス，ドイツ，カナダにおける小売業のダイナミズム—』中央大学出版部）

Simmons, J.（1964）*The changing ppattern of retail location*, Department of Geography University of Chicago.

Yankelovich, D.（1981）*New rules*, Random house.（ダニエル・ヤンケロビッチ（著）板坂元（訳）（1982）『ニュー・ルール』三笠書房）

アクロス編集室（1995）『ストリートファッション 1945-1995—若者スタイルの 50 年史—』PARCO.

荒金義喜（1970）『花の百年（藤井大丸百年史）』藤井大丸.

石井淳蔵・栗木契・嶋口充輝・余田拓郎（2004）『ゼミナール　マーケティング入門』 日本経済新聞社.

石榑督和・初田香成（2014）「『新興市場地図』にみる戦後東京のマーケットの建築的分析」『日本建築学会計画系論文集』79（705）, 2589-2597. https://doi.org/10.3130/aija.79.2589.

石山生（1925）「関西見学記（五）宝塚見学（六）〜（十）」『ダイヤモンド』13（13）, 60-62.

井関利明（1979）「ライフスタイル概念とライフスタイル分析の展開」村田 昭治, 井関 利明, 川勝 久 編著『ライフスタイル全書：理論・技法・応用』ダイヤモンド社, 3-41.

伊勢丹広報担当社史編纂事務局（1990）『伊勢丹百年史』伊勢丹.

井上哲浩（2010）「製品ライフサイクル」池尾恭一・青木幸弘・南知恵子・井上哲浩『マーケティング』有斐閣, 361-380.

岩永忠康（1992）「わが国の小売商業調整政策—大型店規制の経緯—」『第一経大論集』（佐賀大学）, 22（1）, 83-116. http://id.nii.ac.jp/1730/00013069/

牛島利明（2017）「戦時経済から民主化・復興へ」浜野潔・井岡成彦・中村宗悦・岸田真・永江雅和・牛島利明『日本経済史 1600-2015—歴史に読む現代—』慶應義塾大学出版会.

梅咲恵司（2020）『百貨店・デパート興亡史』イースト新書.

圓丸哲麻（2015）「百貨店に関する消費者の業態認識」『麗澤大学紀要』, 98, 1-14. http://doi.org/10.18901/00000503

圓丸哲麻（2021）「GMS」坪井晋也・河田賢一（編著）『流通と小売経営（改訂版）』創成社, 159-186.

懸田豊・住谷宏（2009）『現代の小売流通』中央経済社.

加藤諭（2019）『戦前期日本における百貨店』清文堂.

木綿良行（2003）「わが国の百貨店の歴史的経緯とその評価」『成城大學經濟研究』, 162, 157-180. http://id.nii.ac.jp/1109/00001956/

小峰隆夫（2019）『平成の経済』日本経済新聞出版.

小山周三・外川洋子（1992）『デパート・スーパー』日本経済評論社.

小山周三（1997）『現代の百貨店（新版）』（第 4 版）日経文庫.

近藤隆雄（2016）『サービス・マーケティング（第 2 版）―サービス商品の開発と顧客価値の創造―』生産性出版.

坂田隆文（2008）『百貨店を中心とした小売業態の変容に関する研究：その理論的考察と歴史分析』神戸大学大学院経営学研究科博士取得論文.

貞包英之（1992）「近代における消費の変容：勧工場から百貨店へ」『山形大学紀要』. 17 (3), 49-69.

志賀健二郎（2018）『百貨店の展覧会―昭和のみせもの 1945-1988』筑摩書房.

城田吉孝（2007）「百貨店法制定に関する研究」『名古屋文理大学紀要』, 7, 71-78. https://doi.org/10.24609/nbukiyou.7.0_71

末田智樹（2010）『日本百貨店業成立史』ミネルヴァ書房.

鈴木英雄（2001）『勧工場の研究―明治文化とのかかわり』創英社.

髙島屋（1968）『髙島屋 135 年史』髙島屋.

髙島屋 150 年史編纂委員会（1982）『髙島屋 150 年史』髙島屋.

高橋岩和（2017）「過度経済力集中排除法（1947-54 年）と日本における競争秩序の歴史的形成」『法律論叢』（明治大学法学部）, 89 (4-5), 133-173. http://hdl.handle.net/10291/18559.

建野賢誠（2001）「スーパーマーケットの日本的展開とマーケティング」マーケティング史研究会（編）『日本流通産業史』同文舘.

田中政治・和田進（1980）『髙島屋の経営』評言社.

谷内正住（2017）『戦前大阪の鉄道駅小売業』五絃舎.

谷内正住・加藤諭（2018）『日本の百貨店史―地方, 女子店員, 高齢化―』日本経済評論社.

田村正紀（2008）『業態の衰退―現代流通の激流』千倉書房.

田村正紀（2011）『消費者の歴史』千倉書房.

通商産業大臣官房調査統計部調査課（1949）『戦后百貨店の変容』（調査資料 12 号）.

戸田清子（2009）「阪神間モダニズムの形成と地域文化の創造」『奈良県立大学研究季報』19 (4), 49-77. http://id.nii.ac.jp/1447/00000872/

永江雅和（2017）「戦時経済から平成不況まで」浜野潔・井岡成彦・中村宗悦・岸田真・永江雅和・牛島利明『日本経済史 1600-2015―歴史に読む現代―』慶應義塾大学出版会, 213-268.

長島直樹（2014）「サービス評価モデルの発展と今後の展望」『経営論集』（東洋大学経営学部）, 84, 65-79. http://id.nii.ac.jp/1060/00006880/

日本百貨店協会（2021）『2020 年 令和 2 年 日本百貨店協会統計年報』.

日本百貨店協会創立 50 年記念誌編纂委員会編（1998）『協会 50 年のあゆみ』日本百貨店協会.

日本流通経済新聞（1993）『流通現代史』日本経済新聞社.

長谷川博（2009）「家電流通の進化—第 1 期・過渡期・第 2 期」『千葉商大論叢』，47（1），65-91. http://id.nii.ac.jp/1381/00004713/

初田亨（1993）『百貨店の誕生』三省堂

濱名伸（2016）「近代日本における百貨店の誕生」関西学院経済学研究，47，1-23. http://hdl.handle.net/10236/00026960

飛田健彦（2016）『百貨店とは』国書刊行会.

藤岡里圭（2004）「百貨店—大規模小売商の成立と展開—」石原武政・矢作敏行（編）『日本の流通 100 年』有斐閣，175-216.

藤岡里圭（2006）『百貨店の生成過程』有斐閣.

藤岡里圭（2013）「高度成長期における百貨店の高級化と特選ブランドの役割」『經濟論叢』（京都大学経済学会），187（3），95-110. https://doi.org/10.14989/217800

松岡真宏（2000）『百貨店が復活する日（21 世紀日本流通市場論）』日経 BP，p.55 より

宮副謙司，内海里香（2011）『全国百貨店の店舗戦略〈2011〉』同友館.

森川正之（2017）『サービス産業と政策の百年：概観』独立行政法人経済産業研究所. https://www.rieti.go.jp/jp/publications/summary/17020018.html

森永卓郎／監修　甲賀忠一＋制作部委員会／編（2010）『物価の文化史事典　明治／大正／昭和／平成』展望社.

矢作敏行（2004）「チェーンストア—経営革新の連続的展開」石原武政・矢作敏行（編）『日本の流通 100 年』（第 3 刷）有斐閣，217-262.

山口由等（2005）「統制の解除とヤミ市からの復興」石井寛治（編）『近代日本流通史』東京堂出版.

参考資料

神戸元町商店街（2011.9.1）「鈴蘭灯（百貨店の下足問題）」『元町マガジン』（https://www.kobe-motomachi.or.jp/motomachi-magazine/highway/110901.html）

総務省統計局「消費者物価指数（年）（持家の帰属家賃を除く総合指数）」（https://www.e-stat.go.jp/dbview?sid=0003427113（最終アクセス 2021 年 9 月 10 日））

総務省統計局「家計調査年報（家計収支編）2020 年（令和 2 年）」（https://www.e-stat.go.jp/stat-search/files?page=1&layout=datalist&toukei=00200561&tstat=000000330001&cycle=7&year=20200&month=0&tclass1=000000330001&tclass2=000000330004&tclass3=000000330006&result_back=1&cycle_facet=tclass1%3Atclass2%3Atclass3%3Acycle&tclass4val=0（最終アクセス 2021 年 9 月 10 日））

総務省統計局「家計収支（1996 ～ 1962）」（https://www.stat.go.jp/data/kakei/longtime/index2.html（最終アクセス 2021 年 9 月 10 日））

第 2 部

百貨店リテール
ブランドの同質化の検討：
他業態および百貨店間の
消費者評価の比較

　第 2 部では，百貨店に対する消費者の知覚に焦点を当て，百貨店の「同質化」について検討する。調査の結果，消費者は百貨店と SC を明確に識別していること，さらにサービス品質，店舗の雰囲気（店舗環境要因），ブランドイメージ（ブランド態度）に関して，一部 SC よりも高く評価していることを確認した。また，居住区によって，想起される百貨店リテールブランドが異なること，性別や年齢などによる消費者特性による百貨店評価の違いも確認された。しかしその一方で，百貨店間の評価には差が確認されず，業態内の「同質化」は支持される結果となった。

第 **4** 章

サービス品質尺度を用いた百貨店業態と SC および百貨店間の「同質化」の検証[1]

──────────── 概　要 ────────────

　本章では，百貨店の「同質化」に関して，サービス品質尺度を用いて検証した。2 つの調査を実施し，"調査 I"では百貨店と駅ビル・ファッションビルを，"調査 II"では百貨店間の評価を比較した。分析の結果，百貨店が駅ビル・ファッションビルよりも総じて高く評価されていた。一方，百貨店間を比較した結果では，「最も身近に感じる百貨店（リテールブランド）」が異なるにもかかわらず，その評価自体には差が確認されず，その意味で「同質化」が確認された。

1
はじめに

　わが国の百貨店は様々な市場環境変化に直面し，衰退への道を進み続けている[2]。特にコロナによる世界的パンデミック以降，アメリカ最古の百貨店 Lord & Taylor や，有名ファッション・ブランドである Brooks Brothers の経営破綻に観られるよう，世界的にも嗜好性の高い商品やサービスを提供する業態は，その存続すら困難な状況に直面している。

　もちろん，このような厳しい環境を打開しようと，わが国における百貨店は，大手を中心に新たな挑戦を開始し，そして転換期を迎えようとしてい

───────────────────────────────

1　本章は，圓丸（2015），および圓丸（2018）を加筆修正，そして統合したものである。
2　田村（2008）は売上や利益率とともに，品揃えや外商サービスなどの百貨店業態が持っていた独自性が市場において効力がなくなったことを指摘し，当該業態が「衰退段階」に入っていると主張する。

る。詳しくは，終章で議論するが，Line 接客や外商顧客を対象にした ZOOM 接客などの，デジタルトランスフォーメーション（Digital transformation；以下 DX）への対応を含めた，ニューノーマル時代に沿った百貨店への転換が求められている。その新たな市場環境に対応したリテールブランドへの転身の過程において，消費者（顧客）による自社の知覚評価を把握することがまず重要となる。

　しかしながら，既存研究や経済誌などで競合業態や百貨店間の「同質化」が問題視されている一方，消費者基点に立ちその評価に関して検討している研究はほとんど存在しない。序章で指摘したように，消費者が百貨店業態と他業態，また百貨店間の同質化を本当に知覚しているか，充分に検討がなされていないのが実態である。

　よって本書では，百貨店の「同質化」に関して，消費者基点から検討する。具体的には，百貨店間のサービス品質の比較調査で用いられた，酒井（2012）のサービス品質尺度を参考（"調査Ⅰ"）あるいは採用（"調査Ⅱ"）し，インターネット質問紙調査を用いて，消費者の百貨店業態と駅ビル・ファッションビル業態と知覚の差を，また消費者が支持する各百貨店間の知覚の差を検討した。

　まず第2節において調査の背景にあるサービス品質にかかわる既存研究を紹介する。そして第3節においては，百貨店業態と駅ビル・ファッションビル業態との消費者のサービス品質に対する評価の差を検証した"調査Ⅰ"について[3]，第4節では，消費者が想起（第一想起）する百貨店間のサービス品質に対する評価の差を比較した"調査Ⅱ"について議論する。第5節では本章の総括として，サービス品質に焦点を当て「百貨店の同質化」脱却のためのインプリケーションを提示する。

　結論から先に述べると，調査結果は次のように集約される。

(1)消費者の百貨店評価＞SC 評価（「庶民的」，「気軽に入りやすい」，「商品やサービスが安く買える」そして「家族で立ち寄りやすい」といった，

3　"調査Ⅰ"に関する記述は，圓丸（2015）の調査結果を加筆・修正したものである。

“価格利便性” を除いて）

(2)百貨店および SC 評価は世代間で異なる（高齢層：百貨店支持・若年層：SC 支持）

(3)来店頻度あるいは利用金額が高い消費者ほど，百貨店を高く評価する

(4)百貨店間のサービス品質評価には差がない（「同質化」している）

2
本章の目的と研究基盤

2-1　サービス品質の測定

　そもそもサービスは，財の無形成，生産と消費の同時性，品質の異質性，消滅性（在庫ができないこと）という特性を持つ[4]。それゆえ，その評価に関して測定する基準は，客観品質（objective quality）ではなく，その客観品質を消費者が知覚することで生じる顧客知覚品質（customer perceived quality）から議論されてきた。サービス財の品質評価に関して山本（1999）は，「大半が経験財や信頼財であり，事前に製品特性を知ることはできない」，「形のない財である無経済では，物理的特性を知ることは困難である」，「異なる性質の財が組み合わされているサービス製品では，財間の関係を把握する必要がある」という，3 つの特徴があるとし[5]，有体財とは異なったマーケティング，サービス・マーケティングの重要性を主張する。

　サービス・マーケティングにおいて最も代表的なサービス品質尺度は，Zeithaml et al.（1985）の研究を発展する形で，Parasuraman[6] が提唱したSERVQUAL である。彼らはサービスの特殊性を鑑みたうえで，有体財とは異なる測定尺度の必要性を主張した。SERVQUAL は，知覚品質，態度としての品質，品質と満足，期待と知覚の比較，サービス品質の次元に応える尺

4　詳しくは，Zeithaml et al.（1985）を参照されたい。

5　山本（1999），p.74

6　詳しくは，Parasuraman, A., Zeithaml, A. V. and Berry, L.（1985, 1988）および Parasuraman, A., Zeithaml, A. V. and Malhotra, A.（2005）を参照されたい。

度として，22項目から形成されている。

　Parasuramanらの研究は，無形成を特徴とするサービス財をどのように測定すべきか，という試みに着手した点で，エポックメイキングとなった研究であった。宮城（2009）は，SERVQUALを参考とし，その後多くの研究者が顧客視点のサービス品質評価の分析を試みたことを踏まえ，Parasuramanらの研究は，マーケティング研究に貢献した研究であると評価している。

　しかしSERVQUALは，その適合度の問題と共に，期待と知覚の差に関する問題，さらに南（2012）の「特定のサービス経験に対する評価ではなく，サービス提供企業への全般的なサービスへの評価を測定している」[7]という指摘も含め，測定尺度としての課題が指摘されてきた。特に，消費者満足とサービス品質の関係を言及しているCronin and Taylor（1992）が指摘した，SERVQUALが顧客満足概念との違いを明示できていない，つまり購買前の期待と購買後の品質評価を明確に区分できていないという概念的問題もあって，そのモデルの妥当性・信頼性は未だ担保されていない[8]。

　このような課題を包含していたため，加えて研究者および実務家の関心が顧客満足と再購買意図との因果関係へとシフトするようになったため，その後顧客満足研究を基盤としたサービス研究の台頭により，SERVQUALに関する議論は下火になっていった。

2-2　顧客満足指標の確立とサービス品質の測定

　Taylor and Baker（1994）は，サービスの知覚品質が再購買意図へ影響することを，顧客満足概念を併せて実証した。具体的には，再購買意図を従属変数，サービス品質と顧客満足の交互作用項を独立変数とする重回帰分析を行い，満足だけでなくサービス品質の影響を検討した。

　このような線形的な因果関係を検証する1990年代の研究が母体となり，サービスの知覚品質と顧客満足，再購買意図，さらに推奨意図への影響をも

7　南（2012），p.3
8　Cronin and Taylor（1992），pp.57-58

見据えた統合的な視点から研究がなされるようになった。そしてその後，サービスの知覚品質と知覚価値，また事前期待を，顧客満足醸成の誘因と位置づけ，その満足が得らえた結果として再購買意図が形成されるという，複数の要因を包摂しようとするモデルの検証が，サービス研究において注目を集めるようになる。このサービス品質にかかわる研究のパラダイムシフトは，その後の顧客満足度指標研究，特に ACSI（American Customer Satisfaction Index）の開発の契機となった[9]。

　近年の動向として，サービス品質に関する研究は顧客満足基点のサービス品質にかかわる研究を基盤に，企業のマーケティング戦略の視座から，市場での競争優位性などの成果との関係性を検討する研究へと拡大している。

　その代表的な研究領域のひとつが，スイッチング・バリアに関する研究である。

2-3　顧客維持のためのスイッチング・バリアとサービス品質

　スイッチング・バリア研究は，リレーションシップ・マーケティングを母体として議論されてきた。リレーションシップ・マーケティングにおいて，顧客維持を導く要因として顧客満足とともに議論されてきたのが．関係性を破棄に対する「ためらい」要因としてのスイッチング・バリアである。

　酒井（2012）は，多義的なスイッチング・バリアの統一的見解と，その先行指標を検証すべく，顧客満足指標（JCSI[10]）を用い，Burnham et al.（2003）[11] のスイッチング・バリア指標およびサービス品質にかかわる項目との関係を検証した。調査の結果，顧客ロイヤリティの先行指標として想定される，「顧客満足」，「感情的コミットメント」，「計算的コミットメント」

9　詳しくは，Anderson and Fornell（2000）を参照されたい。
10　日本版顧客満足度指数（詳しくは，経済産業省 2007，小野 2010，および南・小川 2010 を参照されたい）。
11　酒井（2012）の研究では，Burnham et al.（2003, p.122）によるスイッチング・バリアの 30 項目（全て 5 点尺度）のうち，26 項目を用いて調査を実施している（全て 7 点尺度）。詳しくは，酒井（2012），pp.27-28 を参照されたい。

に対してスイッチング・バリアが関係すること，加えてそのスイッチング・バリアの先行指標としてサービス品質が影響を与えることを明らかにした。また彼女の研究では，スイッチング・バリアを中核に，購買前の評価（期待）を測定するためにサービス品質を，購買後の評価を測定するため顧客満足を用い，その関係を探索的ではあるものの検証している。加えて，特徴の異なる 4 つの業種（百貨店，コンビニ，携帯電話，損害保険）を対象とし，業種横断的な検証を試みている。

　しかし酒井（2012）の研究は，スイッチング・バリアと顧客満足の関係性について偏相関分析から検証しており，因果関係を検討したわけではない。また，4 業種を横断的に比較しているものの，検証モデルの一般化には至っていない。これらの結果を踏まえると，まだまだその検証方法，および採用された尺度の妥当性に関する課題が指摘される。ただその一方で，当該研究は百貨店のサービス品質の内実を消費者基点で検討するという，百貨店を対象とする研究においては貴重な試みをした研究といえる。さらに消費者基点の百貨店評価を検討するための測定尺度を提示したことも踏まえると，百貨店の競争優位性を検討するうえで，指針となる研究であると評価される。

2-4　百貨店評価測定と顧客満足基点のサービス品質尺度

　本章では，百貨店業態と競合業態である駅ビル・ファッションビルとの消費者評価の違い，そして百貨店間の消費者評価の違いを検証する。小売業評価にかかわる研究は数多く存在するが，こと日本の百貨店を消費者基点から実証的に研究は少ない。また，近年の大型小売店の動向を概観すると，「モノ」消費よりも「コト」消費に比重を置いた売場が重要な役割を担っており，サービスを中核とした差別化戦略が重要視されていることがわかる。

　このような百貨店の現状を考慮しても，百貨店に関する消費者基点のサービス品質を測定した酒井（2012）の尺度を用いて，百貨店の「同質化」を検証する研究アプローチは妥当であると判断した。次節からは，サービス品質尺度を用いた，百貨店の「同質化」を検証するうえで調査の概要およびそ

の結果について記載する。

3
調査Ⅰ：百貨店業態と駅ビル・ファッションビル業態の消費者評価の違い

3-1　調査Ⅰ調査概要

　百貨店業態に関して 2013 年 9 月 5 日〜 2013 年 9 月 6 日，駅ビル・ファッションビル業態に関して 2013 年 10 月 4 日〜 2013 年 10 月 9 日に，日本における大型小売業激戦地のひとつである，大阪を中心とする居住者を対象者（大阪府，京都府，兵庫県在住の 263 名（マクロミル社パネル））としたインターネット質問紙調査を実施した。調査概要は図表 4-1 の通りである。

　設問項目として，百貨店のサービス品質に関する調査を実施した酒井 (2012)[12] の調査項目を参考・一部援用し，百貨店関係者とともに設問項目を作成した。具体的には，百貨店に関する認識に関する項目 28 問（とても当てはまる」から「まったく当てはまらない」の 7 点尺度），デモグラフィッ

図表 4-1　調査対象者概要（n=263）

年齢	人数	（％）	性別	人数	（％）	居住地区	人数	（％）
20-29	38	14.4%	男性	105	40%	京都	36	13.7%
30-39	65	24.7%	女性	158	60%	大阪	143	54.4%
40-49	78	29.7%				兵庫	84	31.9%
50-59	43	16.3%						
60+	39	14.8%						

出典：筆者作成

12　酒井 (2012), p.33

ク要因に関する5項目，百貨店および駅ビル・ファッションビルの来店頻度や，買物出向に際した情報収集にかかわる6項目から構成される。調査Iでは，t検定と因子分析，そしてTuckerの三相因子分析[13]を用いて検証する。

3-2　調査I：調査結果

①業態間の平均値の比較

本調査ではまず，SPSS（ver.27）を用いて，百貨店と駅ビル・ファッションビルの魅力に関する消費者の認識について，t検定からその差異を検証した（図表4-2）。分析の結果，28項目中，23項目で差異が確認された。そのうち20項目において，百貨店が駅ビル・ファッションビルより，高く評価されていることが確認された。一方，駅ビル・ファッションビルが百貨店よりも高く評価されていた3項目とは，「気軽に入りやすい」，「商品やサービスが安く買える」，「庶民的」であった。また差異が確認されなかった項目は，「駅前など行き易い場所に立地している」，「レストランや喫茶店（カフェ）が併設されている」，「新製品や流行品の取り扱いが早い」，「家族で立ち寄りやすい」，「お得なカードを発行している」の5項目であった。

②性別による平均値の比較

また男女の性別によるそれぞれの業態に対する認識の差が存在するのかt検定を用い検証した（図表4-3）[14]。調査の結果，18項目において女性が男性よりも，百貨店を高く評価をしていることが確認された。一方，駅ビル・ファッションビルに関しては，16項目において女性が男性よりも高く評価をしていた。

13　本調査では，Tuker（1966）の三相因子分析を用いて，「消費者」×「業態（百貨店・SC）」×「評価項目」の3属性を2次元行列に置き換え分析を実施した。

14　性別と業態の違いによるサービス品質に対する評価が存在するかを，分散分析を用いて探索的に検討したが，主効果のみが確認され，性別・業態の交互作用（p<.05）は確認されなかった。

③世代による平均値の比較

　"調査Ⅰ"では世代間による評価の違いも検討した。分散分析の結果，百貨店に関して，「気軽に入りやすい」，「新製品や流行品の取り扱いが早い」，「商品やサービスの価格表示・説明が信頼できる」，「配達・配送対応など便利なサービスがある」，「お得なカードを発行している」，そして「豪華な内装が魅力」の6項目において世代による影響が有意となった（p<.05）。よってBonferroni法，および等分散を満たさなかった項目[15] に関してはTamhane-T2法を用いて，多重比較を実施した[16]。分析の結果，「お得なカードを発行している」と「豪華な内装が魅力」に関しては世代間での有意差が確認されなかったものの，他の4項目において，60歳以上の消費者が他の世代よりも百貨店を高く評価していることが確認された[17]。

　一方，駅ビル・ファッションビルに関して，「気軽に入りやすい」，「商品やサービスを選ぶ楽しみがある」，「商品やサービスの陳列（レイアウト）が見やすい」そして「快適な時間が過ごせる」の4項目において世代による影響が有意となった（p<.05）。よって，百貨店に関する手続きと同じ方法で分析を試みた[18]。分析の結果，「快適な時間が過ごせる」に関しては世代間での有意差が確認されなかったものの，他の3項目において，20～29歳の消費者が他の世代よりも駅ビル・ファッションビルを高く評価していること

15　項目「新製品や流行品の取り扱いが早い」が等分散の基準を満たさなかった（F(4)=4.485，p<.05）。

16　SPSSでは，様々な多重比較の方法による検証が可能である，本研究では「第1種の過誤（Type I error）」，つまり本当は差がないのにもかかわらず有意差が確認されてしまうことを厳密に統制するため，小野寺・山本（2004，p.88）の議論を参考に，Bonferroni法およびTamhane－T2を採用した。本研究の調査は，百貨店の同質化を検討するものであるため，「第1種の過誤」に対し厳しく統制する必要がある。

17　60歳以上の各項目に対する評価は次の通りであった。「気軽に入りやすい」平均4.46，標準偏差1.393（60歳以上と30～39歳の平均差：0.831，p<.05），「新製品や流行品の取り扱いが早い」平均5.67，標準偏差0.955（60歳以上と20～29歳の平均差：0.719［p<.05］，30～39歳の平均差：0.774［p<.01］，40～49歳の平均差：0.885［p<.01］，50～59歳の平均差：1.016［p<.001］），「商品やサービスの価格表示・説明が信頼できる」平均5.54，標準偏差0.942（60歳以上と50～59歳の平均差：0.841，p<.01），「配達・配送対応など便利なサービスがある」平均5.33，標準偏差1.212（60歳以上と20～29歳の平均差：0.807［p<.05］，30～39歳の平均差：0.764［p<.05］）。百貨店の世代間の差異は，60歳以上を中心に観測された。

18　項目「商品やサービスを選ぶ楽しみがある」（F(4)=4.326，p<.05）と「快適な時間が過ごせる」（F(4)=3.237，p<.05）が等分散の基準を満たさなかった。

図表 4-2 サービス品質意識に関する比較（t検定）

	百貨店		駅ビル・ファッションビル		t
	平均	標準偏差	平均	標準偏差	
駅前など行き易い場所に立地している	5.66	1.15	5.66	1.30	-0.347
駐車場・駐輪場を完備している	4.65	1.45	3.87	1.39	6.965 ***
清潔感がある	5.62	1.05	4.77	1.14	10.798 ***
気軽に入りやすい	3.99	1.42	4.83	1.41	-7.413 ***
ゆったりしている	5.05	1.25	4.04	1.28	10.358 ***
休憩スペース・施設が充実している	4.68	1.34	4.49	1.40	1.898 †
レストランや喫茶店（カフェ）が併設されている	5.37	1.14	5.24	1.25	1.427
返品や交換をしてくれる	4.66	1.23	4.04	1.16	6.856 ***
アフターケアの体制に安心が持てる	4.95	1.20	4.08	1.56	9.066 ***
年配の方の利用が多そう	5.16	1.24	3.38	1.33	16.046 ***
店員の接客態度がいい	5.25	1.17	4.36	1.11	10.478 ***
商品やサービスを選ぶ楽しみがある	5.1	1.13	4.87	1.23	2.48 **
新製品や流行品の取り扱いが早い	4.94	1.24	5.07	1.26	-1.405
商品やサービスの陳列（レイアウト）が見やすい	5.01	1.15	4.7	1.20	3.79 ***
商品やサービスの価格表示・説明が信頼できる	5.1	1.14	4.31	1.08	9.469 ***
顧客のプライバシー保護への配慮が充分になされている	4.78	1.10	4.13	1.12	7.712 ***
商品やサービスが安く買える	2.62	1.35	3.78	1.33	-10.657 ***
質の高い商品やサービスが揃っている	5.63	1.12	4.43	1.18	13.003 ***
庶民的である	3.11	1.40	4.17	1.26	-10.024 ***
家族で立ち寄りやすい	4.34	1.43	4.28	1.43	0.548
思い出深い場所	3.87	1.55	3.5	1.46	3.269 **
配達・配送対応など便利なサービスがある	4.8	1.22	3.89	1.17	9.567 ***
広い店内が魅力	5.22	1.07	4.49	1.30	8.234 ***
お得なカードを発行している	4.46	1.25	4.46	1.25	0.038
衣食住のすべてを取り扱っている	5.11	1.29	4.45	1.41	6.313 ***
催しやイベントが楽しい	4.83	1.34	4.46	1.20	3.8 ***
快適な時間が過ごせる	4.91	1.20	4.67	1.27	2.64 **
豪華な内装が魅力	5.21	1.20	4.26	1.16	10.131 ***

† p<.1, *p<.05, **p<.01, ***p<.001
出典：筆者作成

が確認された[19]。

④大型小売業に対する消費者認識の構成要素と，それに準じた業態間の比較

　次に，百貨店と駅ビル・ファッションビルとのサービス品質に関する消費

19　20 ～ 29歳の各項目に対する評価は次の通りであった。「気軽に入りやすい」平均5.18，標準
偏差1.182（19 ～ 29歳と50 ～ 59歳の平均差 :0.905，p<.05），「商品やサービスを選ぶ楽しみが
ある」平均5.47，標準偏差1.006（20 ～ 29歳と40 ～ 49歳の平均差 :0.628 [p<.05]，50 ～ 59
歳の平均差 ;1.012 [p<.01]），「商品やサービスの陳列（レイアウト）が見やすい」平均5.11，標
準偏差1.11（20 ～ 29歳と50 ～ 59歳の平均差 :0.989 [p<.01]），と駅ビル・ファッションビル
の世代間の差違は，主に20 ～ 29歳と50 ～ 59歳との間で観測された。

図表 4-3　性別による違いを考慮した、サービス品質意識に関する比較（t 検定）[20]

| | 百貨店 | | | | | 駅ビル・ファッションビル | | | | |
| | 男性 | | 女性 | | | 男性 | | 女性 | | |
	平均	標準偏差	平均	標準偏差	t	平均	標準偏差	平均	標準偏差	t
駅前など行き易い場所に立地している	5.38	1.16	5.84	1.11	-3.236 **	5.34	1.41	5.92	1.16	-3.463 **
駐車場・駐輪場を完備している	4.69	1.34	4.62	1.52	0.358 †	4	1.35	3.79	1.41	1.198
清潔感がある	5.38	1.10	5.78	0.99	-3.100 **	4.61	1.11	4.87	1.16	-1.846 †
気軽に入りやすい	3.98	1.37	3.99	1.46	-0.072	4.34	1.37	5.15	1.35	-4.728 ***
ゆったりしている	4.79	1.27	5.23	1.22	-2.809 **	3.95	1.30	4.09	1.27	-0.884
休憩スペース・施設が充実している	4.54	1.26	4.77	1.39	-1.360	4.28	1.37	4.63	1.40	-2.007 *
レストランや喫茶店（カフェ）が併設されている	5.1	1.22	5.54	1.05	-3.119 **	4.87	1.19	5.49	1.22	-4.095 ***
返品や交換をしてくれる	4.46	1.20	4.79	1.23	-2.181 *	3.94	1.17	4.11	1.15	-1.132
アフターケアの体制に安心感が持てる	4.75	1.17	5.08	1.20	-2.208 *	4.04	1.14	4.11	1.17	-0.476
年配の方の利用が多そう	4.9	1.31	5.33	1.16	-2.824 **	3.51	1.31	3.29	1.34	1.334
店員の接客態度がいい	5.1	1.19	5.35	1.15	-1.722 †	4.34	1.07	4.37	1.14	-0.218
商品やサービスを選ぶ楽しみがある	4.84	1.08	5.27	1.13	-3.106 **	4.47	1.25	5.15	1.15	-4.530 ***
新製品や流行品の取り扱いが早い	4.63	1.33	5.15	1.14	-3.306 **	4.81	1.29	5.25	1.21	-2.793 **
商品やサービスの陳列（レイアウト）が見やすい	4.68	1.28	5.23	0.99	-3.731 ***	4.44	1.30	4.87	1.11	-2.869 **
商品やサービスの価格表示・説明が的確できる	4.93	1.13	5.2	1.13	-1.890 †	4.12	1.11	4.43	1.04	-2.278 *
顧客のプライバシー保護への配慮が充分になされている	4.56	1.09	4.93	1.08	-2.694 **	4.05	1.14	4.19	1.10	-1.012
商品やサービスが安く買える	2.77	1.36	2.52	1.34	1.488	3.55	1.37	3.92	1.29	-2.236 *
質の高い商品やサービスが揃っている	5.32	1.25	5.83	0.98	-3.488 ***	4.36	1.22	4.47	1.16	-0.716
庶民的である	3.17	1.37	3.08	1.42	0.542	3.8	1.27	4.42	1.20	-3.997 ***
家族で立ち寄りやすい	4.25	1.34	4.4	1.49	-0.838	4.1	1.34	4.39	1.49	-1.598
思い出深い場所	3.9	1.43	3.85	1.62	0.209	3.53	1.45	3.47	1.47	0.319
配達・配送対応など便利なサービスがある	4.6	1.15	4.93	1.26	-2.159 *	3.88	1.17	3.89	1.18	-0.110
広い店内が魅力	5.02	1.06	5.36	1.07	-2.555 *	4.25	1.25	4.65	1.31	-2.492 *
お得なカードを発行している	4.3	1.22	4.56	1.26	-1.652	4.2	1.16	4.63	1.28	-2.738 **
衣食住のすべてを取り扱っている	4.99	1.20	5.19	1.35	-1.258	4.26	1.44	4.58	1.37	-1.810 †
催しやイベントが楽しい	4.55	1.23	5.02	1.37	-2.813 **	4.2	1.24	4.64	1.14	-2.957 **
快適な時間が過ごせる	4.55	1.24	5.15	1.12	-4.036 ***	4.29	1.33	4.93	1.16	-4.169 ***
豪華な内装が魅力	5.15	1.16	5.25	1.23	-0.667	4.29	1.24	4.24	1.11	0.308

† p<.1, * p<.05, ** p<.01, *** p<.001
出典：筆者作成

者意識を比較するため，Tucker の三相因子分析を用い，百貨店と駅ビル・ファッションビルの回答を統合し因子分析を実施した。最尤法・Promax 回転による因子分析を行った結果，固有値は 11.146, 3.054, 1.695, 1.052, 0.883…となり，4 因子構造が妥当であると考えられた。充分な因子負荷量（<0.35）を示さなかった 1 項目，「休憩スペース・施設が充実している」を除外し，再度最尤法・Promax 回転による因子分析を行った。分析の結果，固有値は 10.731, 3.017, 1.693, 1.03, 0.861…となり，4 因子構造が妥当であると考えられたが，その後各因子の信頼度係数を検証したところ，「思い出深い場所」および「年配の方が利用しそう」という項目を包含しないことによって，数値が向上することが確認された。よって当該項目を排除し，再度，最尤法・Promax 回転による因子分析を行った。その結果，10.312, 2.862, 1.453, 0.945…となり，3 因子に収束した。しかし項目「お得なカードを発行している」が充分な因子負荷量（<0.35）[21] を示さなかったため，再度，最尤法・Promax 回転による因子分析を行った。分析の結果，固有値は 9.994, 2.794, 1.451, 0.945…となり，3 因子構造が妥当であると考えられた。最終的な因子パターンと因子相関を図表 4-4 に示す。なお累積寄与率は，24 項目合計で 59.3 % であった。

　第 1 因子は 14 項目から構成されており，「アフターケアの体制に安心が持てる」，「ゆったりしている」，「プライバシー保護への配慮が充分になされている」，「配達・配送対応など便利なサービスがある」，「返品や交換をしてくれる」など，商品やサービスに関する項目が高い負荷量を示していることが確認された。そこで第 1 因子を，「商品やサービスの信頼性」因子（α = .927）と命名する。

　第 2 因子は 10 項目から構成されており，「駅前など行き易い場所に立地している」，「レストランや喫茶店（カフェ）が併設されている」，あるいは「新製品や流行品の取り扱いが早い」や「商品やサービスを選ぶ楽しみがあ

20　業態の種別×性別の 2 要因によるサービス品質に対する評価への影響を，分散分析を用いて検討した。主効果のみが確認され，交互作用は確認されなかった。よって，本書では業種別の主効果の影響を t 検定の結果を用いて示す。

21　小塩（2011, p, 123）の基準を採用した。

図表4-4　大型小売業（百貨店・駅ビル・ファッションビル統合）のサービス品質に関する意識（因子分析）

	平均	標準偏差	Factor1 商品・サービスの信頼性	Factor2 買物の快楽性/利便性	Factor3 価格的利便性	h2
アフターケアの体制に安心が持てる	5.67	1.23	.877	-.113	-.002	.638
ゆったりしている	4.26	1.47	.817	-.113	.080	.569
プライバシー保護への配慮が充分になされている	5.20	1.18	.788	-.051	.032	.574
配達・配送対応など便利なサービスがある	4.41	1.48	.768	-.147	.055	.461
返品や交換をしてくれる	4.55	1.36	.709	-.116	.143	.442
店員の接客態度がいい	5.30	1.19	.708	.127	-.168	.622
駐車場・駐輪場を完備している	4.35	1.23	.666	-.204	.107	.309
質の高い商品やサービスが揃っている	4.52	1.25	.659	.246	-.282	.702
豪華な内装が魅力	4.80	1.22	.650	.116	-.222	.530
広い店内が魅力	4.99	1.19	.613	.144	.055	.544
商品やサービスの価格表示・説明が信頼できる	5.01	1.25	.595	.212	-.057	.566
商品やサービスの陳列（レイアウト）が見やすい	4.85	1.18	.399	.374	.108	.567
駅前など行き易い場所に立地している	4.70	1.17	-.276	.937	-.073	.548
レストランや喫茶店（カフェ）が併設されている	4.46	1.15	-.065	.683	.041	.424
新製品や流行品の取り扱いが早い	3.20	1.46	-.014	.595	.067	.372
商品やサービスを選ぶ楽しみがある	5.03	1.30	.154	.565	.186	.580
清潔感がある	3.64	1.43	.387	.525	-.248	.667
衣食住のすべてを取り扱っている	4.31	1.43	.296	.383	.026	.409
快適な時間が過ごせる	4.34	1.28	.301	.382	.302	.599
催しやイベントが楽しい	4.86	1.25	.288	.362	.190	.463
庶民的	4.78	1.39	-.035	-.094	.867	.704
気軽に入りやすい	4.65	1.28	-.206	.370	.689	.657
商品やサービスが安く買える	4.79	1.24	.007	-.050	.683	.449
家族で立ち寄りやすい	4.74	1.27	.386	-.023	.542	.495

固有値			9.994	2.794	1.451	
% 因子負荷率			41.641	11.644	6.045	

因子間相関		I	II	III
	I	-	.725	.171
	II		-	.317
	III			-

出典：筆者作成

る」など，立ち寄り易さや施設の利便性といった項目と買物時の快楽性に関わる項目が高い負荷量を示していることが確認された。そこで第 2 因子を，「買物の快楽性 / 利便性」因子（α = .881）と命名する。

　第 3 因子は 4 項目から構成されており，「庶民的」，「気軽に入りやすい」，「商品やサービスが安く買える」そして「家族で立ち寄りやすい」といった，値ごろ感にかかわる項目が確認された。そこで第 3 因子は，「価格利便性」因子（α = .803）と命名する。

　本調査では SPSS Amos（ver.27）を用いて，確認的因子分析を行った。分析の結果，適合度指標は，x^2=482.392，df = 200，p<.001，GFI=.930，AGFI=.895，CFI = .960，RMSEA = .052 となった。RMSEA が若干 0.05 を上回ったが，各因子の GFI と CFI は基準値を満たしており，その結果を踏まえると全体的にはデータによく適合していると考えられる。

　加えて，本調査では，これらの因子分析の結果から導き出された，大型小売業のサービス品質に関する消費意識の下位尺度[22] に注目し，百貨店と駅ビル・ファッションビルの評価を，t 検定を用い比較した（図表 4-5）。その結果，すべての下位尺度において，有意差が確認された。「商品やサービスの信頼性」と「買物の快楽性 / 利便性」に関して，百貨店が駅ビル・ファッションビルよりも高い数値を示した。一方，「価格利便性」に関しては駅ビル・ファッションビルが百貨店よりも高い数値を示すことが明らかになった。

図表 4-5　下位尺度の比較

	百貨店		駅ビル・ファッションビル		t
	平均	標準偏差	平均	標準偏差	
商品・サービスの信頼性	5.02	0.77	4.26	0.88	10.517 ***
買物の快楽性 / 利便性	5.05	0.81	4.88	0.93	2.342 **
価格利便性	3.52	1.11	4.26	1.06	-7.89 ***

**p<.01, ***p<.001
出典：筆者作成

22　各因子を構成する項目の平均値（項目平均）を用いた。

3-3　調査Ⅰ：結果考察

　本調査では，酒井（2012）の研究を参考（一部援用）に，消費者の業態間のサービス品質評価の差異を検証した。その結果，多くのビジネス誌や新聞等で目にする，「百貨店と，駅ビル・ファッションビルなどのショッピングセンター（以下 SC）との同質化」の議論とは裏腹に，消費者が両業態のサービス品質を差異あるものとして認識していることが確認された。

　t検定の結果を観ても，「アフターケアの体制に安心が持てる」や「店員の接客態度がいい」など，28 項目中 20 項目で，百貨店が，都市型 SC である駅ビル・ファッションビルよりも，高く評価されていることが明らかになった。ただその一方で，多くの百貨店が差別化のために力を入れている「新商品や流行品の取り扱いが早い」や，顧客ロイヤルティ獲得のための施策のひとつとして注力している「お得なカードを発行している」といった項目に有意差がないことも確認された。その意味においては，百貨店業態と駅ビル・ファッションビルは「同質化」しているといえよう。

　加えて，"調査Ⅰ"では，性別や世代による評価の差も検討した。分析の結果，男性よりも女性が，百貨店および駅ビル・ファッションビル業態に対して高く評価していることが確認された。世代間の差に関して，百貨店業態に対しては 60 歳以上の消費者が他の消費者よりも評価していた一方で，駅ビル・ファッションビル業態に対しては 20 〜 29 歳の消費者が他の世代より高い評価を示した。

　これらの結果は，一般的に議論あるいは認識されている，百貨店および駅ビル・ファッションビルの利用者像と合致するものであるといえる。特筆すべきは，世代間の評価の違いである。百貨店の直面する課題のひとつに，若い世代の消費者を獲得できていない，また中心顧客の高齢化という問題があるが，調査においてもまさにそのような結果が導出された。なかでも，百貨店業態に対する「新製品や流行品の取り扱いが早い」という項目に関して，流行や最新のアイテムに関与の高そうな若い世代よりも 60 歳以上の消費者が評価しているということが確認されている。つまりこの結果は，一般的にトレンドなどの新しい消費潮流に関心の高いとされている若年層の消費者に

とって，百貨店業態の品揃えが彼彼女らのニーズをみなすのに充分ではないことを示している。

よって，60歳未満の消費者を取り込むようなマーケティングが特にマーチャンダイジング（とその訴求）が百貨店には必要であると指摘される。今後，百貨店の中核顧客のさらなる高齢化も予見され，その意味でも，若年層の獲得・維持は，百貨店リテールブランドにとって喫緊の課題であるといえよう。

さらに調査では，大型小売業のサービス品質に対する評価を，因子分析を用いて確認しその後，業態間の比較を実施した。その結果からも，百貨店業態が駅ビル・ファッション業態よりも，品揃えやサービスそして，店舗の快楽性・利便性に関して，総じて高く評価されていることが確認された。一方，価格利便性は駅ビル・ファッションよりも百貨店は低く評価されていた。しかし，この価格に対する評価に関する結果は，見方を変えれば，高品質の商品・サービスを提供する高級品を取り扱う業態として評価された結果であると解釈することができる。

以上の結果から提示されるインプリケーションとして，百貨店業態は現在のように，長期期間，めりはりなくセールを実施するのではなく，「理由があって高い」ということを消費者に認知・納得してもらうような働きかけが必要であると示唆される。そしてそのうえで，価格弾力性の高い商材を特定の限られた期間において通常より安く販売することが，戦略的に重要であることが示唆される。

3-4　調査Ⅰ：調査課題

"調査Ⅰ"の結果は，一般的に議論されている，SCや総合スーパー（以下GMS）などの競合業態との「同質化」を反証するものである。提示した調査結果は，百貨店の差別化が実現されている要素を明示するものであり，特に百貨店事業者および従業員にとって貢献しうる内容であると考える。

しかしその一方で，"調査Ⅰ"は課題を有するものであった。ひとつは調査対象者の百貨店の利用頻度や買物出向の違いといった，百貨店と消費者の

関係性の違いを踏まえ，百貨店の評価を検討できていないという課題である。つまり，本調査は，市場一般における百貨店業態の「同質化」に対して検討しているとはいえるものの，百貨店利用者を調査対象に限定した検証ではない。よって，今後必要とされる検討課題として，百貨店利用者とそれ以外の消費者を対象とした百貨店認識の比較や，百貨店と他業態の評価を，利用頻度の違いから比較することなどが想定される。新聞やビジネス誌で述べられているように，市場においてマジョリティである百貨店非利用者のみを対象に調査した場合，百貨店はもはや大型小売業業態において「同質化」していると認識されているかもしれない。この点も踏まえた調査の実施が望まれる。

　また，"調査Ⅰ"の課題として，消費者によって想起される「百貨店業態に関する店舗」が異なるという事実がある。"調査Ⅰ"では，既存の百貨店の定義，および業界関係者の認識において SC と位置づけられる大型商業施設（大阪近隣に立地する）に関して，「百貨店だと思う施設はどれか」という設問を提示した（複数回答）。調査の結果，被験者の多くが，SC リテールブランドを百貨店業態であると認識していることが確認された（図表4-6）。

　つまり"調査Ⅰ"では，消費者の百貨店業態と駅ビル・ファッションビルの評価の違いを明示したと同時に，調査対象者によって，彼彼女らが百貨店として認識する店舗が異なること，さらにその認識において SC が多く含まれていることが確認された。この結果は，消費者の百貨店業態認識およびそれに紐付けられたリテールブランドの認識が，（産業区分を含め）従来の業態を弁別する基準と乖離していることを明示するものである。よって今後の研究では，これらの乖離を架橋するような設問を検討し調査する必要がある。

　また"調査Ⅰ"では，百貨店間の評価の違いに関しては議論できていなかった。次節からは，上述の課題を踏まえ，消費者が「最も身近に感じる百貨店」間のサービス品質に対する評価を比較した"調査Ⅱ"について議論する。

図表 4-6　消費者の百貨店と認識における SC 施設の割合（n=263）

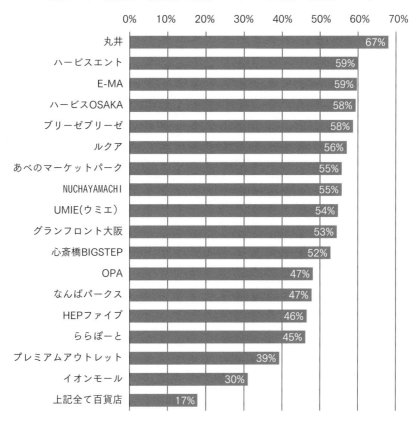

出典：筆者作成

4
調査Ⅱ：百貨店間の消費者評価の違い

4-1　調査Ⅱ：調査概要

　"調査Ⅱ"では，インターネット調査を用い，百貨店間の同質化の検証を試みた。"調査Ⅰ"の課題を補完するという観点から，株式会社マーケティングアプリケーションズのパネルを用い，京都（320名），大阪（1,116名），

　兵庫県（726 名）在住者かつ「直近 1 年以内に百貨店を利用した」計 2,162
名（ランダムサンプリング：調査時期は，2017 年 3 月 6 ～ 8 日）を対象に
インターネット調査を実施した。不十分な回答を削除した結果，有効回答数
は 2,058 名となった。調査対象者の内訳は図表 4-7 に示す。

　設問項目は，酒井（2012）の研究に依拠し，サービス品質尺度が 44 項目
（5 点尺度）を基盤に，「最も身近に感じる百貨店」，来店頻度，直近の来店
時期に関する設問各 1 項目，そして百貨店の利用に関する 5 項目（利用す
る売場，利用時間帯，支払方法，一回の来店当たりの支出金額，情報収集方
法），加えてデモグラフィック要因に関する質問 7 項目の，計 59 項目から
構成される。

　本調査では“調査Ⅰ”で問題視された，「消費者が知覚する百貨店リテー
ルブランドに，（産業区分も含め）従来の業態を弁別する基準においては
“百貨店”ではない SC（および GMS）リテールブランドが内包される」と
いう課題に対応するため，百貨店リテールブランドのみを対象とし，その消
費者評価を測定する調査の実施が求められる。そこで“調査Ⅱ”では，調査
項目の冒頭で，調査対象者が接触したことがあるであろう，関西に店舗を構
える百貨店名を提示し，そのなかで最も親和性のある，つまり店舗愛顧意図
を保有する百貨店ブランドを選択さえたうえ，設問への回答を求めた。図表
4-8 は，調査対象者にとっての「最も身近に感じる百貨店」の一覧である。

　“調査Ⅱ”では同一データを用いて，大きく 2 つの分析を実施した。検討

図表 4-7　調査対象者概要（n=2058）

年齢	標本		性別	標本		居住地区	標本	
	人数	（%）		人数	（%）		人数	（%）
20-29	432	21.0%	男性	1011	49.1%	京都府	302	14.7%
30-39	466	22.6%	女性	1047	50.9%	大阪府	1068	51.9%
40-49	462	22.4%				兵庫県	688	33.4%
50-59	469	22.8%						
60+	229	11.1%						

出典：筆者作成

図表 4-8　調査対象者の「最も身近に感じる百貨店」の一覧（n=2058）

	度数	(%)
阪急百貨店	473	23.0%
髙島屋	350	17.0%
大丸	337	16.4%
阪神百貨店	216	10.5%
近鉄百貨店	178	8.6%
そごう	162	7.9%
京阪百貨店	105	5.1%
ヤマトヤシキ	83	4.0%
伊勢丹	71	3.4%
西武百貨店	55	2.7%
松坂屋	28	1.4%

出典：筆者作成

すべき要件は，以下の通りである。

・百貨店利用者の利用形態とサービス品質の関係
　…調査Ⅱ-a
・百貨店利用者による百貨店間のサービス品質に対する評価の比較
　…調査Ⅱ-b

　調査対象者の特性（性別，世代）と来店頻度および一回の来店当たりの支出金額との関係については図表 4-9，4-10 に示す。

　「性別×世代×来店頻度」の関係において，世代間の差違（比率）は統計的に有意とならなかった[23]ものの，来店頻度の傾向として，女性の 20-29 歳や 30-39 歳の利用率は他の性別・世代よりも高いことが確認された。特筆すべきは，20-29 歳の「週に１回以上」の来店率が他の性別・世代よりも高い[24]，（12.4%（28 名））ことである。また同世代の「２週に１回程度」の

23　男女別の世代間の来店頻度の割合を，x^2検定を用い検討したところ，各項目別の有効回答数が不十分なこともあり，統計的有意差（p<.05）は確認できなかった。ただ，性別間のみの来店頻度の比較に関しては有意（p<.05）であった。
24　比率はもちろん，「週に１回以上」の来店に関して観測された人数としても最も高いものであった（調査対象者全体の 1.4%）。

図表4-9　調査対象者特性別の百貨店買物行動（性別×世代×来店頻度）[25]
（n = 2,058）

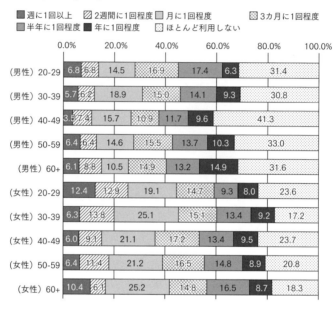

出典：筆者作成

来店率12.9％（29名）も，最も高い30-39歳の13.8％（33名）に次ぐもの
であった。また女性消費者の傾向として，「ほとんど利用しない」と同程度
の「月に1回程度」来店するセグメントの存在が明らかになった。

　一方，「一回の来店当たりの支出金額」と性別・世代間の関係を観ると，
女性よりも男性の支出金額が高い傾向にあることを確認できる。特に，
50,000円以上支出する割合は男性全体の2.2％（22名）であるのに対し，女
性の割合は女性全体の0.9％（8名）と顕著に少なかった。また女性の支出
金額は男性よりも，10,001-30,000円以下の比重が大きい傾向にある。観測
データから，10,001-30,000円以下の女性の割合は女性全体の96.2％（1007
名）と，男性83.2％（841名）よりも多くなることが確認された。加えて，

25　男性の世代別の人数は，20-29（207名），30-39（227名），40-49（230名），50-59（233名），
　　60+（114名）であった。一方女性の世代別の人数は，20-29（225名），30-39（239名），40-49
　　（232名），50-59（236名），60+（115名）である。

図表 4-10　調査対象者特性別の百貨店買物行動（性別×世代×一回の来店当たりの支出金額）（n = 2,058）

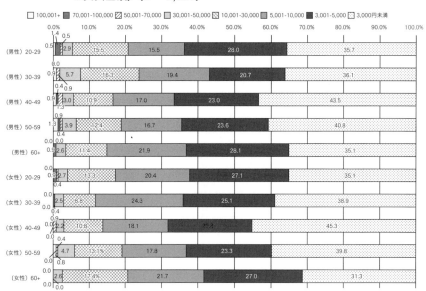

出典：筆者作成

　世代間の差の傾向を見てみると，性別にかかわらず，40-49 歳の支出金額が比較的低めであることがわかる。この結果は，子供の教育費などの関係から，40-49 歳の消費者が他の世代よりも支出を抑制していることによって導出されたと推察できる[26]。

　このように，上記の調査結果から，女性の来店頻度が高いこと，その一方で男性の「一回の来店当たりの支出金額」は女性と比べて高い傾向にあることが明らかになった。ただ支出金額に関して，買物が個人消費なのか集団消費（家族での消費）なのかについて，調査では弁別できていないことを留意する必要がある。なぜなら，男性の支出金額が高い理由として，家具や家電の購買などの，家族で使用するための高額商品の支出が含有されている可能

26　調査対象者の子供の有無に関して，世代における比率は 20-29（18.3%:79 名），30-39（39.9%:186 名），40-49（53.7%:248 名），50-59（67.6%:317 名），60+（81.7%:187 名）となっている。

性も含め，（もちろん，女性による家族のための支出もあるだろう）性別による支出の対象や支出の目的の違いが検討できていないためである。

　本調査では女性の職種による来店頻度・支出金額の違いも検討した。分析の結果，調査対象者（女性）のうち39.1%（409名）が専業主婦であったことによる影響は確認されなかった[27]。

4-2　調査Ⅱ-a.：調査結果

①来店頻度による百貨店評価の違い

　百貨店利用者の百貨店利用頻度と業態評価の関係を検討するため，来店頻度を独立変数，百貨店業態のサービス品質評価を従属変数とする一元配置分散分析を実施した。分析の結果，サービス品質に関する44項目全てにおいて，来店頻度の違いによる百貨店評価に関して，有意差が確認された[28]。また Bonferroni 法[29] および Tamhane-T2 法[30] 多重比較の結果，すべての項目において，❶「週に1回以上」や❷「2週に1回程度」といった高頻度の来店者が，その他の消費者よりも百貨店を高く評価していた（図表4-11）。

　例えば，❶「週に1回以上」と❼「ほとんど利用しない」とを比較すると，0.5 〜 0.99 の差が確認できる。この結果は（百貨店に対する評価が高いため来店頻度が高いという可能性もあるが），来店頻度を高さが百貨店が提供するサービス品質評価に作用することを示すものである。

　そしてこの結果を踏まえると，「消費者の百貨店離れ」を打開するための方略のひとつとして，まず百貨店への来店頻度を高め，百貨店が提供するサービス品質の高さを知覚させることが有効であると示唆される。

27　職業にかかわるダミー変数を用い，来店頻度と支出金額に関する t 検定を実施した。分析の結果，専業主婦とそれ以外の職業を比較したが統計的有意差が確認できなかった（p.<05）。つまり，主婦と非主婦の来店頻度と支出金額には差がなかった。

28　項目5，8，18，27，28，29に関しては Levene 検定の結果，等分散が確認されたが，他の項目においては等分散が棄却された（p<.05）。よって，Welch の修正分散分析を用いて分析した結果，有意差が確認された（p<.05）。

29　等分散が確認された項目においては，Bonferroni 法を用いた。

30　等分散が確認されなかった項目において，Welch の修正分散分析を用い有意差を確認した後，Tamhane-T2 法を用い検証した。

　実際，著者は，百貨店が提供するサービスを顧客がほとんど認知していないことをインタビュー調査および自身の体験から確認している。例えば百貨店では，配送のサービスとして，さまざまな売場で買物したものを各売場から配送するのではなくまとめて配送するものや，配送自体は別途となるが（一部の限定されたエリアを対象に）送料が同送扱いとなり，1回の送料の支払いのみで別の売場からの配送も包含されるというサービス（別同送サービス）が存在する。あるいは百貨店によっては，食品売場に冷蔵機能付きの荷物を預けるボックスや，カード会員専用のサロンが店内に併設されているストア（店舗）もある。しかし上述のようなサービスを含め，百貨店が提供するサービス内容を熟知し，有効活用する顧客は少ない。サービス内容に対する認知が低い理由としては，百貨店が自社のサービス内容を消費者（顧客）に充分に訴求できていないためであると指摘される。

　よって百貨店としては，来店頻度を高めるようなコミュニケーション施策とともに，来店した消費者に対し，まだまだ一般的に認知されていないような品質の高いサービスの存在を訴求することも，戦略として重要といえる。

②支出金額による百貨店評価の違い

　百貨店利用者の百貨店支出金額と業態評価の関係を検討するため，来店頻度を独立変数，百貨店業態のサービス品質評価を従属変数とする一元配置分散分析を実施した。「一回当たりの支出金額」は，「10,001円以上」の有効回答数が少ないという問題から，❶「10,001円以上」，❷「3,000～10,000円」，❸「3,000円未満」の3つのグループに再編し，分散分析を実施した。分析の結果，44項目全てにおいて，有意差が確認された[31]。またBonferroni法およびTamhane-T2法を用いた多重比較の結果，支出金額が高い利用者ほど，百貨店を高く評価していることが確認された。

　この結果は，百貨店のサービス品質を高く評価していることで支出金額が高くなる可能性も推察されるが，サンプルの傾斜もあり充分な分析結果とは

31　項目1，2，5，8，10，13，14，18，19，21，27，28，29に関してはLevene検定の結果，等分散が確認されたが，他の項目においては等分散が棄却された（p<.05）。よって，Welchの修正分散分析を用いて分析した結果，有意差が確認された（p<.05）。

図表 4-11　来店頻度による百貨店評価の違い（n = 2,058）

No.	項目	❶週に1回以上 n=141 平均	標準偏差	❷2週に1回程度 n=187 平均	標準偏差	❸週に1回程度 n=386 平均	標準偏差	❹3か月に1回程度 n=312 平均	標準偏差	❺半年に1回程度 n=280 平均	標準偏差	❻年に1回程度 n=190 平均	標準偏差	❼ほとんど利用しない n=562 平均	標準偏差
1	商品やサービスには、他社にはない特徴がある	3.80	1.03	3.72	0.836	3.55	0.89	3.44	0.873	3.44	0.845	3.24	0.96	3.05	0.95
2	新製品や流行品の取り扱いが多い	3.75	0.92	3.59	0.889	3.52	0.90	3.27	0.832	3.36	0.893	3.18	0.82	3.00	0.91
3	商品やサービスを選ぶ楽しみがある	3.87	1.01	3.89	0.87	3.74	0.86	3.5	0.889	3.54	0.766	3.36	0.88	3.08	0.96
4	商品やサービスには、初めて見聞きするような新鮮さがある	3.65	1.04	3.51	0.924	3.43	0.90	3.27	0.909	3.49	0.821	3.16	0.87	2.96	0.91
5	商品や新サービスの案内・告知がわかりやすい	3.84	0.96	3.76	0.835	3.65	0.83	3.53	0.777	3.45	0.727	3.25	0.83	3.10	0.90
6	商品やサービスの内容をよく理解できる	3.78	0.94	3.75	0.799	3.59	0.76	3.43	0.741	3.45	0.727	3.26	0.81	3.06	0.87
7	商品やサービスの価格表示・説明が適切である	3.80	0.94	3.65	0.87	3.57	0.82	3.46	0.832	3.37	0.779	3.28	0.81	3.04	0.92
8	間違いのない購入（定番など）ができる	3.92	0.93	3.83	0.904	3.80	0.82	3.68	0.829	3.68	0.814	3.52	0.86	3.23	0.93
9	ついつい購入したい商品やサービスが揃っている	3.74	0.95	3.65	0.899	3.51	0.91	3.36	0.848	3.57	0.869	3.11	0.90	2.88	0.91
10	ここでは、有名メーカー・ブランドの商品が安く買える	3.20	1.23	2.96	1.168	2.73	1.09	2.7	0.982	2.67	1.006	2.80	0.94	2.56	0.98
11	買い物用カードや類など商品・品揃類が使いやすい	3.48	1.12	3.21	1.03	3.11	0.89	2.96	0.852	2.95	0.841	3.01	0.82	2.85	0.84
12	私の購入的な欲望を動かしてくれる	3.55	1.05	3.39	1.027	3.22	0.89	3.08	0.851	3.1	0.788	3.03	0.86	2.83	0.89
13	百貨店の店舗は、利用しやすい場所にある	3.85	0.91	3.72	0.854	3.57	0.90	3.4	0.965	3.37	0.828	3.2	0.82	3.10	0.92
14	百貨店の店舗は、行きやすい場所にある	3.99	0.86	4.02	0.855	3.8	0.88	3.56	0.965	3.31	0.862	3.31	0.89	3.00	1.02
15	百貨店の店舗は、利用しやすいアクセスである	3.86	0.91	3.73	0.876	3.61	0.85	3.45	0.812	3.42	0.781	3.25	0.82	3.07	0.88
16	百貨店の店舗には清潔感がある	3.98	0.91	3.99	0.892	3.9	0.82	3.8	0.856	3.77	0.815	3.69	0.86	3.40	0.98
17	店内の施設・サービス・施設が充実している	3.76	1.00	3.6	0.93	3.47	0.93	3.44	0.843	3.35	0.854	3.22	0.80	3.09	0.89
18	落ち着いて買い物ができる	3.95	0.96	3.8	0.867	3.69	0.90	3.63	0.853	3.51	0.821	3.29	0.89	3.14	0.97
19	店員は、わからないことや困ったとき適切に対応してくれる	3.81	0.96	3.85	0.796	3.75	0.82	3.67	0.84	3.57	0.796	3.44	0.91	3.25	0.87
20	店員は、私にあった適切な提案をしてくれる	3.68	0.98	3.66	0.88	3.56	0.83	3.41	0.784	3.38	0.743	3.2	0.86	3.04	0.84
21	店員は、接客態度が良い	3.89	0.99	3.88	0.928	3.82	0.83	3.75	0.834	3.58	0.803	3.58	0.91	3.37	0.93
22	店員は、待たず速やかに対応してくれる	3.73	1.03	3.7	0.966	3.56	0.85	3.47	0.813	3.4	0.727	3.29	0.85	3.16	0.89
23	店員に干渉されず、気ままに買い物ができる	3.49	1.07	3.44	0.995	3.28	0.95	3.14	0.874	3.09	0.867	3.13	0.91	2.94	0.93
24	試着や試用など気軽に商品を試すことができる	3.57	1.08	3.44	0.973	3.33	0.88	3.26	0.837	3.17	0.845	3.17	0.86	2.96	0.89
25	会計をスムーズに済ませられる	3.74	0.99	3.62	0.928	3.58	0.86	3.43	0.854	3.38	0.829	3.28	0.77	3.14	0.88
26	ポイント制度はわかりやすい	3.72	1.07	3.67	0.902	3.41	0.91	3.24	0.804	3.24	0.816	3.04	0.79	2.92	0.87
27	いつでも安心して利用できる	3.98	0.99	3.93	0.83	3.82	0.84	3.69	0.812	3.66	0.778	3.42	0.89	3.23	0.89
28	どこの店でも安心して利用できる	3.99	0.98	3.9	0.85	3.79	0.82	3.63	0.796	3.59	0.816	3.43	0.87	3.23	0.91
29	店員は、良心的である	3.91	0.97	3.86	0.881	3.7	0.81	3.51	0.84	3.44	0.764	3.34	0.83	3.07	0.92
30	配送・配達対応などがスムーズである	3.74	0.94	3.62	0.849	3.51	0.80	3.34	0.757	3.34	0.674	3.25	0.76	3.05	0.80
31	返品や交換をする際の、払い対応が良い	3.66	1.01	3.61	0.905	3.52	0.79	3.34	0.722	3.3	0.663	3.26	0.83	3.07	0.82
32	商品やサービス不満があった場合、百貨店のどこに問い合わせればよいか知っている	3.52	1.08	3.35	0.923	3.25	0.98	3.08	0.891	3.3	0.926	2.99	0.90	2.81	0.92
33	返品や交換をする際の、方法がわかりやすい	3.6	0.98	3.5	0.924	3.35	0.86	3.18	0.812	3.16	0.816	3.07	0.80	2.92	0.84
34	百貨店のアフターケアの体制は信頼できる	3.76	0.96	3.75	0.8	3.61	0.79	3.47	0.769	3.38	0.776	3.26	0.79	3.07	0.84
35	顧客のプライバシー保護への配慮が充分になされている	3.67	0.97	3.69	0.803	3.56	0.79	3.4	0.804	3.34	0.705	3.23	0.77	3.04	0.80
36	今後、ぜひ利用してみたいサービスや商品がある	3.62	1.00	3.44	0.893	3.33	0.88	3.18	0.841	3.05	0.813	2.97	0.83	2.74	0.91
37	今後はぜひの購入したい商品がある	3.72	0.97	3.67	0.973	3.49	0.86	3.32	0.863	3.24	0.855	3.04	0.87	2.74	0.96
38	客層を考えると自分にとって店に入りやすい	3.77	1.01	3.67	0.853	3.48	0.86	3.28	0.82	3.24	0.879	2.98	0.86	2.83	0.93
39	広告やチラシなどは、魅力的な内容である	3.65	0.98	3.57	0.885	3.43	0.89	3.24	0.768	3.17	0.82	3.01	0.81	2.82	0.86
40	セールやイベント、キャンペーンなどが魅力的である	3.77	0.99	3.67	0.847	3.47	0.85	3.21	0.798	3.2	0.787	3.15	0.81	2.85	0.88
41	ウェブサイト（携帯サイトを含む）には有益な情報が掲載されている	3.6	0.96	3.58	0.912	3.37	0.81	3.1	0.856	3.09	0.72	3.05	0.81	2.85	0.84
42	返品・サービス（顧客対応や相談など）が行き届き速やかにできる	3.66	0.98	3.65	0.838	3.43	0.81	3.33	0.742	3.27	0.738	3.16	0.84	2.96	0.84
43	駐車場・駐輪場は利用しやすい	3.45	1.06	3.39	1.033	3.18	1.01	3	0.92	3.01	0.904	2.9	0.91	2.81	0.94
44	エコロジー（自然環境保護等）への取り組みや評価できる	3.4	0.95	3.47	0.844	3.28	0.80	3.2	0.744	3.13	0.741	3.08	0.76	2.92	0.81

出典：筆者作成

いえない。しかし，本書で示した結果は百貨店の上顧客の傾向を検討するうえでひとつの手がかりを提供するものであると考える。

4-3　調査Ⅱ-b.：調査結果

調査Ⅱ-b. では，高頻度に利用される（顧客ロイヤリティが高いことが想定される）百貨店間のサービス品質に対する評価を比較するため，「来店頻度（3ヵ月に1回来店）」かつ「あなたが最も身近に感じる百貨店」に関する質問に対して，回答頻度が30以上獲得した百貨店（図表4-12）が対象になるようスクリーニングを行った。その結果，有効回答数は968名となった。調査対象者の内訳は図表4-13に記す。

③百貨店に対する消費者認識の構成要素と，それに準じた百貨店間の比較

本調査では，まずサービス品質尺度に関して，最尤法・Promax回転による因子分析を行った。その結果，固有値は18.960，2.785，1.329，1.094…となり，4因子構造が妥当である考察された。そこで再度，4因子構造を仮定し，充分な値を示さなかった項目（「店内の休憩スペース・施設が充実している」，「ポイント制度はわかりやすい」，「客層を考えると自分にとって店に入りやすい」）を分析から除外し再度因子分析を行った。分析の結果，固有値は17.723，2.774，1.327，1.074…となり，4因子構造が妥当であると考

図表 4-12　調査対象となる百貨店（n=968）

百貨店名	標本		回答者（%）
	度数	（%）	
阪急	263	27.2%	12.8%
大丸	176	18.2%	8.6%
髙島屋	175	18.1%	8.5%
阪神	105	10.8%	5.1%
近鉄	82	8.5%	4.0%
そごう	77	8.0%	3.7%
京阪	52	5.4%	2.5%
伊勢丹	38	3.9%	1.8%

出典：筆者作成

図表 4-13　調査対象者概要（n=968）

年齢	人数	(%)	性別	人数	(%)	居住地区	人数	(%)
20-29	214	22.1%	男性	403	41.6%	京都府	142	14.7%
30-39	232	24.0%	女性	565	58.4%	大阪府	518	53.5%
40-49	191	19.7%				兵庫県	308	31.8%
50-59	221	22.8%						
60+	110	11.4%						

出典：筆者作成

えられたが，その後各因子の信頼度係数を検証したところ，「ここでは，有名メーカー・ブランドの商品が安く買える」という項目を包含しないことによって，数値が向上することが確認された。よって当該項目を排除し，再度，最尤法・Promax 回転による因子分析を行った分析の結果，固有値は17.723，2.774，1.327，1.074…となり，4 因子構造が確認された。最終的な因子パターンと因子相関を図表 4-14 に示す。なお累積寄与率は，40 項目合計で 55.85 ％であった。

　第 1 因子は 18 項目から構成されており，「いつでも安心して利用できる」，「百貨店の店舗には清潔感がある」，「どこの店舗・フロアでも安心して利用できる」，「店員は，接客態度が良い」，「店員は，わからないことや困ったときに親切に対応してくれる」，「間違いない商品（定番など）が揃っている」など，百貨店が本質的に提供しているサービスに関する項目が高い負荷量を示した。これらの結果から，第 1 因子を「（百貨店の）本質的サービス品質」因子（α = .946）と命名する。

　第 2 因子は 17 項目から構成されており，「返品や交換をする際の，方法がわかりやすい」，「商品やサービスに不満があった場合，百貨店のどこへ問い合わせればよいか知っている」，「返品や交換をする際の，窓口対応が良い」，「駐車場・駐輪場は利用しやすい」，「エコロジー（自然環境保護等）への取り組みは高く評価できる」，「ウェブサイト（携帯サイトを含む）には有益な情報が掲載されている」など，副次的・追加的な百貨店のサービスに関

図表 4-14　サービス品質尺度を用いた因子分析結果（n=968）

	平均	標準偏差	Factor1 本質的サービス品質	Factor2 副次的サービス品質	Factor3 快楽的サービス品質	Factor4 利便的サービス品質	h2
いつでも安心して利用できる	3.83	0.85	.907	-.089	-.043	-.049	.650
当百貨店の店舗には清潔感がある	3.90	0.86	.861	-.184	.019	-.054	.554
どこの店舗・フロアでも安心して利用できる	3.79	0.85	.820	.050	-.084	-.011	.632
店員は，接客態度が良い	3.83	0.87	.813	.002	-.020	-.047	.613
店員は，わからないことや困ったときに親切に対応してくれる	3.75	0.84	.757	.055	-.010	-.090	.566
間違いない商品（定番など）が揃っている	3.79	0.86	.730	-.193	.149	.019	.523
当百貨店の店舗は，行きやすい場所にある	3.80	0.90	.610	-.059	.035	.033	.374
店舗は，居心地がいい	3.70	0.86	.591	.156	.011	.099	.580
落ち着いて買い物ができる	3.73	0.89	.522	.089	.112	.002	.446
百貨店の店舗は，利用しやすいレイアウトである	3.62	0.86	.506	.058	.199	.099	.561
店員は，待たせず速やかに対応してくれる	3.58	0.89	.445	.215	.011	.165	.499
商品やサービスの陳列・表示がわかりやすい	3.67	0.84	.428	-.048	.304	.158	.523
店員は，私にあった適切な提案をしてくれる	3.55	0.91	.397	.224	.224	-.035	.536
商品やサービスの内容をよく理解できる	3.60	0.80	.396	-.020	.298	.208	.550
百貨店の店舗は，利用しやすい時間帯に営業している	3.59	0.90	.379	.145	.138	.079	.402
商品やサービスの価格表示・説明が適切である	3.58	0.85	.377	.014	.198	.244	.477
返品や交換をする際の，方法がわかりやすい	3.36	0.89	.027	.786	-.121	.066	.567
商品やサービスに不満があった場合，百貨店のどこへ問い合わせればよいか知っている	3.26	0.97	-.073	.751	-.126	.172	.497
返品や交換をする際の，窓口対応が良い	3.50	0.83	.254	.626	-.117	.054	.575
駐車場・駐輪場は利用しやすい	3.20	0.99	-.204	.567	.140	.129	.371
エコロジー（自然環境保護等）への取り組みは高く評価できる	3.30	0.81	-.151	.561	.240	.083	.471
ウェブサイト（携帯サイトを含む）には有益な情報が掲載されている	3.34	0.87	-.101	.553	.359	-.075	.549
百貨店のアフターケアの体制は信頼できる	3.61	0.82	.440	.544	-.183	-.006	.592
各種サービス（贈答対応や宅配など）の手続きが速やかにできる	3.47	0.83	.215	.504	.094	-.020	.528
顧客のプライバシー保護への配慮が充分になされている	3.55	0.83	.349	.502	-.063	.048	.569
買い物用カートやカゴ類などの器具・道具類が使いやすい	3.13	0.83	-.314	.485	.283	.211	.410
今後，ぜひ利用してみたいサービスがある	3.35	0.89	-.060	.437	.401	.015	.541
配達・配送対応などがスムーズである	3.51	0.83	.300	.431	-.004	.069	.487
私の個人的な要望を聴いてくれる	3.25	0.94	-.028	.360	.281	.100	.385
今後はぜひ購入したい商品がある	3.50	0.91	.168	.357	.325	-.102	.506
商品やサービスには，初めて見聞きするような新鮮さがある	3.42	0.94	.011	.046	.658	.093	.556
新製品や流行品の取り扱いが早い	3.49	0.89	.068	.037	.605	.029	.479
ついでに購入・利用したい商品やサービスが揃っている	3.51	0.91	.059	.081	.497	.158	.473
商品やサービスを選ぶ楽しみがある	3.72	0.90	.418	-.191	.488	.051	.522
セールやイベント，キャンペーンなどが魅力的である	3.47	0.87	.133	.318	.483	-.235	.566
商品やサービスには，他社にはない特徴がある	3.58	0.91	.143	.039	.450	.050	.371
広告やチラシなどは，魅力的な内容である	3.43	0.91	.091	.384	.406	-.186	.521
試着や試用など商品を自由に試すことができる	3.37	0.92	-.013	.369	.067	.507	.599
店員に干渉されず，気ままに買い物ができる	3.29	0.96	-.064	.355	.135	.389	.461
会計をスムーズに済ませられる	3.57	0.90	.337	.196	-.039	.355	.483

固有値			17.579	2.514	1.314	1.066	
％因子負荷率			43.947	6.285	3.285	1.066	

因子間相関	I	II	III	IV
I	-	.655	.658	.427
II		-	.682	.397
III			-	.464
IV				-

出典：筆者作成

する項目が負荷量を示した。そこで第 2 因子を，「（百貨店の）副次的サービス品質」因子（α = .932）と命名する。

　第 3 因子は 7 項目から構成されており，「商品やサービスには，初めて見聞きするような新鮮さがある」，「新製品や流行品の取り扱いが早い」，「ついでに購入・利用したい商品やサービスが揃っている」，「商品やサービスを選ぶ楽しみがある」，「セールやイベント，キャンペーンなどが魅力的である」，「商品やサービスには，他社にはない特徴がある」，「広告やチラシなどは，魅力的な内容である」など，百貨店の買物時における副次的・追加的な快楽性の源泉にかかわる項目が負荷量を示した。そこで第 3 因子を，「（百貨店の）快楽的サービス品質」因子（α = .861）と命名する。

　第 4 因子は 3 項目から構成されており，「試着や試用など商品を自由に試すことができる」，「店員に干渉されず，気ままに買い物ができる」，「会計をスムーズに済ませられる」といった，百貨店の買物時における副次的・追加的な利便性にかかわる項目が負荷量を示した。そこで第 4 因子を，「（百貨店の）利便的サービス品質」因子（α = .861）と命名する。

　本調査では，SPSS Amos（ver.27）を用いて，確認的因子分析を行った。その結果，RMSEA=.044，GFI=.904，AGFI = .880，CFI=.943）となった。CFI >.950 の値を示さなかったものの，RMSEA<.05，GFI>.900 であることから，充分な適合度を持つと判断した。

　この結果は，酒井（2012）の結果とは異なるものであるが，確認的因子分析の結果からそのモデルの適合度は担保されており，4 因子構造が妥当であると判断する。

　さらに，本書では百貨店間の評価の違いを検証すべく，下位因子を従属変数，消費者の百貨店の選好を独立変数とする一元配置分散分析を行った。分析の結果，第 3 因子「（百貨店の）快楽的サービス品質」以外の有意差は確認されなかった（F (7) = 2.521; p<.05）（図表 4-15）。また第 3 因子に関して，Bonferroni 法を用いて多重比較を実施したが，百貨店間の有意差は確認できなかった。つまり，百貨店リテールブランド間のサービス品質評価には差がないことが明らかとなった。この結果は，消費者に支持される百貨店間の「同質化」を一部支持するものである。

図表4-15　百貨店間のサービス品質下位因子の比較（分散分析）（n=968）

	本質的サービス品質			副次的サービス品質			快楽的サービス品質			利便的サービス品質		
	平均	標準偏差	F	平均	標準偏差	F	平均	標準偏差	F	平均	標準偏差	F
伊勢丹	3.66	0.64		3.44	0.64		3.68	0.66		3.57	0.74	
近鉄	3.74	0.64		3.40	0.70		3.54	0.70		3.32	0.83	
京阪	3.67	0.56		3.33	0.60		3.34	0.65		3.41	0.70	
そごう	3.58	0.66		3.30	0.65		3.40	0.61		3.33	0.78	
大丸	3.71	0.61	1.49	3.31	0.62	1.51	3.47	0.71	2.52*	3.35	0.78	0.89
髙島屋	3.67	0.61		3.41	0.61		3.49	0.69		3.45	0.72	
阪急	3.78	0.64		3.45	0.60		3.63	0.63		3.45	0.77	
阪神	3.62	0.58		3.29	0.55		3.47	0.59		3.43	0.73	

*$p<.05$
出典：筆者作成

④百貨店間の利用される売場の違い

　加えて，各百貨店における利用する売場の違いについても確認した（図表4-16）。各項目の有効回答数が不十分なため，平均値の比較は検討できなかったが，χ^2検定を用いた分析の結果，百貨店間の利用される売場の比率に有意差が確認された[32]。その後Bonferroni法を用いて多重比較を実施した結果，化粧品売場に関して，「大丸 > 近鉄百貨店・そごう・阪神百貨店」，「阪急百貨店 > 近鉄百貨店」と，利用する割合に差があることが確認された。

　この結果を踏まえると，利用される売場については若干の差別化がなされていると解釈できる。

　しかし，図表4-16にあるように，伊勢丹の紳士服，阪神百貨店の食品が他よりも突出していることが確認できる一方で，基本的には近似的な推移が確認され，その意味では「同質的」な利用傾向にあるといえる。

4-4　考察

　"調査Ⅱ-a"ではサービス品質尺度を用いて，①来店頻度および②支出金額による百貨店評価の違いを検討した。分析の結果，①来店頻度あるいは②

32　$\chi^2 (63) =113.24$, $p<.05$

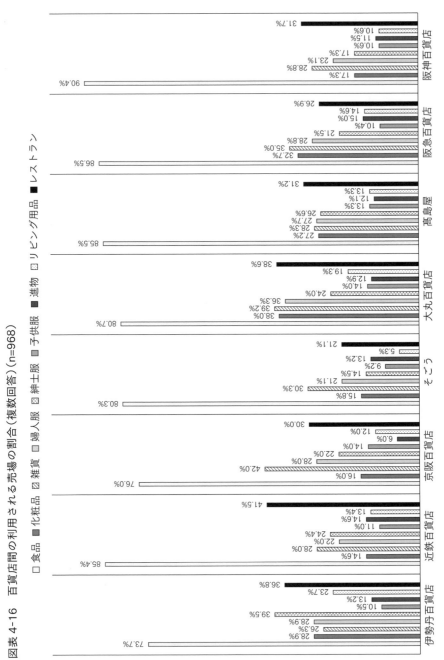

図表4-16　百貨店間の利用される売場の割合（複数回答）(n=968)

□食品　■化粧品　▨雑貨　□婦人服　▨紳士服　■子供服　■進物　▨リビング用品　■レストラン

出典：筆者作成

支出金額が高い消費者（利用者）が，百貨店を高く評価していることが確認された。

"調査Ⅱ-b"では，「来店頻度（3ヵ月に1回来店）」以上の調査対象者に限定し，彼彼女らが「最も身近に感じる百貨店」間のサービス品質評価の違いを検討した。因子分析の結果，百貨店の評価は，「（百貨店の）本質的基本サービス品質」，「（百貨店の）副次的サービス品質」，「（百貨店の）快楽的サービス品質」，「（百貨店の）利便的サービス品質」の4因子に収束することが確認された。本調査では，下位因子の項目平均を用い，百貨店間の評価の違いを分散分析から検討した。分析の結果，百貨店間のサービス品質評価の違いは有意ではなかった。

また本書では，百貨店で利用される売場の違いに差があるかどうかについても検討した。x^2検定の結果，化粧品売場に関してのみ利用頻度に有意差が確認された。

"調査Ⅱ-a"の結果から，来店回数や支出金額が高い利用者の買物出向意図の背景には，百貨店のサービス品質に対して評価（信頼）していると考察される。しかしその一方で，さらに店舗愛顧意図が高いと推察される百貨店利用者を対象にした"調査Ⅱ-b"では，支持される百貨店が異なるにもかかわらず百貨店間のサービス品質評価には差が確認されなかった。また，利用される売場の違いも，化粧品を除き差が確認されなかった。つまり，本書で推察した結果とは，百貨店リテールブランドの違いや，店舗の売場特性に関係なく，消費者の知覚する百貨店の評価が「同質化」していることを示すものである。

この百貨店間の「同質化」に関する結果，すなわち百貨店利用者のサービス品質評価に差異が存在しなかったことは，百貨店の各社が高い水準のサービス品質を提供している結果であると考察できる一方，競合他社に対して充分に差別化できていないことも指摘される。

よって，百貨店が広義の競合に対し差別化を実現するための方略として，競合業態との差別化をベースとし，そのうえで業態内でリテールブランドおよびストア（店舗）の独自性を訴求するような二段階のマーケティングが重要であると示唆される。サービスマーケティングの視座から議論するなら

ば，百貨店業態が共通して保有する（市場において百貨店らしいとされている）基本的なサービス内容を基盤（本質サービス）とし，そのうえで，特定のニーズに特化したサービス（表層サービス）の提供するという顧客満足醸成のための施策が有効であると提言される[33]。

4-5　調査Ⅱの課題

"調査Ⅱ"は，百貨店間でサービス品質評価に差異がないという点で「百貨店の同質化」を一部支持するものであった。本調査では，利用頻度が高い利用者を対象にした調査にもかかわらず，店舗間に違いが確認されなかった。百貨店のサービス品質の「同質化」が確認された背景として，百貨店利用者が「最も身近に感じる百貨店（自身が愛顧する）」のサービス品質を，百貨店業態全般で担保されている品質であると知覚していた可能性が指摘される。あるいは，集合的記憶[34] として百貨店のサービス品質が知覚されている可能性も推察される。

"調査Ⅱ"では，愛顧する百貨店の全体的なサービス品質評価にかかわる回答を調査対象者に質問するものであったため，リテールブランドやストア（店舗）の売場特性が設問項目に反映されていないという課題が存在する。つまり，百貨店利用者が百貨店を評価する際，どのような売場を基点として評価しているのか，また売場の利用の仕方によって評価が異なるのか，利用される売場と百貨店評価の関係性について充分検討できていない。

上述したように，調査結果では，百貨店別の売場の利用率の違いが存在す

---

[33]　嶋口（1994, p.71）は顧客満足を醸成するサービスを，「最低許容水準を割ると，他のすべてがいかによくても全体の満足が崩れ去り不満になる」という本質サービスと，「ひとつのよさで他の悪さをカバーしてしまう」表層サービスを弁別し議論する。そして本質サービスとはサービス品質の根底にあると知覚評価されるサービスであり，一方表層サービスとは本質サービスを基盤として知覚評価されるサービスである。嶋口（1994, p.72）では清涼飲料水を例に，前者の属性として安全性を，後者の属性として味，香り，パッケージなど挙げ，本質サービス属性が機能しなければそもそも不満を誘発することを指摘する。

[34]　社会学で議論されている集合的記憶（mémorie collective）に関して溝井（2009, p.63）は，「さまざまな集団（家族，信徒，国民など）にも存在すると想定してもちいられる概念である」と議論し，「個人レベルで想起したり，忘却したりするだけでなく，集団レベルでも共有された過去のイメージを想起したり，忘却する」記憶として，議論している。

るにもかかわらず，サービス品質評価の違いは有意ではなかった。売場別の確認された利用頻度が，比較分析するうえで十分な値を示さなかったという調査上の不備によって，有位差が確認されなかったという別の課題も存在する。

　よって今後の研究として，百貨店を利用する際の売場の利用状況と百貨店評価との関係性を検討する必要がある。

　そして，百貨店利用者の満足を検討する調査の実施が必要である。なぜなら，本章の冒頭でも議論したように，購買後の指標となる顧客満足に焦点を当て，サービス品質評価を内包する形で，評価測定しようとする試みがサービス研究において主流となっているためである。

　さらに，百貨店のどのような点を評価しているのか，サービス品質評価を形成する刺激となる百貨店要因の違いを検討することも重要であろう。百貨店での買物出向時に利用者がどのような要因を評価しているのか，店舗環境による評価の影響に注目し，百貨店の同質化（あるいは競争優位性）を検証することも，百貨店の同質化を検討するうえで必要である。

　重要視する売場，サービス品質と顧客満足，購買データあるいはロイヤリティと，サービス評価との関係を検討していくことで，大型小売業における百貨店の競争優位性の源泉の写像はより明らかになると考察される。

5
「百貨店の同質化」脱却のための提案：
サービス品質評価に焦点を当てて

　本章の最後として，2 つの調査結果を踏まえ百貨店へのインプリケーションを提示する。

　まず "調査Ⅰ" の結果から，取り扱い商品の同質化の脱却，例えば独自性のある商品やサービスの導入などを積極的に行う一方，カード優待を前面に押し出したキャンペーンついて再度検討する必要があることが示唆される。具体的施策としては，既存研究で議論されてきた買取仕入比率を高めることを含め，自社独自のマーチャンダイジング能力を高め，三越伊勢丹ホール

ディングスが実施しているように，自主性の高い品揃えと PB 開発を実現することが戦略として有効であると考察される。

　加えて，消費者に高く評価されていた「商品・サービスの信頼性」という魅力を，確固たる百貨店の資産として維持し，そしてそれをコア・コンピタンスとして位置づける経営戦略の立案が推奨される。特に近年は市場における信頼性がますます重要視されており，百貨店が持つその高い専門性とホスピタリティーへの信頼性は市場においても際立った魅力といえよう。プレゼントやギフト商戦だけでなく，通常時においては，信頼性を核とする接客サービスはこれまで以上に有効であると考えられる。

　実際，阪急百貨店が現在取り組んでいるコトコトステージは，百貨店への信頼性を基盤とし，消費者に豊かなライフスタイルを提案する「コト」を，イベントを通じて提案している。そしてその取り組みは，確かにコスト面での負担はあるものの，阪急百貨店の集客と売上に貢献する施策となっている（詳しくは，第 6 章で議論する）。

　"調査 II" の結果からも，百貨店への来店頻度の高まりが，百貨店評価の向上に寄与することが確認されている。当然のことながら，来店頻度を高めるためには，サービス水準の高さを評価するような顧客体験を提供し続けることが重要となろう。しかし現在，コロナ禍に伴う緊急事態宣言やまん延防止等重点措置によって，店舗の一部の売場のみの営業を余儀なくされている百貨店も存在する。よって，オフライン（リアル）のみならず，オンライン上での営業においても（資金面やシステム上の課題は存在するが），百貨店が保有するサービス品質を体験することができるような取り組みが求められる。

参考文献

Anderson, W. E., and Claes F., (2000) Foundations of the american customer satisfaction index, *Total Quality Management*, 11(7), 869-882.
https://doi.org/10.108010954412005013425/jsmd.14.2_3_17

Burnham, A. T., Frels, K. J., and Mahajan, V. (2003) Consumer switching costs: A typology, antecedents, and consequences, *Journal of the Academy of Marketing Science*, 31, 109-126. https://doi.org/10.1177/0092070302250897

Cronin, J. J. and Taylor, A. S. (1992) Measuring service quality: A reexamination and extension, *Journal of Marketing*, 56 (3), 55-68. https://doi.org/10.2307/1252296

Parasuraman, A., Zeithaml, A. V. and Berry, L. (1985)　A conceptual model of service quality and its implications for future research., *Journal of Marketing*, 49 (4), 41-50. https://doi.org/10.1177/002224298504900403

Parasuraman, A., Zeithaml, A. V. and Berry, L. (1988)　Servqual: A multiple-item scale for measuring consumer perceptions of service quality, *Journal of Retailing*, 64 (1), 12-40. https://doi.org/10.1177/1094670504271156

Parasuraman, A., Zeithaml, A. V. and Malhotra, A. (2005) E-S-QUAL: A multiple-item scale for assessing electronic service quality, *Journal of Service Research,* 7 (3), 213-233. https://doi.org/10.1177/1094670504271156

Taylor, A. S. and Baker, T. L. (1994) An assessment of relationship between service quality and customer satisfaction in the formation of consumers's purchase intentions, *Journal of Retailing*, 70 (2), 163-178. https://doi.org/10.1016/0022-4359(94)90013-2

Tucker, R. L. (1966) Some mathematical notes on three-mode factor analysis, *Psychometrika*, 31, 279–311. https://doi.org/10.1007/BF02289464

Zeithaml, A. V., Parasuraman, A. and Berry, L. (1985) Problems and strategies in service marketing,*Journal of Marketing,*49 (2),　33-46.
https://doi.org/10.1177/002224298504900203

圓丸哲麻（2015）「百貨店に関する消費者の業態認識」『麗澤大学紀要』，98，1-14.
http://doi.org/10.18901/00000503

圓丸哲麻（2018）「百貨店の同質化に関する研究—サービス品質評価尺度を用いた探索的調査—」『麗澤大学紀要』，101，1-10. http://id.nii.ac.jp/1046/00000964/

小塩真司（2011）『SPSS と Amos による心理・調査データ解析　因子分析・共分散構造分析まで（第 2 版）』東京図書.

小野讓二（2010）「JCSI による顧客満足モデルの構築」『季刊マーケティング・ジャーナル』，30（1），20-34. https://doi.org/10.7222/marketing.2010.028

小野寺孝義・山本嘉一郎（2004）『SPSS 事典 BASE 編』ナカニシヤ出版.

経済産業省（編）(2007)『サービス産業におけるイノベーションと生産性向上に向けて』財団法人経済産業調査会.

酒井麻衣子（2012）「サービス業におけるスイッチング・バリアの先行指標と成果指標」『流通研究』，14（2/3），17-53. https://doi.org/10.5844/jsmd.14.2_3_17

嶋口充輝（1994）『顧客満足型マーケティングの構図—新しい企業成長の論理を求』有斐閣.

田村正紀（2008）『業態の盛衰：現代流通の激流』千倉書房.

溝井 裕一（2009）「伝説と集合的記憶：伝説において過去はいかに『想起』されるのか」『関西大学東西学術研究所紀要』，42，61-99. http://hdl.handle.net/10112/2798

南知恵子（2012）「サービス品質と顧客満足」『流通研究』，14（2/3），1-15.
https://doi.org/10.5844/jsmd.14.2_3_1

宮城博文（2009）「サービス品質の管理・評価の課題」『立命館ビジネスジャーナル』，3，45-66. http://doi.org/10.34382/00000538

山本昭二（1999）『サービス・クォリティ—サービス品質の評価過程—』千倉書房.

大型小売業態における百貨店の店舗環境要因とブランドイメージの「同質化」の検証—SC 評価との比較を中心として—

―――――――――――――――――― 概　要 ――――――――――――――――――

　本章では，前章（第 4 章）の調査的課題を補完するべく，店舗環境要因とリテールブランドへの態度（認知的・感情的評価）に注目して，百貨店および SC の評価に差異が存在するかについて言及する。調査では，「百貨店」あるいは「SC」として想起するリテールブランドに関する記述回答を求めたうえ，想起されたブランドに対する評価を測定した。特徴的な分析結果を一部紹介すると，関東・関西の居住区の違いに準じ想起されたリテールブランドが異なるにもかかわらず，百貨店に対する評価に差は確認されなかった（SCに関しては有意差が確認された一方で）。その意味で百貨店間の「同質化」が支持されるものとなった。また百貨店の店舗愛顧意図を従属変数とする重回帰分析の結果，百貨店に対する「憧れ」がネガティブに影響することも確認された。

1
はじめに

　「消費者の百貨店離れ」という問題は，バブル崩壊前から百貨店が直面する課題である。しかしこの課題は，「消費者が百貨店業態とその他の大型小売業態を識別したうえで，百貨店業態を選択していない」ということなのか，あるいは「両者を識別せず（「同質化」したものと捉え），大型小売業態での買物から消費者が離れている」ということなのか，もしくは「一部の百貨店ストア（店舗）において（消費者）買物が減少している」のか，明確に区別せず議論がなされてきた。縮小傾向にある百貨店の市場規模を鑑みる

と，百貨店が今後生き残るためには，「百貨店業態内での差別化」ではなく，序章で議論した広義の競合との差別化を意図した戦略が重要となる。しかし，まだまだ多くの百貨店リテールブランドは業態「内」の競争に注力しているのが実態である。

第4章で示したように，消費者は，駅ビル・ファッションビルといったSC業態と百貨店業態を識別し百貨店とSC（駅ビル・ファッションビル）のサービス品質評価は異なるものと評価していた。しかしその一方，百貨店業態として消費者が知覚したリテールブランドには，総合スーパー（以下GMS）を含むショッピングセンター（以下SC）が内包されていることも確認されている。その意味で百貨店業態はSC業態と「同質化」しているといえる。また，百貨店間のサービス品質評価に関しても有意差が確認されず，百貨店間の「同質化」も確認された。

研究上の課題として提起したように，百貨店の「同質化」の背景をより議論するためにはサービス品質評価を形成する百貨店要因，特に店舗環境による評価の影響に注目し，百貨店の「同質化」（あるいは競争優位性）が何によってもたらされているのかを検証することが必要である。加えて，消費者が百貨店リテールブランドをどう評価しているのか，そしてその評価は他業態のリテールブランドの評価と「同質化」しているのか，消費者のブランド態度に焦点を当て，百貨店リテールブランドを検討することも重要であろう。

そこで本書では店舗環境要因とリテールブランドへの態度に注目して，百貨店およびSCの評価に差異が存在するかについて言及する。

本章の提示する調査の特徴は2つある。ひとつは，既存の百貨店研究では検討されていない大型小売業間（百貨店・SC）の店舗環境要因と，リテールブランド評価の比較を試みたことである。もうひとつは，百貨店業界でまことしやかに議論されている，「居住地区の百貨店評価が異なる」という通説を，関東および関西在住者が想定する百貨店リテールブランドの評価を比較し，その妥当性を検証したことである。

本章では，第2節でBaker et al.（2002）の研究を中心に消費者が知覚評価する店舗環境要因，そして杉谷（2011）のブランド態度に関する研究に

ついて議論する。そして，各要因に対する消費者評価の調査結果と考察を提示する（第 3 節）。本章の最後（第 4 節）では，店舗環境要因と認知的・感情的（情緒的）ブランドへの態度（評価）の視座から，百貨店リテールブランドが市場において競争優位性を獲得するためのインプリケーション（方略）を提案する。

　結論から先に述べると，主な調査結果は次のように集約される。

(1)消費者が想起する百貨店店舗は関東・関西で異なる
　（居住地区に準じて，知覚する百貨店店舗〔あるいはリテールブランド〕は異なる）
(2)消費者の店舗環境要因の評価：
・百貨店と SC の比較
　【＋要因】
　百貨店＞SC「店舗デザイン」「店員」「店内音楽」「サービス知覚品質」「品揃え（に対する）知覚品質」
　　百貨店＜SC「値ごろ感」「店舗愛顧意図」
　【－要因】
　　百貨店＞SC「高級感（高価格認識）」
　　百貨店＜SC「精神的負担意識」
・利用頻度の（高 / 低）の違いによる比較：
　　利用頻度が高い消費者ほど，百貨店あるいは SC を高く評価する
・関東と関西の百貨店・SC 評価の比較：
　　百貨店の評価には差がない（想起された百貨店リテールブランドは異なるにもかかわらず「同質化」している）
　　SC の評価：関東＜関西
(3)消費者の認知的・感情的（情緒的）（リテール）ブランド評価：
・百貨店と SC の比較
　　百貨店＞SC「憧れ」
　　百貨店＜SC「機能性」「愛着感」
・利用頻度の（高 / 低）の違いによる比較：

利用頻度が高い消費者ほど，百貨店あるいは SC を高く評価する
・関東と関西居住者の百貨店・SC 評価の比較：
百貨店の評価には差がない（想起された百貨店リテールブランドは異なる
にもかかわらず）（「同質化」している）
SC の評価：関東＜関西
(4)店舗愛顧意図へ影響する要因：
百貨店：（＋の作用）「店舗デザイン（評価）」，「値ごろ感」，「機能性」，
「愛着感」
（－の作用）「音楽の評価」，「精神的負担意識」，「憧れ」
SC　：（＋の作用）「店舗デザイン（評価）」，「値ごろ感」，「機能性」，「愛
着感」
（－の作用）「精神的負担意識」

2
ストアイメージ評価要因の検討

2-1　店舗内環境要因研究とは

　店舗内環境要因に関する視点はさまざま存在する[1]が，代表的な視点のひ
とつとして店舗内の雰囲気（atmosphere）に着目した研究領域がある。雰
囲気の影響を初めて概念として提唱したのが Kotler（1973/74）である[2]。彼
は店舗における雰囲気要因（atmospherics）を「購入可能性を高める特定の
感情的な効果を買い手に生み出すための，購入環境を設計（デザイン）する
取り組み」[3]と議論する[4]。そして雰囲気要因は感覚（視覚，嗅覚，聴覚，触

1　須永（2014, p.81）は，店舗内環境要因の関する視点として，雰囲気だけでなく，サービスス
　ケープ（Servicescape），環境心理学（environmental psychology），店舗環境（Store environ-
　ment）など，さまざまな視点の研究蓄積があると議論する。
2　Turley and Milliman（2000, p.193）や須永（2014, p.82）は，Kotler（1973-1974）以前に
　も，雰囲気を概念化していないものの，店舗内の音楽にかかわる研究（Cox 1964）など，雰囲気
　要因に関する研究が存在していることを指摘している。
3　原文は，"atmospherics is the effort to design buying environments to produce specific emotional
　effects in the buyer that enhance his purchase probability."（cf.Kotler1973/74, p.50）。

図表 5-1　Kotler（1973/74）雰囲気と購入可能性の関連性

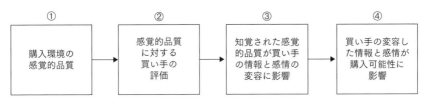

出典：Kotler（1973/74, p.54）

覚）に干渉するものであるとし，色彩や形状にかかわる視覚次元（visual dimensions），ボリュームや音の高さにかかわる聴覚次元（aural dimensions），香りや新鮮味にかかわる嗅覚次元（olfactory dimensions），柔らかさや口当たりの良さあるいは温度にかかわる触覚次元（tactile dimensions）に弁別する。

　また Kotler（1973/74）は，雰囲気による買い手の購入可能性への作用を4つのステップから構成されると主張する（図表 5-1）。そして同氏は，靴や家具の小売店や，百貨店やレストランといった商業施設のみならず，新築の家空港や航空機機内，精神科病院や広告代理店のオフィスなど，様々な環境における雰囲気概念の有用性を，事例を介して提言した。しかし，当該論文は，雰囲気要因が買い手の購買可能性にどの程度作用しうるかを検証するものではなかった。

　その後，この Kotler（1973/74）の研究を契機とし，雰囲気にかかわる研究が多くの研究者によって検討されることになった[5]。しかしながら，雰囲気に関わる研究は，研究者の視点によって様々な用語から議論されており[6]，概念を統一するような試みがなされてきていないという課題が指摘されている。

　その一方で当該研究領域において共有されたパラダイムが存在する雰囲気

4　Kotler（1973/74, p.50）は，買い手を取り巻く店舗環境の（良い）品質を「雰囲気」から議論する。一方，その「雰囲気」を阻害する要因に対しては，「負の雰囲気（negatmospheres）」という名称を付与し，デマーケティング（Demarketing）の文脈で議論することを推奨している。

5　例えば，Turley and Milliman（2000）および高柳（2002）など。

6　詳しくは，Turley and Milliman（2000），p.193 および中野（2005），p.16 を参照されたい。

研究は，Spangenberg et al.（1996）が議論するように（主に環境心理学において），刺激−生体−反応（S-O-R）パラダイムの視座から検討がなされてきた。つまり，外部刺激（stimulus）としての雰囲気，そしてそれに対する消費者の評価（organism）とその結果としての行動的反応（〔behavioral〕response）に注目し，その構成要素の実態解明，あるいはそれら要素間の関係性の把握を目的とした研究が蓄積されてきた。特に 1990 年代以降，Baker et al.（1994）の研究に代表されるような，雰囲気要因による消費者行動への影響を包括的に捉えようとするアプローチが主流となっている。

Turley and Milliman（2000）は，過去 30 年以上の買物行動に対する雰囲気の影響にかかわる既存研究をレビューし，店舗内環境の雰囲気を醸成する外部刺激として，外観（External variables），内装（General interior variables），レイアウト・デザイン（Layout and design variables），POP・装飾（Point-of-purchase and decoration variables），人的要因（Human variables）の 5 つのカテゴリーに分類している。そしてこの分類をベースとし，小売環境における雰囲気の影響にかかわる概念図（図表 5-2）を提示する。

本研究で注目すべきは，既存の店舗内環境にかかわる研究において，雰囲気を形成する要因として，店舗内の装飾やディスプレイのような刺激だけでなく，人的要因（販売員やその他の顧客，あるいは混雑状況）が内包されている点である。

雰囲気研究をリードしてきた Baker（1987）は，店舗内環境における人的要因の影響を，社会的要因（Social Factor）と定義し，その他の店舗内環境要因である環境要因（Ambient Factor）およびデザイン要因とともに，買物行動への影響を議論している。その後 Baker et al.（2002）では，店舗のイメージとのそれら要因との関係性を検証した研究をさらに拡張し，消費者の店舗評価，および店舗愛顧意図への影響を検討した。Baker et al.（2002）の研究は Baker and Grewal（1992）や Baker et al.（1994）で議論されていたような，環境要因によるポジティブな影響のみならず，買物出向時の負担意識によるネガティブな影響を包含し検証しようとしたこと，また従属変数に店舗愛顧意図を位置づけるという試みがなされたことを，その特徴とする。

本章では，本書の目的である百貨店の他の大型小売業業態との同質化を検

図表 5-2　Turley and Milliman（2000）による「（小売店舗）雰囲気の影響」

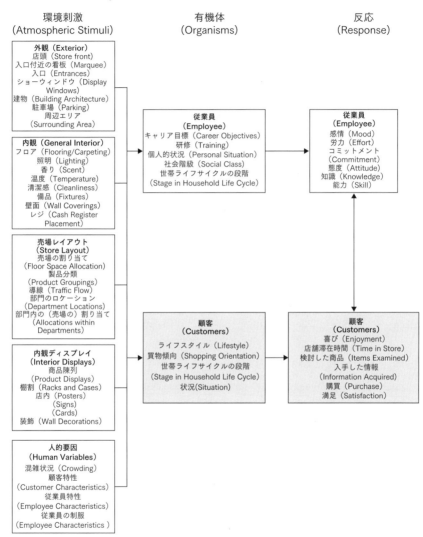

出典：Turley and Milliman（2000），p.196

討するため，Baker et al.（2002）の研究を援用し調査を実施した。以下では，Baker et al.（2002）の研究の詳細について議論する。

2-2　Baker et al.（2002）の研究

　Baker et al.（2002）は，社会的要因としての「店員（評価）（Store employee perceptions）」，デザイン要因である「店舗デザイン（評価）（Store design perceptions）」，店舗の環境（Ambient）要員のひとつである「店内音楽（評価）（Store music perceptions）」といった，売場環境（Store environment）による，消費者の店舗愛顧意図（Store patronage intentions）への作用を検討した。彼女らのモデルでは，店舗環境要因という刺激が店舗愛顧意図に作用をする過程において，その知覚評価された刺激を媒介する要因として，「サービス知覚品質（Interpersonal service quality perceptions）」，「品揃え（に対する）知覚品質（Merchandise quality perceptions）」，「高級感（高価格認識）（Monetary price perceptions）」を，店舗愛顧意図へ直接作用する総合的な態度として「値ごろ感（Merchandise value perceptions）」とともに，買物の際に費やす「時間や労力への負担意識（Time/effort cost perceptions）」や，買物時の店内の音楽がうるさくイライラするなどの「精神的負担意識（Psychic cost perceptions）」を含む，経験コスト（Experience cost）を位置づける[7]。そして，定量調査を踏まえ，店舗選択行動に関する新たな包括的モデルの検証を試みた（図表5-3）。

　彼女らのモデルは，新店舗等の「消費者が初めて来店する店舗においてどのように店舗愛顧意図を形成するのか」に関する実験を念頭に置いて議論されている。すなわちBaker et al.（2002）のモデルとは，消費者が初めて入店した店舗に対して，事前知識を参照点とし店舗環境を評価対象に総合的にどう店舗を評価するのか，そしてその結果として店舗愛顧意図をいかに形成するのかを検証するものである。

7　各要因の和訳は，構成する項目の内容を踏まえた名称となっている（項目の内容に関しては図表5-11を参照されたい）。

図表 5-3　Baker et al.（2002）の店舗愛顧意図の修正モデル[8]

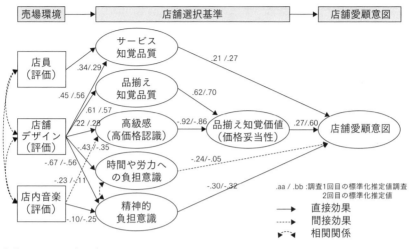

出所：Baker et al.（2002），p.134

　Baker et al.（2002）は，ギフト＆カードショップを実験環境とし，学生（調査1：297人，調査2：169人）を対象に，調査を実施した。実験では，操作が施された現実にあるギフト＆カードショップを回遊する映像（動画）を見せた後，アンケートへの回答を促す調査形式を採用している。彼女らの研究で用いる映像は，8パターンあり，店舗環境を形成する，店舗デザイン（高 − 低），販売員（高 − 低），店舗音楽（高 − 低）の2×2×2で構成されている。

　彼女らが議論する店舗愛顧意図とは，製品の品質知覚と価格認識，そして価値の関係を検討した Zeithmal（1988）の研究を基盤としており，店舗環境が，店舗で取り扱う商品の総体的知覚（Store value perceptions）に対し

8　Baker et al.（2002）の研究では，2回の調査（調査1：n=297，調査2:n=169，共に大学生を対象）を実施し，その検証結果を踏まえ仮説モデルを修正している。表記上にあるパスの数値は，調査2で実施された修正版（revised model）/ 追試版（replication model）の結果を反映したものである（全て p <.05）。モデルの適合度は，調査1（x^2=47.7，df = 16，GFI=.97，NNFI=.88，CFI = .96，RMR = .04），修正モデル（x^2=56.9，df = 25，GFI=.97，NNFI=.92，CFI = .96，RMR = .05），追試モデル（x^2=52.5，df = 25，GFI=.94，NNFI=.89，CFI = .94，RMR = .05），マルチサンプル（分析）モデル（multisample analysis）（x^2=142.0，df = 80，GFI=.93，NNFI=.94，CFI = .95，RMR = .06）となり，頑健性が充分担保されているといえる。

てどの程度作用するか，特に価格の妥当性に注目し，検証を試みた。

　当該研究で注目すべきは，先述したように，買物出向に伴う負担意識によるネガティブな影響を包含し検証しようとしたこと，さらに店舗愛顧意図を従属変数に位置づけたことである。

　しかしながら，Baker et al.（2002）の研究の特徴は，目的購買を前提とした実験であり，また買物出向時の雰囲気要因という刺激による知覚への影響に注視している研究であるがゆえ，測定尺度が認知的要因に傾斜するという，研究上の課題が指摘される。実際，彼女らの測定尺度を概観すると，刺激要因であるデザインにかかわる項目において，色彩の好ましさ（Pleasing color scheme）や魅力的な施設（Attractive facilities）といった感情的（情緒的）評価を測定するものも存在する一方で，ストア（店舗）イメージの評価の根幹となる，「サービス知覚品質」，「品揃え（に対する）知覚品質」，そして「高級感（高価格認識）」などを構成する項目の多くは，品質に着目した「良－悪」という認知的評価視点の内容となっている。

　これまで本書で議論してきたように，百貨店の魅力には，ワンストップ・ショッピングや（他業態と比較し）高いサービス品質が担保されているなどの認知的な要素とともに，店内装飾の豪華や煌びやかさ，感覚を刺激するデザイン性の高いマーチャンダイジング，さらに百貨店への親近感や百貨店が持つ「ステータス」や「スタイリッシュ性」など，感性的（情緒的）な属性から構成されているといえる。むしろ百貨店での買物行動においては，認知的よりも感性的（情緒的）な属性が，消費者に強く影響すると推察される。

　加えて，Baker et al.（2002）自身も研究の限界として議論しているように，彼女らのモデルは，デザイン要因偏重な結果となっており，（実験調査であることもあり）現実の小売店における社会的要因や雰囲気要因の影響を充分加味した検証できていないという課題が存在する[9]。Baker et al.（2002）も指摘しているように，店員という社会的要因は「時間や労力への負担意識」や「精神的負担意識」などの経験コストを低減する可能性があり，その影響についてより精緻な検討が必要といえよう。

9　詳しくは，Baker et al.（2002），p.135 を参照されたい。

　本書では，消費者基点の百貨店評価を検討するうえで，Baker et al. (2002) の店舗環境要因と，杉谷（2011）のブランドの認知的・感情的（情緒的）評価に関する尺度を用い，消費者が知覚する，感性的（情緒的）な百貨店の魅力とは何か，その構成要因に関しても検討した。

2-3　杉谷（2011）のブランド態度における認知的・感情的評価に関する研究

　杉谷（2011）は，ブランド態度の測定を検討するうえで，認知的な属性だけでなく，感性的（情緒的）な属性評価の重要性を指摘する。同氏は，日経 BP コンサルティング（2009）によるブランド想起調査の結果を踏まえ，製品カテゴリー別に，消費者にとって想起水準の高い 5 つのブランドを選出し，それらに対して全 28 項目[10] のブランド評価にかかわる質問を実施した。調査は，調査会社モニター 1000 名を対象に実施された。また質問項目は，全て 7 点尺度（大変よく当てはまる〜まったく当てはまらない）で測定されている。

　因子分析（主因子法，Varimax 回転）の結果，5 つの項目（「勢いがある」，「旬である」，「なくなるとさみしい」，「共感できる」，「今注目されている」）を除く 23 項目が，「憧れ」（α =.95），「愛着感」（α =.93），「機能性」（α =.92）の 3 因子に収束することが確認された。また杉谷（2011）は，因子分析から得られた項目の合算平均を用いて，パソコン，自動車，スニーカー，腕時計，洋服の製品カテゴリーにおけるブランド別の因子の作用を重回帰分析から検討している。多くのブランドで機能性が寄与することが確認された一方，Tiffany，PRADA，Burberry，Issey Miyake といったアパレルブランドの全体的評価に対して機能性が寄与していないことが確認されてい

10　杉谷（2011）では，日経 BP コンサルティング（2009）の調査で用いられた全 20 項目中 18 項目（「知らない」と「まったく興味がない」を除く）に，Bruner, Hensel and James（2005）の項目を一部追加する項目から構成されている。具体的な追加された項目とは，認知的評価に関わる「高品質だ」，「便利だ」，「機能的だ」，「じょうぶだ（耐久性が高い）」，「価格が妥当だ」と，感情的評価にかかわる「思い入れがある」，「自分に合っている」，「おしゃれだ」，「所有することがうれしい」，「話題性がある」の，10 項目である。

る。

　加えて同研究では，各因子の得点を用いて，調査対象ブランドのクラスター分析を実施し，その結果５つのクラスターを提示する。各クラスターは因子に関わる得点の高・中・低の違いにより弁別されている。注目すべきは，「憧れ」（高）・「愛着感」（中）・「機能性」（低）のクラスター（感情に基づく態度が高いブランド）に adidas, Burberry, SONY, NIKE, Tiffany が，また「憧れ」（高）・「愛着感」（低）・「機能性」（低）のクラスターに Vitton, Issey Miyake, Bvlgari, Gucci, Rolex, Apple, Ferrari, Mercedes-Benz, PRADA が分類されるという分析結果でである。このように，杉谷（2011）は，財の形態にかかわらずアパレルブランド以外の，耐久財カテゴリー（時計，自動車，パソコン）においても認知的評価よりも感情的評価が重要視されているブランドが存在することを明らかにした。

　以上の杉谷（2011）の議論からも，ブランド評価における感情的（情緒的）な態度が重要であるといえる。そして，本書で議論する百貨店とは，杉谷（2011）の研究でも包含されていた，ハイブランドを主要なマーチャンダイジングと位置づける業態である。それゆえ，百貨店に対する評価を検討するうえで，認知的だけでなく感情的（情緒的）な態度を測定し，その影響を検討することが重要であるといえよう。

　以下では，Baker et al.（2002）の尺度と，杉谷（2011）の尺度（一部百貨店用に修正）から構成される項目を用いて，消費者が知覚評価する百貨店の魅力に関して，調査を踏まえ検討する。

3
調査概要と分析結果

3-1　調査目的

　本調査の目的は，「大型小売業態内における百貨店の競争優位性」の解明である。百貨店の発展形態や第４章で示した結果を鑑みると，百貨店業態は，認知的な要因だけでなく感情的な要因（愛着，憧れ，郷愁など）にも基

づき評価されていると考察される。そこで本書では，認知的・感情的要因の両方が店舗愛顧意図に作用すると仮定し，調査を実施した。

　調査は，まず百貨店および SC として想起する店名および店舗を自由記述回答から抽出し，その後それらの店舗の総体を，消費者が認識する百貨店および SC イメージ（カテゴリー）（プロトタイプあるいはエグゼタイプ I）と位置づけ，それらの違いを検討した。

　本章で検討する主たる調査仮説は，これまでの議論を踏まえ，以下の通りとなる。

H1-a：百貨店と SC との消費者の店舗環境要因評価には差がある。

H2-a：百貨店と SC との認知的・感情的（情緒的）ブランド態度（評価）
　　　には差がある。

　そして，これらの仮説を踏まえ，百貨店の来店頻度の違いによる評価の違い，さらに百貨店業界でまことしやかに議論されている，関東と関西の消費者特性や百貨店の歴史の違いに起因した「居住地区による百貨店評価の違い」が存在するかも検討した。

H1-b：来店頻度の違い（高 / 低）によって，（百貨店および SC に対する）
　　　消費者の店舗環境要因の評価は異なる。

H1-c：関東と関西の消費者の居住地区の違いによって，（百貨店および SC
　　　に対する）消費者の店舗環境要因の評価は異なる。

H2-b：来店頻度の違い（高 / 低）によって，（百貨店および SC に対する）
　　　消費者の認知的・感情的（情緒的）ブランド態度は異なる。

H2-c：関東と関西の消費者の居住地区の違いによって，（百貨店および SC
　　　に対する）消費者の認知的・感情的（情緒的）ブランド態度は異なる。

3-2　調査概要

東京，神奈川，千葉，埼玉，兵庫，大阪，京都の住民 618 名（2015 年 8

月 31 ～ 9 月 2 日）に対し，百貨店と SC の知覚に関するインターネット質問紙調査を行った。

　調査対象者には，まず「百貨店」として想起する百貨店名と，「SC」として想起する SC 名（GMS 含む）に関して記述回答を求めた。「ない」，「わからない」，「思いつかない」という回答や，百貨店に関して，「丸井」[11] や「ルミネ」といった SC（ファッションビル），あるいは「イオン」や「ダイエー」などの GMS（SM），「和光」などの専門店を百貨店であると回答した対象者を除外した。加えて，SC に関して百貨店名や存在しないリテールブランド名，あるいは「ミスターマックス」や「コストコ」などのディスカウントストア（専門店）を回答した対象者を省いた結果，有効回答数は 507 名となった（図表 5-4）。

　調査対象者には，百貨店と SC を日常的に利用するかどうかの回答も求めた（図表 5-5）。百貨店に関しては，ほぼ 1/3 が，SC に関しては 1/2 が日常的に利用していると回答した[12]。

図表 5-4　調査対象者概要（n=507）

年齢	人数	（%）	性別	人数	（%）	居住地区	人数	（%）
20-29	41	8.1%	男性	254	50.1%	東京	92	18.1%
30-39	105	20.7%	女性	253	49.9%	神奈川	59	11.6%
40-49	139	27.4%				千葉	42	8.3%
50-59	113	22.3%				埼玉	53	10.5%
60+	109	21.5%				大阪	135	26.6%
						京都	34	6.7%
						兵庫	92	18.1%

出典：筆者作成

11　第 1 章でも明記したが，丸井は事業区分が百貨店業ではなく小売業であること，また百貨店協会に加盟しておらず，さらに百貨店統一伝票を利用していない点から，百貨店ではないと位置づける。「丸井」を百貨店であると認識していた調査対象者は 10 名確認された。
12　本調査では利用頻度ではなく，日常的に利用するか否かを 2 択で回答を求めた。それゆえ，本調査における「日常的利用」とは，消費者にとっての買物出向における比重の高さの認識を質問したものとなる。つまり，調査対象者出向回数という利用頻度を比較したものでなく，客観的な基準による弁別ではない。

図表 5-5　調査対象者の百貨店・SC の利用状況（n=507）[13]

		SC を利用		計
		日常的	非日常的	
百貨店利用	日常的	139	28	167
	非日常的	105	235	340
計		244	263	507

出典：筆者作成

図表 5-6　想起された「百貨店」の一覧（n=507）[14]

百貨店名	全国 度数	全国 %	関東 東京	神奈川	千葉	埼玉	関東 計	関西 大阪	京都	兵庫	関西 計
高島屋	238	46.90%	43	35	20	19	117	74	23	24	121
阪急百貨店	186	36.70%	2	4	2	5	13	92	14	67	173
大丸	171	33.70%	12	10	9	9	40	58	50	23	131
伊勢丹	164	32.30%	51	26	19	23	119	13	20	12	45
三越	146	28.80%	48	27	26	20	121	12	4	9	25
阪神百貨店	133	26.20%	1	2	2	2	7	71	6	49	126
西武百貨店	100	19.70%	29	17	14	24	84	10	3	3	16
そごう	88	17.40%	3	19	10	7	39	8	1	40	49
東武百貨店	53	10.50%	17	5	12	17	51		2		2
近鉄百貨店	52	10.30%			2		2	42	4	4	50
東急百貨店	51	10.10%	23	13	1	9	46	2		3	5
小田急百貨店	49	9.70%	26	13	3	4	46		1	2	3
松坂屋	36	7.10%	10	6	3	9	28	4	2	2	8
京王百貨店	35	6.90%	22	5		6	33		1	1	2
松屋	28	5.50%	13	4	4	6	27	1			1
京阪百貨店	15	3.00%					0	15			15
ヤマトヤシキ	8	1.60%					0			8	8
山陽百貨店	5	1.00%					0			5	5
丸広百貨店	3	0.60%				3	3				0
京急百貨店	3	0.60%		3			3				0
藤井大丸	3	0.60%					0		3		3
八木橋百貨店	3	0.60%				3	3				0
さいか屋	3	0.60%		3			3				0
丸井今井	2	0.40%	1				1		1		1
西鉄百貨店	1	0.20%					0	1			1
岩田屋	1	0.20%	1				1				0
山形屋	1	0.20%					0		1		1
天満屋	1	0.20%					0			1	1
総数	1579		302	192	127	166	787	403	136	253	792

出典：筆者作成

13　x^2 検定の結果，x^2=122.945，df =1，p <.01 と有意であった。また相関分析の結果，r = .492，p <.01 と中程度の正の相関が確認された。

図表 5-7　想起された「SC」の一覧（n=507）[15]

SC名	全国 度数	全国 %	関東 東京	関東 神奈川 度数	関東 千葉	関東 埼玉	関東 計	関西 大阪	関西 京都	関西 兵庫	関西 計
イオン	169	33.3%	15	7	13	15	50	60	20	39	119
ルミネ	94	18.5%	35	22	6	23	86	2	2	4	8
ららぽーと	56	11.0%	8	8	9	6	31	4	3	18	25
丸井	55	10.8%	13	11	2	6	32	11	4	8	23
パルコ	45	8.9%	19	2	4	14	39	3	2	1	6
ルクア	43	8.5%	0	0	0	0	0	26	4	13	43
アトレ	40	7.9%	23	10	4	3	40				0
Qs モール	31	6.1%					0	26	4	1	31
グランフロント	26	5.1%					0	13		13	26
アリオ	22	4.3%	4	4	2	1	11	10	0	1	11
MIO	21	4.1%					0	18	1	2	21
あべのハルカス	15	3.0%					0	12	1	2	15
西宮ガーデンズ	15	3.0%					0	2		13	15
109	14	2.8%	1	2	1	7	11	1		2	3
三井アウトレットパーク	12	2.4%	1	2	3	1	7	1	2	2	5
OPA	10	2.0%					0	3	2	5	10
総数	668		119	68	44	76	307	192	45	124	361

出典：筆者作成

　調査紙は，Baker et al.（2002）の認知的評価項目，店舗内経験コスト，店舗愛顧意図の尺度を用いた百貨店および SC 業態に関する項目それぞれ 26問[16]，杉谷（2011）の尺度を参考に作成したブランド態度評価尺度の 24 項目[17]，加えて人口統計に関する 7 項目から構成される。

14　想起された百貨店の総想起数は 1527 店舗，リテールブランド数は 27 店であった。

15　想起された SC の総想起数は 932 店舗，リテールブランド数は 153 店であった。図表では，紙面の関係上度数 10 以上の SC のみを表記する。

16　Baker et al.（2002）の尺度は，基本的にリッカート法（7 点："Strong agree" とてもそう思う 〜 "Strong disagree" 全くそう思わない）で測定されているが，一部，「精神的コスト」に関して，6 点尺度での測定を実施している（"extremely accurate" 〜 "extremely inaccurate"）。しかし本研究では，増田・坂上（2014）の研究を踏まえ，"考えたことがない" という無差別（indifference）と，"考えてもわからない" や "肯定でも否定でもない" という良い点も悪い点もあるという両価性（ambivalence）が存在することが想定されるため，「どちらでもない」を加え 7 点尺度を採用した。

17　測定尺度は，杉谷（2011）に準じ，リッカート法（7 点：とてもそう思う〜全くそう思わない）を採用した。同氏の調査項目は，製品ブランドを対象としたものであったため，リテールブランド（特に百貨店を想定）の評価尺度への修正する必要があった。そこで，株式会社阪急阪神百貨店のマーケティング担当者の協力のもと，設問項目の文言を一部変更した（インタビュー日：2015 年 8 月 3 日）。修正した項目に関しては，図表 5-11 の注釈に示す。

　本書では，大型小売業態における百貨店と SC の認識の違いに関して，Baker et al.（2002）の尺度を用いた "調査 1" と，杉谷（2011）の尺度を参考にした "調査 2" を実施し，日本人消費者の百貨店と SC に対する評価の違い，日常的利用の有無による評価の違い，そして関東・関西の消費者の評価の違いを検討した。

　その後，店舗愛顧意図を従属変数とし，項目平均を用いて，探索的に店舗環境要因とリテールブランド評価要因を独立変数とするモデルを想定し，重回帰分析から検討した（"調査 3"）。以下では，3 つの調査の調査結果とその考察に関して記述する。

3-3　調査 1：調査結果

①消費者が知覚する百貨店と SC への店舗環境要因の違い

　調査 1 では，Baker et al.（2002）の研究に準拠し，各要因を構成する項目の平均を算出したあと[18]，百貨店と SC の評価の違いを，t 検定を用い検討した。

　分析の結果，「店員（評価）」，「店舗デザイン（評価）」，「店内音楽（評価）」，「サービス知覚品質」，「品揃え（に対する）知覚品質」，そして「高級感（高価格認識）」に関して，調査対象者は百貨店を SC より高く評価していることが確認された。一方，「品揃え知覚価値（価格妥当性）」，「店舗愛顧意図」に関しては，SC を百貨店よりも高く評価していた。また同時に調査対象者は，「精神的負担意識」を強く感じる小売業態として，百貨店よりも SC を位置づけていることも確認された（図表 5-8）。

　加えて，百貨店・SC の利用頻度の違いによる，百貨店および SC の評価に関する各因子への影響を 2 元配置分散分析からそれぞれ検討した。

　分析の結果，百貨店の利用頻度の違いによる百貨店への評価に対する影響

18　Baker et al.（2002），p.132 を参照されたい。

図表 5-8　Baker et al. (2002) の要因および項目を用いた百貨店と SC との比較[19]（n = 507）

要因名	百貨店 平均	標準偏差	SC 平均	標準偏差	t
店舗デザイン（評価）	5.06	0.94	4.70	0.84	9.429 ***
店員（評価）	4.76	0.89	4.38	0.82	9.899 ***
店内音楽（評価）	4.23	0.68	4.15	0.57	2.943 **
時間や労力への負担意識	4.31	1.03	4.27	0.91	0.831
高級感（高価格認識）	5.47	1.06	3.75	0.83	29.823 ***
サービス知覚品質	4.69	0.91	4.18	0.72	12.883 ***
品揃え（に対する）知覚品質	4.91	0.94	4.02	0.74	19.643 ***
品揃え知覚価値（価格妥当性）	3.46	0.92	4.26	0.73	-17.888 ***
精神的負担意識	3.36	1.11	3.60	1.11	5.494 ***
店舗愛顧意図	4.29	1.14	4.59	0.91	-5.753 ***

項目	百貨店 平均	標準偏差	SC 平均	標準偏差	t
装飾の色彩は好ましい	4.82	1.06	4.56	0.97	5.594 ***
魅力的な施設である	4.89	1.19	4.92	0.98	-0.575
商品がきちんと陳列されている	5.47	0.98	4.62	0.95	18.281 ***
店員は身なりが良い	5.47	0.96	4.35	0.91	23.03 ***
店員は親しみやすい	4.21	1.18	4.58	0.94	-6.637 ***
店員は頼りがいがある	4.60	1.07	4.20	0.90	8.423 ***
流れている音楽は心地よい	4.56	1.00	4.24	0.84	7.006 ***
流れている音楽は、お店の雰囲気に適している	4.65	1.00	4.34	0.84	6.956 ***
流れている音楽は、煩わしい	3.49	1.12	3.86	0.97	-7.68 ***
○○での買い物は、疲れる	4.26	1.32	4.30	1.08	-0.61
○○での買い物には、時間がかかる	4.55	1.21	4.39	1.06	2.921 **
○○での買い物には、事前に情報を調べておく必要がある	4.12	1.18	4.13	1.17	-0.208
取り扱っている商品は、値段が高い	5.70	1.08	3.88	0.90	30.247 ***
取り扱っている商品は、ぜいたく品である	5.24	1.21	3.62	0.90	25.178 ***
○○の接客は、消費者を大事にしてくれる	4.73	1.02	4.27	0.77	10.107 ***
○○の接客は、消費者をよく配慮してくれている	4.68	1.00	4.26	0.81	9.02 ***
○○の接客は、高水準である	4.88	1.09	3.98	0.86	16.702 ***
○○の接客は、迅速である	4.47	1.04	4.22	0.79	5.648 ***
取り扱っている商品は、高品質である	5.08	0.99	4.07	0.76	20.574 ***
取り扱っている商品は、手の込んだ商品である	4.73	1.01	3.97	0.81	15.789 ***
取り扱っている商品は、適正な価格である	4.12	1.05	4.40	0.77	-5.968 ***
取り扱っている商品は、お値打ち品である	3.49	1.17	4.26	0.86	-12.956 ***
取り扱っている商品は、安いと思う	2.78	1.22	4.13	0.90	-21.799 ***
○○は、人が多く、好ましくないお店である	3.44	1.20	3.64	1.17	-4.111 ***
○○は、人が多く、不愉快になるお店である	3.19	1.17	3.48	1.16	-5.991 ***
○○は、人が多く、落ち着かないお店である	3.46	1.27	3.68	1.22	-4.138 ***
私は、○○を薦めたいと思う	4.00	1.12	4.28	0.93	-5.471 ***
私は、○○で買い物をしたいと思う	4.27	1.33	4.67	1.02	-6.418 ***
私は、○○に買い物に行くかもしれない	4.60	1.32	4.82	1.06	-3.695 ***

**p<.01, ***p<.001
出典：筆者作成

（主効果）は，「店舗デザイン（評価）」[20]，「店員（評価）」[21]，「店内音楽（評価）」[22]，「サービス知覚品質」[23]，「品揃え（に対する）知覚品質」[24]，「品揃え知覚価値（価格妥当性）」[25]，「高級感（高価格認識）」[26]，「精神的負担意識」[27]，「店舗愛顧意図」[28] で確認された。一方，「時間や労力への負担意識」への影響は確認されなかった。

　同様に，SC の利用頻度の違いによる百貨店への評価に対する影響（主効果）は，「店舗デザイン（評価）」[29]，「店員（評価）」[30]，「店内音楽（評価）」[31]，「サービス知覚品質」[32]，「品揃え（に対する）知覚品質」[33]，「品揃え知覚価値（価格妥当性）」[34]，「時間や労力への負担意識」[35]，「精神的負担意識」[36]，「店舗愛顧意図」[37] で確認された。一方，「高級感（高価格認識）」への影響は確認されなかった。

　これら主効果が確認された結果は，単純に，百貨店および SC との接触頻度が高い消費者が，それら業態を高く評価することを示すものである。

　ポジティブな評価に関して，百貨店に日常的に利用している消費者（利用

19　図表で示した項目における○○に関して，実際の調査紙では，「百貨店」もしくは「SC」と記載されている。

20　百貨店の利用頻度の主効果（$F(1) = 23.371$, $p<.01$）が確認された。

21　百貨店の利用頻度の主効果（$F(1) = 16.704$, $p<.01$）と SC の利用頻度の主効果（$F(1) = 4.235$, $p<.05$）が確認された。

22　百貨店の利用頻度の主効果（$F(1) = 9.17$, $p<.01$）が確認された。

23　百貨店の利用頻度の主効果（$F(1) = 5.957$, $p<.05$）が確認された。

24　SC の利用頻度の主効果（$F(1) = 12.157$, $p<.01$）が確認された。

25　百貨店の利用頻度の主効果（$F(1) = 16.866$, $p<.01$）が確認された。

26　百貨店の利用頻度の主効果（$F(1) = 16.57$, $p<.01$）と SC の利用頻度の主効果（$F(1) = 5.601$, $p<.05$）が確認された。

27　百貨店の利用頻度の主効果（$F(1) = 6.496$, $p<.05$）が確認された。

28　百貨店の利用頻度の主効果（$F(1) = 78.144$, $p<.01$）が確認された。

29　SC の利用頻度の主効果（$F(1) = 43.653$, $p<.01$）が確認された。

30　SC の利用頻度の主効果（$F(1) = 23.328$, $p<.01$）が確認された。

31　SC の利用頻度の主効果（$F(1) = 8.543$, $p<.01$）が確認された。

32　SC の利用頻度の主効果（$F(1) = 14.78$, $p<.01$）が確認された。

33　SC の利用頻度の主効果（$F(1) = 4.847$, $p<.01$）が確認された。

34　SC の利用頻度の主効果（$F(1) = 8.756$, $p<.01$）が確認された。

35　百貨店の利用頻度の主効果（$F(1) = 7.5$, $p<.01$）と SC の利用頻度の主効果（$F(1) = 4.667$, $p<.05$）が確認された。

36　SC の利用頻度の主効果（$F(1) = 11.397$, $p<.01$）が確認された。

37 百貨店の利用頻度の主効果（$F(1) = 8.526$, $p<.01$）と SC の利用頻度の主効果（$F(1) = 66.958$, $p<.05$）が確認された。

頻度：高）が，非日常的（利用頻度：低）であると認識する消費者より基本的には高い評価を示していた。例えば「品揃え知覚価値（価格妥当性）」の評価の差は，利用頻度（低）の消費者よりも百貨店や SC の提供する商品やサービスに関する知識を，利用頻度（高）の消費者が保有していたことによって導出された結果である。「店舗愛顧意図」の結果を鑑みても，利用頻度に準じた事前知識に影響され，利用頻度（低）の消費者よりも，利用頻度（高）の消費者の愛顧意図が高い数値を示したと考察される。

　ネガティブな評価（「高級感」,「時間や労力への負担意識」,「精神的負担意識」）に関しては，日常的に利用している消費者（利用頻度：高）のほうが低い数値を示す，という結果が確認されている。つまりこの結果は，利用頻度の高さによって，負担意識が軽減されていることを明示するものである。

　SC の「店舗デザイン（評価）」,「精神的負担意識」そして「店舗愛顧意図」に対する評価に関して，百貨店利用頻度×SC 利用頻度の交互作用が確認された。

　調査から導出された「店舗デザイン（評価）」の交互作用（$F(1) = 4.815$, $p<.05$）の結果，百貨店利用頻度（高）の消費者は百貨店利用頻度（低）の消費者よりも，SC 利用頻度（高）の場合は SC の「店舗デザイン」を高く評価し，一方 SC 利用頻度（低）の場合は SC の「店舗デザイン」を低く評価することを示すものである（図表 5-9）。特に注目すべきは，百貨店利用頻度（高）× SC 利用頻度（低）な消費者は，百貨店利用頻度（低）× SC 利用頻度（低）の消費者群よりも，SC の「店舗デザイン」をより低く評価している点である。この結果は，百貨店利用頻度（高）× SC 利用頻度（低）な消費者が，これまでの経験で形成された事前知識として保有する百貨店の「店舗デザイン」評価を参照点とし，SC のそれを低評価したことを示すものである。

　「精神的負担意識」（$F(1) = 4.815$, $p<.05$）について，百貨店利用頻度（高）の消費者は百貨店利用頻度（低）の消費者よりも，SC の利用頻度（高）の場合は SC の「精神的負担意識」は低い（負担が少ない）と評価し，一方 SC の利用頻度（低）の場合は SC の「精神的負担意識」は高い（負担が多い）と評価する結果となった（図表 5-10）。この結果も，「店舗デザイン」

図表 5-9　SC の「店舗デザイン（評価）」に対する利用頻度による影響（交互作用）
　　　　 （n = 507）

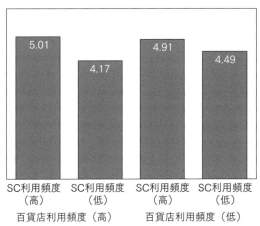

出典：筆者作成

図表 5-10　SC の「精神的負担意識」に対する利用頻度による影響（交互作用）
　　　　　（n = 507）

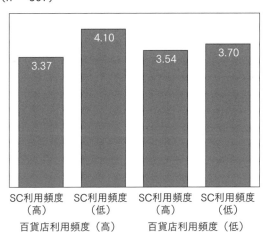

出典：筆者作成

の交互作用同様，（百貨店利用頻度（高）× SC 利用頻度（低）な消費者は）事前知識から予測される「精神的負担意識」を参照点とし，SC のそれを低評価（負担が多いと評価）した結果である。

「店舗愛顧意図」（F(1)= 4.815，p<.1）に関する分析の結果，百貨店利用頻度（低）の消費者は百貨店利用頻度（高）の消費者よりも，総じて SC への「店舗愛顧意図」が高い結果が確認された。具体的には，SC の利用頻度が高い群を比較すると「SC 利用頻度（高）×百貨店利用頻度（高）（平均：4.86，標準偏差 :0.83）」に対して「SC 利用頻度（高）×百貨店利用頻度（低）（平均：4.98，標準偏差 :0.75）」となり，百貨店利用頻度が（低）の消費者群の SC に対する「店舗愛顧意図」は，百貨店の利用頻度（高）群よりも高いことが確認された。

同様に SC の利用頻度が低い群を比較すると，「SC 利用頻度（低）×百貨店利用頻度（高）（平均：3.87，標準偏差 :0.95）」に対して「SC 利用頻度（低）×百貨店利用頻度（低）（平均：4.33，標準偏差 :0.88）」と，SC の来店頻度が低い場合においても，百貨店利用頻度（低）の消費者群の SC に対する「店舗愛顧意図」は，百貨店の利用頻度（高）群よりも高いことが確認された。この結果を百貨店基点で解釈すると「薦めたいと思う」「買い物したいと思う」「買い物に行くかもしれない」から構成される SC への「店舗愛顧意図」を，百貨店利用頻度を高めることで低減させる可能性が示唆される。

②関東と関西の消費者が知覚評価する，百貨店と SC の店舗環境要因の違い

次に，調査対象者の居住地区（関東・関西）の違いによって，業態の違い（百貨店・SC）があるかを，t 検定を用いて検討した。居住地区による百貨店の店舗環境要因の差は，すべて有意差が確認されなかった。つまり，関東と関西の百貨店の評価には差がないことが確認された。そこで各要因を構成する設問項目間の比較を t 検定により検討した。

分析の結果，「装飾の色彩は好ましい」[38]，「魅力的な施設である」[39]，「流れている音楽は心地よい」[40]，「流れている音楽は，お店の雰囲気に適している」[41]，「百貨店で買い物したいと思う」[42]，「百貨店に買い物に行くかもしれ

ない」[43] に関して，総じて関西の消費者の方が関東よりも高い評価をしていることが確認された。

　続いて SC の評価に関しても同様の手続きを実施した。分析の結果，「店舗愛顧意図」に関して，関西の消費者が，関東の消費者よりも高い数値を示していた[44]。各要因を構成する設問項目間の比較したところ，「店舗愛顧意図」を構成する項目において有意差が確認されたのみであった[45]。

3-4　調査 2：調査結果

①消費者が知覚する百貨店と SC への態度の違い

　第 4 章の調査同様，百貨店と SC に対する消費者の態度を比較するため，まず Tucker の三相因子分析を用い，百貨店と SC の回答を統合し因子分析を実施した。最尤法・Promax 回転[46] による因子分析を行った結果，固有値は 13.95，3.365，1.108，0.67…となり，3 因子構造が妥当であると考えられた。最終的な因子パターンと因子相関を図表 5-11 に示す。なお累積寄与率は，24 項目合計で 76.8 ％であった。

38　関東（平均：4.68, 標準偏差：1.05）・関西（平均：4.68, 標準偏差：1.06），
　　t（505）＝ -2.847，p <.01 であった。
39　関東（平均：4.71, 標準偏差：1.21）・関西（平均：5.06, 標準偏差：1.15），
　　t（505）＝ -3.292，p <.01 であった。
40　関東（平均：4.47, 標準偏差：0.96）・関西（平均：4.66, 標準偏差：1.02），
　　t（505）＝ -2.131，p <.05 であった。
41　関東（平均：4.52, 標準偏差：0.96）・関西（平均：4.76, 標準偏差：1.02），
　　t（505）＝ -2.701，p <.01 であった。
42　関東（平均：4.15, 標準偏差：1.36）・関西（平均：4.39, 標準偏差：1.28），
　　t（505）＝ -1.98，p <.01 であった。
43　関東（平均：4.49, 標準偏差：1.37）・関西（平均：4.7, 標準偏差：1.27），
　　t（505）＝ -1.854，p <.01 であった。
44　関東（平均：4.50, 標準偏差：0.95）・関西（平均：4.67, 標準偏差：0.85），
　　t（505）＝ -2.209，p <.05 であった。
45　「薦めたいと思う」（関東〔平均：4.2, 標準偏差：0.976〕・関西〔平均：4.35, 標準偏差：
　　0.88〕，t〔505〕＝ -1.859，p <.1），「買い物したいと思う」（関東〔平均：4.57, 標準偏差：
　　1.06〕・関西〔平均：4.77, 標準偏差：0.97〕，t〔505〕＝ -2.233，p <.05），「買い物に行くかもし
　　れない」（関東〔平均：4.73, 標準偏差：1.20〕・関西〔平均：4.9, 標準偏差：1.00〕，
　　t〔505〕＝ -1.872，p <.1）
46　杉谷（2011）では主因子法・Varimax 回転で因子分析を実施している。本調査では，因子間の
　　相関が想定される関係から，Promax 回転を採用した。

図表 5-11　因子分析結果－大型小売店のブランドイメージ[47]（n = 507）

	平均	標準偏差	Factor1 憧れ	Factor2 機能性	Factor3 愛着感	h2
センスが良い	4.53	1.06	.998	.018	-.131	.861
おしゃれだ	4.56	1.10	.984	-.004	-.118	.835
スタイリッシュだ	4.43	1.04	.982	.045	-.145	.839
かっこいい	4.20	1.07	.848	-.004	-.010	.706
個性が際立っている	4.30	1.07	.752	.060	.018	.626
ステータスがある	4.41	1.20	.645	-.224	.222	.495
魅了される	4.24	1.13	.581	-.006	.376	.744
他にない魅力がある	4.46	1.08	.578	.013	.316	.674
わくわくさせてくれる	4.41	1.17	.493	.092	.360	.691
時代を切り開いている	4.02	1.11	.403	.341	.139	.557
使いやすい	4.21	1.27	-.030	.938	.057	.939
便利だ	4.40	1.26	.004	.906	.002	.826
使い勝手がいい	4.20	1.26	-.056	.904	.089	.901
機能的だ	4.27	1.20	.095	.882	-.065	.768
価格は妥当だ	3.99	1.19	-.037	.685	.051	.501
気に入っている	4.26	1.25	-.022	.094	.871	.866
愛着がある	3.97	1.28	-.002	.028	.864	.782
好きである	4.37	1.24	.020	.154	.771	.820
思い入れがある	3.86	1.23	.164	-.094	.706	.565
自分にあったお店である	3.98	1.30	-.122	.327	.704	.825
特別な感情がある	3.68	1.27	.042	.050	.701	.587
フィーリングがあう	3.92	1.23	-.041	.311	.668	.814
最近訪れる	4.13	1.46	-.110	.264	.647	.645
遊びに行くことがうれしい	4.04	1.25	.184	.084	.626	.670
固有値			13.950	3.365	1.108	
% 因子負荷率			58.126	14.020	4.615	

因子間相関		I	II	III
	I	-	.426	.624
	II		-	.756
	III			-

出典：筆者作成

　第 1 因子は 10 項目から構成されており，「センスが良い」を除き，「おしゃれだ」，「スタイリッシュだ」，「かっこいい」，「個性が際立っている」など，ほぼ杉谷（2011）の調査結果と近い項目が，高い負荷量を示してい

ることが確認された。そこで第 1 因子を，「憧れ」因子（α =.950）と命名する。

　第 2 因子は 5 項目から構成されており，「使いやすい」，「便利だ」，「使い勝手がいい」，「機能的だ」，そして「価格は妥当だ」と，杉谷（2011）の「機能性」因子を構成する項目が高い負荷量を示していることが確認された。そこで第 2 因子を，「（買物の）機能性」因子（α =.947）と命名する。

　第 3 因子は 9 項目から構成されており，「気に入っている」，「好きである」，「思い入れがある」そして「自分にあったお店である」など，杉谷（2011）の「愛着感」因子を構成する項目が高い負荷量を示していることが確認された。そこで第 3 因子は，「愛着感」因子（α =.956）と命名する。

　本調査では SPSS Amos（ver.27）を用いて，確認的因子分析を行った。分析の結果，適合度指標は，x^2=1411.777，df=190，p<.001[48]，GFI=.889，AGFI=.825，CFI=.957，RMSEA=.08 と，GFI が若干低いこと，および RMSEA が 0.05 を上回ったが，CFI は基準値を満たしており，その結果を踏まえるとまずまずの適合度であると判断した[49]。

　これらの結果を踏まえ，各因子を構成する項目の平均値（項目平均）を算出し，百貨店と SC の各因子の数値が異なるか，t 検定を用いて検討した。調査の結果，「憧れ」に関しては百貨店を上回ったものの，「機能性」と「愛着感」は SC の方が高い数値を示す結果となった（図表 5-12)[50]。

47　杉谷（2011）の 17 項目（一部文言修正）に，「センスが良い」（「高品質だ」の代替として），「魅了される」（「話題性がある」の代替として），「わくわくさせてくれる」（「勢いがある」の代替として），「使いやすい」（「使える」の代替として），「使い勝手がいい」「じょうぶだ（耐久性がある)」の代替として），「愛着がある」（「なくなるとさみしい」の代替として），「特別な感情がある」（「共感する」の代替として）を加え，24 項目から設問は構成されている。本調査では第 4 章で採用した基準である因子負荷量（> .35）で因子を検討した場合，各因子に重複する項目が多数確認された関係から，因子負荷量（> .40）を基準として採用した。

48　x^2 値は，サンプルサイズが大きい場合有意となる。

49　本調査では，小塩（2011, p, 123）の基準を採用した。

50　下位尺度を構成する各項目に関しても，百貨店・SC 間の t 検定を実施した。「個性が際立っている」，「魅了される」，「わくわくさせてくれる」，「好きである」，「思い入れがある」，「特別な感情がある」の項目に関して，有意差は確認されなかった。項目平均を用いた分析同様，「憧れ」因子を構成する項目に関しては，「時代を切り開いている」を除き，百貨店の方が SC よりも高く評価されていた一方で，「機能性」および「愛着感」に関しては，総じて SC が百貨店よりも高く評価されていた。

図表 5-12　消費者の百貨店と SC の評価の違い（n = 507）

	百貨店		SC		t	
	平均	標準偏差	平均	標準偏差		
憧れ	4.47	0.98	4.24	0.84	6.207	***
機能性	3.87	1.20	4.56	0.93	-11.953	***
愛着感	3.91	1.21	4.14	0.96	-4.598	***

***p<.001
出典：筆者作成

　加えて，百貨店・SC の利用頻度の違いによる，百貨店および SC に対する消費者の各因子の違いを 2 元配置分散分析から検討した。

　分析の結果，百貨店および SC の利用頻度の違いによる，百貨店に対する消費者の「憧れ」[51]「機能性」[52]「愛着感」[53] の評価の違いは，百貨店の主効果が確認されたのみであった。

　一方，SC に関して，基本的には SC 利用頻度による主効果が確認された[54]。また「憧れ」に関しては，百貨店と SC の利用頻度の交互作用も確認された。

　まず主効果が確認された結果は，"調査 1" の結果同様，百貨店および SC との接触頻度が高い消費者が，それら業態を高く評価していることを明示するものであった。

　調査から導出された「憧れ」に関する交互作用（F(1)= 5.184, p<.05）に関しても，"調査 1" の「店舗デザイン（評価）」の結果同様，百貨店利用頻度（高）の消費者は百貨店利用頻度（低）の消費者よりも，SC 利用頻度（高）の場合は SC を高く評価し（「憧れ」を強く抱き），一方 SC 利用頻度（低）の場合は SC を低く評価していた（「憧れ」をほとんど抱かなかった）

51　百貨店の利用頻度の主効果（F(1)= 19.326, p<.01）が確認された。
52　百貨店の利用頻度の主効果（F(1)= 72.936, p<.01）が確認された。
53　百貨店の利用頻度の主効果（F(1)= 114.125, p<.01）が確認された。
54　「憧れ」に関して，SC の利用頻度の主効果（F(1)= 19.656, p<.01）が確認された。「機能性」に関して，百貨店の利用頻度の主効果（F(1)= 5.628, p<.05）と，SC の利用頻度の主効果（F(1)= 64.507, p<.01）が確認された。「愛着感」に関して，SC の利用頻度の主効果（F(1)= 67.708, p<.01）が確認された。

図表 5-13　SC の「憧れ」に対する利用頻度による影響（交互作用）（n = 507）

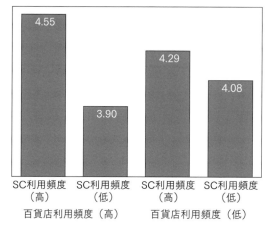

出典：筆者作成

（図表 5-13）。この百貨店利用頻度（高）× SC 利用頻度（低）な消費者が，百貨店利用頻度（低）× SC 利用頻度（低）の消費者群よりも SC への「憧れ」に対する評価が低いという結果も，「店舗デザイン（評価）」と同じく，これまでの買物経験で形成された百貨店イメージを参照点とし，SC のそれを低評価したためである。

②関東と関西の消費者が知覚評価する，百貨店と SC に対する態度の違い

"調査 2"においても，調査対象者の居住地区（関東・関西）の違いによって，業態の違い（百貨店・SC）があるかを検討した。居住地区による百貨店の店舗環境要因の差は，すべて有意差が確認されなかった。つまり，関東と関西の百貨店の評価には差がないことが確認された。そこで各要因を構成する設問項目間の比較を t 検定により検討した。

分析の結果，「かっこいい」[55] と「わくわくさせてくれる」[56] に関して，関

55　関東（平均：4.23，標準偏差：1.22）・関西（平均：4.41，標準偏差：1.09），
　　t（505）= -1.781，p <.1 であった。
56　関東（平均：4.24，標準偏差：1.29）・関西（平均：4.53，標準偏差：1.22），
　　t（505）= 0.964，p <.01 であった。

東よりも関西の消費者の方が，高い評価を示していた。

　続いて SC の評価に関しても同様の手続きを実施した。分析の結果，「愛着感」に関して，関西の消費者が，関東の消費者よりも高い数値を示していた[57]。

3-5　調査 3：調査結果

　本調査では，"調査 1" で測定した「店舗愛顧意図」を従属変数として，店舗環境要因およびブランドの認知的・感情的（情緒的）評価の影響を，重回帰分析を用いて検討した。重回帰分析を用いた理由は，店舗環境要因に関して Baker et al.（2002）の修正モデルの追試したところモデルの適合度が充分でなかったこと[58]，また別の理由として杉谷（2011）の研究において重回帰分析が採用されているためである。

　重回帰分析（強制投入法）の結果，百貨店および SC ともにまずまずの説明力を持つモデルが導出された[59]。

　また百貨店への「店舗愛顧意図」に対する影響要因として，「店舗デザイン（評価）」，「品揃え知覚価値（価格妥当性）」，「機能性」，「愛着感」が正に作用すること，その反対に，「音楽の評価」，「精神的負担意識」，「憧れ」が負に作用することが確認された。標準回帰係数（ β ）[60]の値から，特に「愛着感」と「店舗デザイン」が寄与していることが確認された。

　一方，SC の「店舗愛顧意図」に対する影響要因は，「店舗デザイン（評価）」，「品揃え知覚価値（価格妥当性）」，「機能性」，「愛着感」が正に影響すること，負な影響要因としては「精神的負担意識」のみが確認された。SC

57　関東（平均：4.02, 標準偏差：1.04）・関西（平均：4.26, 標準偏差：0.87），
　　t（505）= -2.805, p <.01 であった。
58　 x^2=10.934, df=343, p<.001, GFI=.777, AGFI=.717, CFI = .856, RMSEA = .0099 と RMSEA は基準値を満たしているものの，GFI < .9, CFI<.95 を満たしておらず，また Baker et al.（2002）による修正モデルの適合度との乖離もあり，本調査における追試モデルの適合度は低いと判断した。
59　 R^2 値から判断した。同数値は，「独立変数が従属変数を予測・説明する程度」である。詳しくは，小塩（2011），p.105 を参照されたい。
60　標準回帰係数（ β ）とは，「独立変数が従属変数に及ぼす影響の向きと大きさ」を示す値である。詳しくは，小塩（2011），p.105 を参照されたい。

図表 5-14　【重回帰分析結果】百貨店および SC の「店舗愛顧意図」に対する影響要因（店舗環境要因とブランド認知的・感情的評価）よる影響（n = 507）

	【従属変数】店舗愛顧意図					
	百貨店			SC		
	β	SE	p	β	SE	p
店舗デザイン（評価）	.332	.05	***	.18	.049	***
店員（評価）	-.022	.06	n.s	-.078	.053	n.s
店内音楽（評価）	-.141	.058	***	-.013	.062	n.s
サービス品質知覚	.087	.054	*	.009	.066	n.s
品揃え品質知覚	.053	.049	n.s	-.01	.058	n.s
品揃え知覚価値（価格妥当性）	.19	.041	***	.184	.05	***
高級感（高価格認識）	-.007	.037	n.s	-.011	.041	n.s
時間や労力への負担意識	.017	.033	n.s	.03	.034	n.s
精神的負担意識	-.075	.031	*	-.083	.028	*
憧れ	-.107	.049	*	-.046	.049	n.s
機能性	.08	.044	†	.231	.05	***
愛着感	.509	.046	***	.394	.051	***
$\triangle R2$	.701			.609		
$R2$	.708		***	.618		***

† p<.1, *p<.05, **p<.01, ***p<.001
出典：筆者作成

においても，百貨店同様「愛着感」が重要な要因となること，そして次に「機能性」が寄与しうることが確認された。

　百貨店と SC との大きな態度形成の違いは，ポジティブな評価であるはずの「店内音楽（評価）」と「憧れ」が百貨店の「店舗愛顧意図」へネガティブに作用することである。

　本来ならばポジティブに作用しそうな，店舗環境要因とブランド評価が「店舗愛顧意図」を阻害するのか。

　本研究では，その解明のため百貨店に関する要因間の偏相関分析を実施し，「店内音楽（評価）」と「憧れ」に注目して，「店舗愛顧意図」を阻害するのかを検討した。

　分析の結果，「店内音楽（評価）」は，「店舗デザイン（評価）」（r = .177，p < .01），「店員（評価）」（r = .231，p < .01），「サービス品質知覚」

（$r = .194$, $p < .01$），「品揃え知覚価値（価格妥当性）」（$r = .249$, $p <$
.01），「愛着感」（$r = .116$, $p < .05$）といったポジティブな評価要因に対し
て，正の相関があることが確認された。この結果は，百貨店の店内音楽の良
さが，消費者が知覚する，百貨店内で提供されるその他の多くの「心地さ」
の評価と連動することを明示するものである。

　しかしその一方で，「時間や労力への負担意識」（$r = .277$, $p < .01$）や
「精神的負担意識」（$r = .177$, $p < .01$）といった，ネガティブな店舗環境要
因の評価とも正の相関が確認された。この結果の解釈に関して，測定した要
因間の相関分析の結果のみでは正確に言及できないものの，例えば，心地よ
い環境であるからこそ，「長時間店内を回遊してしまい疲れてしまいそう」
であるとか，「他のお客さんが多そう」であるとか，消費者が知覚する「店
内音楽（評価）」に連動した負担意識を誘発した結果であると考察される可
能性が推察される。

　また，もうひとつの視点として，測定尺度関する研究上の課題による影響
の可能性も見過ごすことはできない。なぜなら，そもそも本研究で採用し
た，Baker et al.（2002）の音楽にかかわる設問項目では，ネガティブな評
価，具体的には「流れている音楽は煩わしい（Bothersome music）」[61]がそ
もそも含有されている。この項目に関して，Baker et al.（2002）では逆転項
目で測定されていない。本研究でも追試をする形で当該項目がその他の項目
と合算し，その平均を使用している。それゆえ，当該項目の誘因となり，
「店内音楽（評価）」による「店舗愛顧意図」への負の影響が確認された可能
性も存在する。

　「憧れ」は，「店舗デザイン（評価）」（r = .215, p < .01），「サービス品質
知覚」（r = .125, p < .01），「品揃え（に対する）品質知覚」（r = .244, p <
.01），「愛着感」（r = .398, p < .01）といったポジティブな評価要因に対し
て，正の相関があることが確認された。このことはつまり，「憧れ」を抱く
消費者にとって，百貨店が提供する商品やサービスは好意的なものであるこ
と，また，「愛着感」との相関にもあるように，「憧れ」は百貨店への親しみ

61　詳しくは，Baker et al.（2002），p.131 を参照されたい。

とも相通じる評価要因であることがわかる。

　しかし，この「憧れ」に関しても「精神的負担意識」（r = . 09，p < .05）と，相関係数はかなり低いものの正の相関が確認されている。

　「店舗愛顧意図」への負の影響を結果を踏まえると，百貨店に対し「憧れ」や「愛着感」を保有する消費者であっても，経済的な理由などから百貨店を身近な業態であると知覚していないため（自分には縁遠い業態と知覚しているため），精神的負担意識に対して，「憧れ」が正の相関を示したと，推測することができる。

　この結果も，そもそも実験調査の研究である，Baker et al. (2002) のモデルを採用した課題であるといえ，百貨店評価と出向意図との間に存在しうる，別の潜在的な態度（評価属性）の検討が今後必要といえるであろう。

4
「百貨店の同質化」脱却のための提案：
店舗環境要因とブランドイメージに焦点を当てて

　本章では，"調査 1" 百貨店と SC の店舗環境要因の評価の差の検討，"調査 2" 百貨店と SC の認知的・感情的（情緒的）なリテールブランド評価の差の検討，そして "調査 3" 店舗愛意図を従属変数とした店舗環境要因とリテールブランド評価要因の影響の検討，という 3 つの調査を実施した。

　以下では，調査結果の考察を踏まえ，百貨店への，インプリケーションを提示する。

4-1　調査に関する考察

　まず，比較調査の前に実施した，百貨店および SC の消費者の想起に関する調査結果から考察を始める。記述回答から検討した消費者が想起する百貨店ストア（店舗）（あるいはリテールブランド）は，居住地区の影響を大きく受けていることが確認された。例えば，2 番目に想起された数が多かった阪急百貨店は，関西では 173 名（関西の調査対象者の 66.3 ％）が想起した

一方で，関東13名（関東の調査対象者の5.3％）ではであった。一方，三越は，関東での想起が多かったものの（146名：関東の調査対象者の59.3％），関西では25名（関西の調査対象者の9.6％）と大きな数値の乖離が確認された。

　この結果の背景には，百貨店の商圏と消費者の居住地区との関係性が存在する。百貨店は，第3章で議論したように，大衆化・都市化の申し子というべき業態であり，人が多く集まる所に店舗を構えてきた。そして現在においても，多くの百貨店やSCが都市部や住宅地の駅前などの，多くの人が行きかう主要エリアにストア（店舗）を構え，消費者との接点を設けている。

　大型小売店の立地は，既存の人流に沿って，あるいは人流を創造するよう，選定されている。つまり，消費者の生活との接点を築くことで，単純接触効果を醸成するよう計画されたものである。

　単純接触効果とは，「接触の反復が好意度や印象評定にポジティブな効果をもたらす」[62]ことを意味する。もちろん消費者によっては，ノスタルジーなどの自己との結びつきが，リテールブランドの想起に作用した可能性も存在するものの，関東と関西の居住地の違いによって想起される百貨店リテールブランドが異なること，またその観測度数の乖離を考慮すると，本書で提示した調査結果は，ストア（店舗）の立地に連動した単純接触効果の影響が大きく寄与するものであったと解釈できる。

　またこの結果は，第1章で議論した，消費者の知覚する百貨店イメージを象徴するエグゼンプラーが対象の居住地区によって異なることを明示するものである。その意味で，消費者の業態認識に関し，消費者ごとに想起される具体的な店舗が異なるという，新倉（2014）が提示した概念フレームワークを一部支持する結果であるもいえよう。

　次に実施した，百貨店とSCの店舗環境要因および，認知的・感情的（情緒的）なリテールブランド評価の比較調査の結果は，第4章の結果と近似的な内容となり，取り扱い商品や提供されるサービスに対する知覚品質は百貨店がSCより高く評価されていた。その一方で「品揃え知覚価値（価格妥

62　詳しくは，生駒（2005），p.113を参照されたい。

当性）」や「機能性」，そして「店舗愛顧意図」に関して，SC が百貨店より
も消費者から支持されていることが確認された。第 4 章の調査との違いは，
百貨店が SC よりも「憧れ」を抱かれる業態であること，逆に「愛着感」に
関しては SC よりも劣る業態として消費者に評価されていることを確認でき
た点であろう。しかし「憧れ」に関しては，"調査3" で実施した重回帰分
析の結果を考慮すると，必ずしも百貨店にとって有効な差別化要因であると
はいえない。なぜならば，「憧れ」によって，百貨店への店舗愛顧意図への
作用が阻害される結果も確認されているからである。

　その水準は異なるものの，分析により導出された各業態の有意になった要
因を鑑みると，消費者が大型小売業態全般を評価する際に，「店舗デザイン
（評価）」，「品揃え知覚価値（価格妥当性）」，「機能性」，「愛着感」がポジ
ティブに作用し，「精神的負担意識」がネガティブに作用するものであると
解釈することができる。

　一方，「店内音楽」と「憧れ」に関しては，百貨店にのみ負の影響が確認
された。前者の結果は，「店内音楽」が良いと評価するからこそ人が多いか
もしれないというような「精神的負担意識」の表れであり，後者の結果は
「憧れ」を抱くからこそ百貨店での買物が縁遠く感じるという意識の表れで
あると推測される。本来であれば正に作用しそうなこれらポジティブな評価
が店舗愛顧意図を阻害するということも，百貨店の業態を象徴する結果であ
るといえよう。

　また「憧れ」が百貨店店舗愛顧意図に負に作用するという結果は，杉谷
（2011）のクラスター分析において確認された，ハイブランドの特徴，「憧
れ」（高），「機能性」（低），「愛着感」（低）という結果に通ずるものであ
る。なぜなら，主だった百貨店はハイブランドを中核的な品揃えとしてお
り，その品揃えのイメージが表出された結果であると解釈することができる
ためである。

　消費者に知覚された来店頻度による影響も，第 4 章の結果と同様，利用
頻度（本章では消費者知覚としての利用頻度）が高いと総じて評価が高くな
ること，さらに利用頻度に関しては交互作用も確認された。つまり，百貨店
の利用頻度が低い場合，SC への「店舗愛顧意図」が高くなることが確認さ

れた。先述したように，この結果を百貨店基点で解釈すると，百貨店利用頻度を高めることで SC への店舗愛顧意図を低減させる可能性も存在する。

　以上のように，提示した H1-a，H1-b，H2-a，H2-b の仮説は支持される結果となった。

　加えて，本調査では，業界内でまことしやかに議論されている，「百貨店の関東と関西の消費者知覚の違い」を検証した。t 検定を用いた分析の結果，店舗環境要因およびブランドイメージに有意差は確認されず，本調査の仮説（H1-c と H2-c），つまり業界の通説は棄却されることとなった。

　先述したように，関東と関西で想起される百貨店リテールブランドが大きく異なるにもかかわらず，有意差が確認されなかった。この結果が導出された要因として，百貨店業態全般の知覚や認識，すなわち消費者が知覚する百貨店のプロトタイプが，わが国の都市部の消費者にとって高次に抽象化され，また広く共有されている可能性が指摘される。実際，調査では，記述回答において回答した百貨店を想定して評価項目の回答を求めるといった手順を採用した。想起される百貨店の違いにかかわらず関東と関西の消費者評価に有意差が確認されないという結果は，消費者が知覚評価する「百貨店」が，ストア（店舗）やリテールブランドを超えて共通する「業態イメージ」によって大きく規定されているものであると考察される。

　一方，SC に関しては，「店舗愛顧意図」と「愛着感」に関して関東よりも関西の消費者の数値が高いことが確認された。本研究では，他の業態（SM やコンビニエンスストアなど）に対する消費者の評価を検討していないため，この結果がなぜ露見したのかについて推察の域を超えないものの，関西の消費者がそもそも買物に対して好意的な態度を形成していることが，その誘因となった可能性がある。今後の研究において，居住地区によって買物出向にかかわる態度自体に違いがあるのか，消費者特性の確認が必要である。

　本章で示した調査は，第 4 章同様探索的調査であること，また先述した Baker et al.（2002）の調査項目の課題も内包している。さらに SM やコンビニエンスストアなど他業態との比較が不十分であるため，まだまだ追加的な検討が必要である。しかしながら，百貨店に対する消費者調査を踏まえた研

究はほとんど存在しないこと，関東と関西の消費者特性による違いも既存研究では充分に検討されていなかったことを踏まえると，本章で提示した内容は，百貨店研究において，特に百貨店の「同質化」を検証するという点で貢献できたと考える。

4-2　百貨店が取るべき戦略とは

　本章の最後に，考察を踏まえ，百貨店事業者へのインプリケーションを提示する。

　第 4 章で示した内容と一部重複するが，百貨店が SC よりも評価されていた，（重回帰分析の結果から店舗愛顧意図へネガティブに作用する「店内音楽」を除く），「店舗デザイン」，「店員」，「サービス知覚品質」，「品揃え（に対する）知覚品質」といった店舗環境要因，特に「店舗デザイン」以外の店舗愛顧意図へ作用していない 3 つを消費者に訴求し，来店の促進を図ることが重要であろう。

　ニューノーマルおよびまた DX 時代の現代の市場を考慮すると，これらの要因を，オフライン（リアル）店舗だけでなく，オンラインも含め，消費者との接点となりうる様々な「場」で充足する必要がある。詳細は終章で紹介するが，オフライン（リアル）店舗の雰囲気（伊勢丹新宿店）をオンライン上でも体験できるアプリ，「REV WORLDS」という実験的な取り組みも存在する。

　その一方で，SC よりも評価が低かった「品揃え知覚価値（価格妥当性）」（または百貨店の方が高いと認識されていた「高級感（高価格認識）」）に関する方略として，百貨店黎明期における「廉売」を特徴とした百貨店のように，「憧れ」を醸成しつつも，消費者に購入可能である価格帯で提供するという施策が提案される。もちろん，現在も多くの百貨店でセールやクリアランスが実施されているが，そこではお買い得さが訴求されているのみであり，「憧れ」を訴求することで消費者の買物出向意図を促進できているとはいえない。第 4 章の調査結果を踏まえると，若年層に対し，「憧れ」を醸成することの重要性が指摘される。

　重回帰分析の結果から示したように，百貨店の店舗愛顧意図に対して「憧れ」が負に，その反対に「愛着感」は正に作用していた。また相関分析の結果から，「愛着感」は，「憧れ」（$r = .398$, $p < .01$）と（SCでは店舗愛顧意図へ正に作用する）「機能性」（$r = .502$, $p < .01$）と相関することが確認されており，これらの結果を考慮すると，「愛着感」を促進し，「憧れ」による負の作用を低減するような取り組みも必要といえよう。具体的な実現のための取り組みとしては，第6章で紹介する，大丸梅田店の「百貨店らしく」ないとされるテナントを導入することでターゲット顧客にとって身近であるというイメージを醸成する方策や，西宮阪急のコトコトステージのような体験型や顧客参加型イベントを実施することで顧客との関係性を構築する方策が挙げられる。

　また，想起される百貨店が異なるにもかかわらず，関東・関西で百貨店に対する評価に差がないという結果は，SCをはじめとする競合業態に対する競争優位性の源泉となる価値が，消費者に共通して保有されていることに起因するものである。SCとの比較調査の結果を踏まえると，消費者にとって「百貨店業態」であることが，そもそもある一定の価値を保証するものとして評価されていることを意味する。百貨店側からこのことを考慮すると，ブランド価値の機能のひとつである保証機能が消費者に作用した結果であると解釈することができる。ただその一方で，この結果は百貨店間の「同質化」という問題を指摘する内容であることも，百貨店事業者および従業員は留意する必要があろう。

　今後，百貨店が広義の競合と差別化するためには，歴史の中で構築した「信頼や信用」を基盤として，「憧れ」と「愛着感」を形成・促進し，顧客の店舗愛顧意図を高めることが重要となる。そして，その実現のための具体的な方略のひとつが，「百貨店らしさ」を体現した，「雰囲気」（店舗環境要因を含む）の構築である。顧客がリテールブランドの独自性を知覚するような，「雰囲気」を提供し，「同質化」からの脱却を実現するよう，百貨店各社は，改めて市場でのポジショニングを再考する必要がある。

参考文献

Cox, K. (1964) The responsiveness of food sales to shelf space changes in supermarkets, *Journal of Marketing Research*, 1(2), 63-67. https://doi.org/10.1177/002224376400100210

Baker, J. (1987) The role of the environment in marketing services: the consumer perspective , In Czepiel,J.,　Congram, C.A. ,and Shanahan, J. (eds) *The Services Challenge:Integrating for Competitive, American Marketing Association Advantage*, 79-84.

Baker, J., Levy, M., and Grewal, D. (1992) An experimental approach to making retail store environmental decisions, *Journal of Retailing*, 68(4), 445–460.

Baker, J., Grewal, D. and Parasuraman, A. (1994) The influence of store environment on quality inferences and store image, *Journal of the Academy of Marketing Science*, 22, 328–339. https://doi.org/10.1177/0092070394224002

Baker, J. (1998) Examining the informational value of store environments, in *Servicescapes: The concept of place in contemporary markets*. John, F, Shelly Jr. (ed), NTC Publishing Group and American Marketing Association, 55–80.

Baker, J., Parasuraman, A., Grewal, D. and Voss, G. B.　(2002) The influence of multiple store environment cues on perceived merchandise value and patronage intentions, *Journal of Marketing*, 66(2), 120-141. https://doi.org/10.1509/jmkg.66.2.120.18470

Bruner, C. G., Hensel, J. P. and Karen E. J. (2005), *Marketing Scales Handbook 4th: A Compilation of Multi-Item Measures for Consumer Behavior and Advertising.*.Thomson Higher Education.

Kotler,P. (1973/1974) Atomospherics as a marketing tool, *Jorunal of Retailing*, 49(4), 48-64.

Spangenberg, R. E., Crowley, E. A. and Henderson, W. P. (1996) Improving the store environment: Do olfactory cues affect evaluations and behaviors?, *Journal of Marketing*, 60(2), 67-80. https://doi.org/10.1177/002224299606000205

Turley, W. L. and Milliman, E. R. (2000) Atmospheric effects on shopping behavior: a review of the experimental evidence, *Journal of Business Research*,　49(2),193-211. https://doi.org/10.1016/S0148-2963(99)00010-7

Zeithaml, A. V. (1988). Consumer perceptions of price, quality and value: A means-end model and synthesis of evidence. *Journal of Marketing*, 52(3), 2-22. https://doi.org/10.2307/1251446

小塩真司（2011）『SPSS と Amos による心理・調査データ解析　因子分析・共分散構造分析まで（第 2 版）』東京図書.

杉谷陽子（2011）「消費者の態度における感情と認知―「強い」ブランドの態度構造の検討」『消費者行動研究』17（2），143-168.https://doi.org/10.11194/acs.17.2_143

須永努（2014）「店舗内環境研究の概観と今後の方向性－ホリスティック・アプローチと実験的アプローチー」『商学論究』（関西学院大学商学部），62(1)，81-95. http://hdl.handle.net/10236/12206

高柳美香（2002）「情報発信空間としての小売店舗―マーケティングからみた店舗の『雰囲気』再考」『専修経営研究年報』，27，59-81.

中野香織（2005）「店舗内複合要因が消費者に与える影響―統合マーケティング・コミュニケーションの視点から見た店舗環境―」『商学研究科紀要』（早稲田大学商学研究科），

(60)，15-28. http://hdl.handle.net/2065/33761

日経 BP コンサルティング（2009）『ブランド・ジャパン 2009 報告書』株式会社日経 BP コンサルティング.

増田真也・坂上貴之 (2014)「調査の回答における中間選択—原因，影響とその対策—」『心理学評論』57 (4) 472-494. https://doi.org/10.24602/sjpr.57.4_472

第 **3** 部
百貨店衰退期における百貨店の課題と戦略

　第1部では，百貨店の定義を既存研究のレビューから，また百貨店ライフサイクルをライフスタイル概念の視座から議論した。そして第2部では，サービス品質，店舗環境要因，リテールブランドへの態度（認知的・感情的評価）に注目し百貨店の「同質化」に関して検討した。第3部では，本書の総括として，ニューノーマルおよびDX時代を考慮し，衰退期脱却のための百貨店のマーケティングのあり方を議論する。具体的には，既存研究で推奨されてきた「買取仕入偏重のマネジメント」の有用性を一部反証しながら，生活者基点の「場」のマネジメントを組み込んだリレーションシップ・マーケティングの有用性を提議する。

第**6**章

現代の百貨店の課題と戦略

───────── 概　要 ─────────

　本章では，現代の百貨店が直面する課題を確認する。また，既存研究にお
いて「百貨店の衰退」，および「同質化」の源泉と位置づけられている「仕入
形態（買取仕入の割合の低さ）」に関する論調への反証を試みる。その過程に
おいて，コロナ禍前から実施されている注目すべきリテールブランドの衰退
期脱却のための戦略的な取組事例を紹介する。本章の最後では，「（消費者の）
百貨店離れ」に対応する方略として，「場」を基点とするリレーションシッ
プ・マーケティングが有用であることを示唆する。

1
は じ め に

　本章では，現在の百貨店が直面する課題を確認する。第2節では，二次
データを用いて，百貨店を取り巻く経済的要因（人口推移，所得，物価，競
合業態）について議論する。そして，改めて百貨店が直面する課題とは，新
聞紙面やビジネス誌で議論されているように「景気後退」や「競合業態の発
展」であるのか，また消費者の志向の変化の影響が大きいのかを確認する。
　続く第3節では，既存研究を概観し，コロナ禍前から百貨店が直面して
いる課題の主たる原因と指摘されている，「仕入形態（買取仕入の割合の低
さ）」による弊害とはどのような議論であったのかを確認する。そして，百
貨店研究において主流となっているこの論調に対して，事例を交え反証を試
みる。具体的には，既存研究のレビューとJ. フロントリテイリング社への
インタビューを基に，低利益率改善のための衰退期における百貨店経営のあ
り方について，大丸の事例を交え議論する。さらに第4節では，コロナ禍
前の百貨店による戦略を整理し，その特徴を議論する。まだ同節では，阪急

百貨店（西宮阪急）の事例を踏まえ，リレーションシップ・マーケティング基点の経営の有用性を提議する。そして本章の最後（第 5 節）では，本章の総括として「モノ」中心から「場」中心の百貨店経営の回帰の重要性を，ブランド・コミュニティ研究の見地から示唆する。

2
百貨店が直面する課題と市場の
生活環境要因との関係

そもそも，百貨店が直面する課題とは，景気の後退という生活環境要因の変化に伴うライフスタイル傾向・消費傾向の変化のみなのであろうか。第 2 章で議論したように，消費者のライフスタイルや生活行動を規定するのは，生活構造要因や生活意識要因だけではない（図表 2-1）。井関（1979）は，性別・年齢，職業，学歴などのデモグラフィック要因を含むライフスタイル規定要因の影響に関しても言及している。

　本節では，まずわが国の人口動態を踏まえたうえ，ライフスタイル規定要因として示された，「1. 性別・年齢」と「4. 所得水準」に着目し，1991 年と2021 年の経済環境を比較し，当時と現在の百貨店を取り巻く市場環境の違いについて言及する。また，百貨店と競合との関係についても議論する。

2-1　人口推計および人口分布の違い

　1991 年と比べて，2021 年の人口はどの程度異なるのか。実は，人口（総人口）に関しては，1991 年 (1 億 2,410 万人)[1] よりも 2021 年 (1 億 2,530 万人)[2] の方が多いことを確認することができる。しかし，その一方で超高齢化社会が進んだことで，15 〜 64 歳の比重が男性も女性も大きく減退してい

1　総務省統計局（2000）「我が国の推計人口（大正 9 年〜平成 12 年）」（最終アクセス 2021 年 9 月 9 日）。

2　総務省統計局（2021）「人口推計─2021 年 8 月報─（2021 年 8 月 20 日）」（最終アクセス 2021 年 9 月 9 日）。

ることがわかる（1991 年：男女計 8 億 6,557 万人〔69.78 %〕，2021 年：男女計 7 億 4,283 万人〔59.2 %〕）（図表 6-1）。

　特に注目すべきは，百貨店の中心的な顧客層である 40s が 1991 年は 1 億 9,859 万人（16.01 %）であったのに対し，2021 年では 1 億 8,019 万人（14.36 %）と，人口の増加に反し減少していることである。百貨店への出向が男性よりも多い女性に注目しても，1991 年は 9,919 万人（15.71 %）である一方，2021 年は 8,907 万人（15.71 %）と人数・割合ともに減少していることがわかる。

　若年層の数値に目を向けると，20s も 1991 年に比べて 2021 年が少ないことが確認できる（1991 年：男女計 1 億 7,375 万人〔29.02 %〕，2021 年：男女計 1 億 2,691 万人〔21.05 %〕）。20s の女性の人数も，著しく減少している（1991 年：女性 8,553 万人〔13.55 %〕，2021 年：女性 6,137 万人〔10.32 %〕）。

　このように，人口の推移を確認すると，百貨店の中心顧客である 40s 女性が 1,000 万人近く減少していることが確認された。また，将来の顧客になりうる 20s の女性の数は，1991 年と比べ 2,000 万人近い減少が確認される。

　百貨店事業者および従業員は，「消費者の百貨店離れ」を検討するその前段階において，この主要顧客層の減少も考慮する必要がある。今後さらに超高齢化社会が進行することも踏まえると，減少傾向にある 20s を中心とする若年層を取り込むことは，百貨店が存続するうえで重要となる。

2-2　所得（家計可処分所得）

　1991 年における，家計（1 世帯あたり）可処分所得の平均は 282,952 円であった。そして現在のその値は 310,858 円と，わが国の歴史の中で最も高い数値を記録している。ただ，この数値は世帯の可処分所得であり，平均給与の低下[3] やバブル期よりも共働き世帯が増加していること[4] を配慮すると，個人の可処分所得は低減しているともいえる。

　また貯蓄率に注目すると，1991 年に比べて，失われた 30 年では大きく減少していることを確認することができる。長期のデフレ期間において可処分

図表 6-1　人口推移の比較

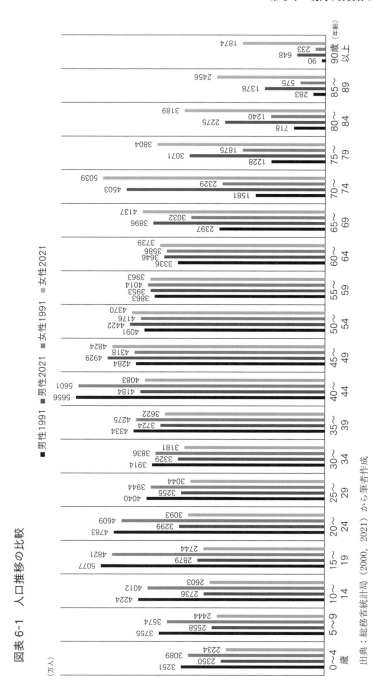

（万人）

■ 男性1991　■ 男性2021　■ 女性1991　■ 女性2021

出典：総務省統計局（2000, 2021）から筆者作成

図表 6-2　所得（家計可処分所得）と貯蓄率の推移

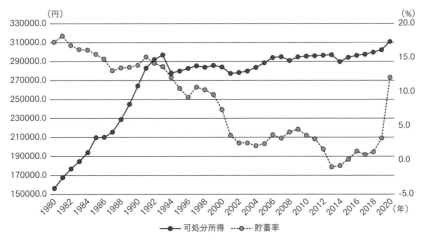

出典：内閣府（2004）および内閣府（2021）より筆者作成[5]

　所得は増加する一方で，（銀行の金利の低さもあり，貯金から株への投機など他の資産運用へ移行した可能性も存在するが）この貯蓄率の下降傾向が示すように，様々な支出の必要性から，消費者の購買力は低減傾向にあると推測される（図表6-2）。

　ただコロナ禍以降貯蓄率は増加傾向にある。特に 2020 年の増加は著しい。これは，コロナ禍に対する不安意識が刺激され，その不安解消のための

3　厚生労働省（2020）によると，1991 年が 471.2 万円であったのに対し，直近の 2018 年では 433.3 万円と 40 万円近く減少していることが示されている。また同データでは，1992 年の 472.5 万円を最大値，2014 年の 419.2 万円を最小値であることが示されている。詳しくは，厚生労働省（2020），p.103 を参照されたい。（最終アクセス 2021 年 9 月 27 日）。

4　労働政策研究・研修機構（2021）によると，共働き世帯は増加する一方，専業主婦世帯は減少傾向にあることが確認されている。2020 年における専業主婦世帯は 571 万世帯，一方共働き世帯は 1240 万世帯となっている。https://www.jil.go.jp/kokunai/statistics/timeseries/html/g0212.html 最終アクセス 2021 年 9 月 27 日。

5　国民経済計算年次推計の算出基準は 5 年毎に刷新されている関係から，長期統計を比較する際，データの取得年によっては数値が若干異なる。本書で用いた内閣府（2004）は 1995 年の基準，内閣府（2021）は 2015 年基準によって算出されている。掲載したグラフの数値は1980~1993 年までは，内閣府（2003）の数値を用いている。詳しくは，内閣府（2003）および内閣府（2021）「家計可処分所得・家計貯蓄率四半期別速報 2021 年 1-3 月期速報値（2015 年（平成 27 年）基準：2008SNA）（2021 年 8 月 3 日公表）」を参照されたい（最終アクセス 2021 年 9 月 27 日）。

コーピングとして，倹約意向が高まり，その結果急増したものと考えられる。よってこの貯蓄率の向上は，百貨店をはじめとする嗜好品をマーチャンダイジングの中核とする業態にとって，売上を減少させる要因になると考察される。

2-3　物価の違い

物価指数に関して「2020 年基準消費者物価指数」[6] を確認すると，現在を100 とした際，1991 年のそれは 92.5（総合）とそこまで大きな違いがないことがわかる。しかし品目別の違いを確認すると，生鮮食料品（86.6），外食（79.9），ガス代（77），他の光熱（59.5），そして保健医療サービス（58.7）はかなりポイントが低く，現在よりも生活がし易い環境であったことが窺える。

その一方で，衣料に関する 1991 年の物価指数は，99.5 と現在とほとんど変わらないことが確認される。もちろん，ファストファッションの台頭もあり，支出金額自体の低減はあるものの，物価だけでいえば，ファッションを中核とする百貨店にとって，現在の市場はバブル期ピークの条件とさほど変わらない環境であるといえよう[7]。

2-4　小売業態の売上比較：百貨店と SM・百貨店とアパレル小売

次に百貨店の競合業態との関係について言及する。まず百貨店とスーパーマーケット（以下 SM）の売上に関して，総売上，衣料品，飲食料品に注目し比較すると，百貨店は衣料品が，SM は飲食料品の比重が高いことがまずわかる。注目すべきは，SM の売上は百貨店よりも高いにもかかわらず，衣

6　「2020 年基準消費者物価指数（中分類指数（1970 年〜最新年))」より。(最終アクセス 2021 年 9 月 27 日）。
7　衣類は 0.5 ポイントしか差がなかったものの，下着（77.1）の物価は現在と比べ大幅に低いものとなっている。生鮮食料品等のポイントの差も踏まえると，1991 年当時の必需品購入は今より気軽な買物であったといえる。

図表 6-3　百貨店と SM の売上の比較

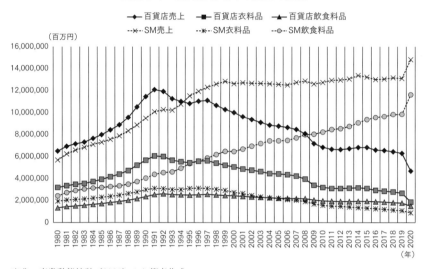

出典：商業動態統計（2021）より筆者作成

料品の売上は百貨店の方が高いことである（図表 6-3）。また，1991 年をピークに百貨店の総売上および衣料品売上が下降することも，商業動態統計から確認できる。加えて，2020 年の売上に関して，百貨店が大きく減退しているにもかかわらず，SM のそれは増加傾向にあることも，留意すべき点である。

　この背景には，コロナ禍に伴い，百貨店は店舗全体・特定の売場への休業要請や開店時間の制限を強いられたこと，われわれ消費者が巣ごもり（Stay Home）を求められたことなどが要因として挙げられる。コロナ禍によって必需品に対する需要が喚起されたこと，また，宅配サービスを含んだオンラインショッピングサービスが自粛生活におけるニーズに合致したことで，百貨店とは対象的に，SM はその売上を拡大している。百貨店の飲食料品は，百貨店全体の売上の低下に反発することなく，同様の下降をみせている。これは，百貨店と SM との取り扱い商材の違いが反映されたことだけでなく，SM に比べて百貨店のオンラインショッピングサイトが充足されていないことを背景とする低減である。

　次に，百貨店の基幹商材である衣料品市場に着目し，百貨店のポジション

図表 6-4　国内アパレル総小売市場規模推移（販売チャネル別）[8]

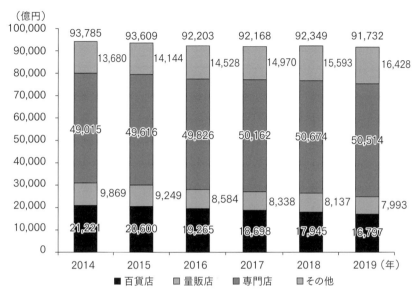

出典：矢野経済研究所（2020），p.4

　を確認する。アパレル市場における百貨店の競合は，量販店や専門店とな
る。では，それら競合に対して百貨店はどの程度市場での影響力を保有して
いるのであろうか。

　矢野研究所（2020）の調査では，2014 − 2019 年にかけて，国内アパレ
ル総小売市場における百貨店売上の減少が確認されている（図表 6-4）。具
体的には，2014 年では 21,221 億円（市場寡占率：22.6 ％）であった百貨店
の売上は，2019 年には 16,797 億円（市場寡占率：22.6 ％）へと，5,000 億
近く減少している。一方専門店は，売上自体はほぼ横ばいであるが，アパレ
ル市場自体の縮小に伴い，寡占率を 52.3 ％（2014 年）から 55.1 ％（2019
年）へと増加させている。

　このように衣料品市場における近年の百貨店の動向を鑑みても，衣料品を
主たる収益源とする同業態にとって厳しい市場環境となっていることが指摘

8　商業動態統計（2021）と矢野経済研究所（2020）の数値には乖離が存在する。

される。

2-5　現在の市場環境の考察：二次データからの検討

　本節では，まず二次データを用いて，現在の百貨店を取り巻く環境に関して，売上がピークであった 1991 年と比較しながら議論を進めた。そして，現在の市場環境とは，百貨店の主要顧客年齢層（40s 女性）が大幅に減少していること，世帯可処分所得は増加している一方で平均給料が低減していること，コロナ禍に入り（倹約指向が刺激された結果）貯蓄率が高まっていること，百貨店の中核的な売上を形成する衣料品の売上が減少傾向にあること，そして，衣料品市場においても百貨店業態は大きく売上を減少させていることが確認された。

　上述の内容は，まさに新聞紙面やビジネス誌で議論されている，「景気後退」や「競合業態の発展」といった外部要因の変化が，百貨店の衰退を加速させていることを示すものといえよう。百貨店は，「百貨店冬の時代」から持ち越された構造的課題とともに，現在の市場環境を踏まえた変革が求められている。

　では改めて百貨店とは，どのような消費者に対して，どのような存在であるべきであろうか。百貨店では，ストア（店舗）別に独立したオペレーション（仕入やプロモーションなどに関して）で運営されている。そのため，SM やコンビニエンスストアのようなチェーン・オペレーションが機能しておらず，その意味で規模の経済を享受するビジネスモデルではなかった。

　本来百貨店は，「大衆」を対象にしたマス・マーケティングを特徴とする業態であり，効率的な業態であったはずである。百貨店の歴史においてそのビジネスモデルが限界を迎えたのはいつ頃であろうか。以下では第 3 章の議論をふり返り，百貨店の市場におけるポジショニングとはどのようなものであったか，百貨店が抱える課題とはどのようなものであったか，改めて百貨店の変遷をたどり議論する。

　そもそも世界初の百貨店とされる "Bon Marché（廉売市場）" は，その名の通り廉価を特徴とし，工業化・都市化する中で新たに誕生し，拡大傾向に

あった中流階級を主に対象として，彼らの未利用の購買力を刺激することで発展した。わが国の百貨店も同様，上層階級・中流階級を対象とする業態として誕生したが，関東大震災を契機に大衆へ向けた総合小売業として発展した。

　ここで忘れてはならないのが，関東大震災以降，バブル期胎動期前の百貨店とは，輸入品やハイブランドの導入といった高級品を取り扱う一方で，バーゲンセールなどの廉売にも注力する業態であった点である。増加する人口と発展する経済力を背景に，各時代に求められた生活の豊かさを実現する業態として，薄利多売を強みとしながら，主に中小小売業者に対する競争優位性を確立した。その結果，市場における寡占率を高め，「小売の王様」と百貨店はなりえた。

　しかし高度経済成長期に入ると，構築することができなかったチェーン・オペレーションを有した小売業が次々誕生する。SM の誕生を契機とし，さらにその SM が GMS を展開することや，モータリゼーションの進展による郊外化の促進を背景としたロードサイド型専門店チェーンやアパレルメーカーの直営店の出現したことなど，新たな小売業態の誕生・発展によって，はじめて市場シェアの奪い合いという，激しい業態間競争に百貨店は直面することになった。

　また百貨店は，70 年代以降の顕在化した「分衆化」というライフスタイル傾向や，戦後に誕生・成人化した新世代消費者（ニューファミリー）が保有する旧来とは異なるライフスタイルに沿った需要への適合に苦戦する。そして当時の，「モノ離れ」による「コト（サービス消費）」偏重傾向にあった市場傾向もあり，"百貨店離れ"が顕在化するようになった。まさにこの当時の百貨店が直面した課題とは，「大衆」の崩壊による，マス・マーケティングの限界であったといえる。

　その後百貨店は幸運なことに，「百貨店冬の時代」を救う，まさに神風のごとく到来した内需拡大というバブル経済期によって，拡大・成長する。しかし，このバブル景気時の百貨店の戦略は，高級化・拡大（増床）であり，構造的課題を改修するものではなかった。そのため，バブル崩壊とともに，百貨店は改めて「冬の時代」を経験することになった。

　そして本節で議論したように，現在の市場は，バブル期よりも人口が少なく，給与も低く，さらに（百貨店の中核的な商材である）衣料品の支出金額も低いなど，「景気後退」や「競合業態の発展」だけでなく，消費者の志向に関しても，百貨店にとって厳しい状況となっている。加えて，コロナ禍による影響で，百貨店の売上は大幅に激減している。このような市場環境において，百貨店はどのような戦略が求められるであろうか。

　次節では，既存研究で指摘された百貨店の構造的課題の要因を確認し，改めて百貨店の構造的課題とは何かを議論する。

3
既存研究における百貨店の
構造的課題に対する指摘

　百貨店の既存研究において，百貨店の内的競争優位性の減退の最たる要因して議論されているのが，「委託仕入」をはじめとするリスクを介さない百貨店特有の仕入形態である。江尻（1994，2003）の研究を筆頭に，百貨店の課題である「利益率の低さ」の主たる要因として，「委託仕入」や「売上仕入（消化仕入）」の取引形態における比率の高さが既存研究において問題視されてきた。

　しかし，この「委託仕入」および「売上仕入（消化仕入）」の弊害に対し，反証を試みる議論が近年いくつか確認されるようになってきている。また，「買取仕入」，「自主販売」が機能せず，その後事実上倒産した（他の百貨店へ統合された）岩田屋[9]の事例や，その一方で，（詳しくは後述するが）

9　岩田屋は1995年に，百貨店側の責任で多くの商品を買い取る完全買取と，アパレルが派遣する販売員に頼ることもやめるという自主売場のみの体制へ舵を切った。しかし，その体制で1996年に出店した，「新しい価値観を持った25〜39歳の働く女性」をターゲットとした岩田屋Z—SIDE は，当初の初年度の予算300億円を達成できず200億の売上を計上するに至った。そして，Z—SIDE の不振に引っ張られるかたちで，1997年には初の経常赤字を経験する。その後岩田屋は99年に本館と新館の売却など金策に苦心しながらも経営を継続するも，2002年には伊勢丹の傘下へと統合された。詳しくは，「岩田屋三越編（3）栄枯盛衰」産経新聞（2015年10月28日）（最終アクセス日：2021年10月7日）および「本館新館 Z サイド…天神の「盟主」岩田屋，波乱の歩みと"勝利の方程式" 福岡流通戦争モノ語り（3）」西日本新聞（2019年1月25日）（最終アクセス日：2021年10月7日）を参照されたい。

J. フロントリテイリングによる仕入をしない百貨店の成功（高利益率体質の実現）もあり，「委託仕入」と「売上仕入（消化仕入）」を，百貨店の構造的課題の枢軸とする議論は，業界内においても衰退傾向にある。

　本節では，改めて百貨店の構造的課題とは何か，そしてその源泉たる百貨店の内的要因とは何か，「委託仕入」および「売上仕入（消化仕入）」を問題視する既存研究を一部反証するかたちで議論を進める。

3-1　百貨店の仕入形態とは

　そもそも百貨店の仕入形態にはどのようなものが存在するか，その確認から議論を始める。百貨店の仕入形態は，公的な定義と各百貨店における用語の意味が若干異なるものの[10]，主として買取仕入，委託仕入，売上仕入（消化仕入）の 3 つの形態に弁別することができる。

　買取仕入とは，「売買の完結により，商品の所有権が移転する仕入方式」[11]であり，つまり百貨店が取引先から商品を購入し自社の商品（在庫）とする仕入である。この買取仕入には，取引先への返品を行使しないとする「完全買取」と，ある一定の条件下での返品を実施するという「返品条件付き買取」[12]がある。

　委託仕入とは，「納入業者から商品の販売の委託を受け，販売されたものについて一定の手数料を取る仕入方式」[13]，また「納入業者が一定期間，商品の販売を当社に委託する仕入形態。搬入された商品のうち実際に販売された商品の分だけ仕入をおこし，仕入代金として支払う方法」[14]と定義される

10　詳しくは，江尻（2003）を参照されたい。

11　江尻（2003）は，公正取引委員会の議論を基に仕入形態の定義を整理する。詳しくは江尻（2003），p.28 を参照されたい。

12　繊研新聞は，返品条件付き買取に関して，「百貨店がプライベートブランドの企画・生産をアパレル企業に委託する場合や専門店がアパレル企業から商品を仕入る場合，事前に定めた一定の条件を満たす場合に限り，シーズン末に残った商品をアパレル企業が引き取る取引形態」と定義する。詳しくは，繊研新聞サイト（最終アクセス日：10 月 7 日）を参照されたい。

13　詳しくは，江尻（2003），p.28 を参照されたい。

14　江尻（2003）はある特定の百貨店における仕入形態には，買取仕入，委託仕入，消化仕入の 3つの形態が存在することを明示している。詳しくは江尻（2003），p.30 を参照されたい。

仕入形態である。

　そして売上仕入（消化仕入）とは，「納入業者に一定の売場を場貸しし，商品の仕入販売には直接関与せず，売上げた商品だけ百貨店が仕入したことにし，売上利益の何パーセントかを得る仕入方式」[15] あるいは「搬入された商品について，売れるつど仕入がおこされ，仕入代金を支払う仕入形態」[16] である。

　「委託仕入」と「売上仕入（消化仕入）」の違いは，前者が「商品保管リスク」[17] を買手である百貨店が有するのに対し，後者はそのリスクを有さない点である[18]。つまり，「売上仕入（消化仕入）」は，「商品リスク」だけでなく，その保管のリスクすら納入業者である取引先が負担する仕入形態となっている。具体的な「委託仕入」をと「売上仕入（消化仕入）」の違いとは，木下（2004）[19] の議論を参考にすると，前者が，「納入業者が自由に商品を百貨店に出し入れすることはできない」こと，また「納入業者の営業員と百貨店の仕入担当者が協力して売場をつくっていくという体制」が介在する点であるといえる。一方，「売上仕入（消化仕入）」とは，「委託仕入」と同様，百貨店に納入された商品のうち売れたものに対して仕入をおこす取引形態であるが，その管理責任は納入業者に帰するものであり，百貨店担当者との協議をすることなく，納入業者が自由に商品を入れ替えできる仕入形態である。

　委託仕入の定着化は，1953 年当時，まだ新興企業であった樫山株式会社（現在のオンワード樫山）が百貨店への参入するための手法として，「派遣店

15　詳しくは，江尻（2003），p.28 を参照されたい。

16　詳しくは，江尻（2003），p.30 を参照されたい。

17　江尻（2003）は，商品仕入における百貨店が有するリスクを「商品リスク」と「商品保管リスク」に弁別し，買取仕入，委託仕入，売上仕入（消化仕入）におけるそれらリスクの介在を議論する。彼のいう「商品リスク」とは，「商品の市場性が変化した結果，その価値が低下し，値引きした価格でしか販売できないなど，商品価値に係る危険」と定義されるものであり，商品の市場価値の低減にかかわるリスクを意味する。買取仕入では，百貨店は商品を取引先から購入するため，同種のリスクを自社に内在することとなる。一方，「商品保管リスク」は「商品を保管している過程で，商品が汚損されたり毀損されて，販売できなくなったなどの，商品保管に係る危険」と定義され，売場やストック場での商品の扱いにかかわるリスクを指す。

18　詳しくは，江尻（2003），p.31 を参照されたい。

19　木下（2004），p.154 を参照されたい。

員制度」などとともに，積極的に百貨店へ導入を促したことを契機とする[20]。この委託仕入の導入により，買取仕入しか実施していなかった百貨店は，定まった予算を超えて大量に商品を納品することが可能となった[21]。

　その後，「委託仕入」制度は，百貨店にとって「商品リスク」の回避や，人的資源と資金の不足を解消する仕入形態であったこと，逆に納入業者にとっては不当なマージンを請求されるといった「制度化されていない返品」を抑制するメリットもあり，百貨店業界を中心に広く受け入れられるようになった。

　しかし，第3章で議論した「百貨店冬の時代」を迎える頃には，市場の成熟化という背景もあり，取り扱い商品の多様化と製品ライフサイクルの短縮化が進展するようになると，委託仕入の課題が顕在化するようになる。展示会でのお披露目にはじまり商品の納品までのリードタイムが比較的長期的であり，また納入した商品の代金の回収にも時間がかかること，さらに売れ残りは期末での返品で対応するという，臨機応変に市場へ対応することが求められる市場において，「委託仕入」は納入業者にとってリスクが高く，そして高コスト構造の取引形態となっていった。また委託仕入は，納入業者→百貨店→消費者への所有権の移転を基本とする，百貨店の仕入を介す形態であるため，百貨店にとって「商品リスク」は介在しないものの，市場の需要変化にスピーディーに対応することが求められるようになったことで，「商品管理リスク」および管理のためのコストの介在が百貨店サイドにおいても問題視されるようになる。

　そこで新たに百貨店に対して提示された仕入形態こそ，「売上仕入（消化仕入）」であった。この売上仕入の登場により，ますます百貨店における買取仕入の割合は急激に低減する。江尻（2003）によると，1987年において，既に「委託仕入」と「売上仕入（消化仕入）」の仕入率における割合が，80％近くにも及んでいたことが確認されている（図表6-5）。

20　白木屋は戦前から委託仕入を大々的に採用していたが，その他多くの百貨店では買取仕入が主であった（神保 2001, pp.38-39を参照されたい。）

21　新井田（2010），pp.39-40を参照されたい。

図表 6-5　百貨店の仕入形態の比重変化

	買取仕入	委託仕入	売上仕入	合計
1956	81.3%	15.1%	3.6%	100.0%
1987	21.0%	66.4%	12.6%	100.0%

出典：江尻（2003），p.37 を一部修正

3-2　「委託仕入」，「売上仕入（消化仕入）」および派遣定員制度による百貨店経営への弊害

　百貨店にかかわる既存研究の多くで，「委託仕入」，「売上仕入（消化仕入）」および「派遣販売員制度」による弊害が指摘されている。百貨店の最たる課題は，江尻（2003）が指摘するように，営業利益率の低さである（図表6-6）。第3章で指摘したように，「百貨店冬の時代」から問題視されていた構造的課題により，バブル経済期ですら，百貨店の営業利益率は低かった。

　1992年度の営業利益率は，1％を切っており，この数値は，同時点の納入業者であるオンワード樫山の6.4％やワコールの5.4％と比較しても，かなり低いものであった[22]。

　コロナ禍直後を含む2019年度[23]の百貨店事業者の決済を観ても，1992年度よりは数値は改善されているものの，エイチ・ツー・オー リテイリング（営業利益率：1.3％）[24]，J.フロントリテイリング（営業利益率：4.0％）[25]，髙島屋（営業利益率：2.8％）[26]，三越伊勢丹ホールディングス（営業利益率：1.4％）[27]と，まだまだワールド社（営業利益率：5.5％）[28]やユナイテッ

22　江尻（2003），p.11
23　2019年度の決算報告を観ると，2020年2，3月はコロナの影響を受け売上が低減したことが確認されている。
24　エイチ・ツー・オー リテイリング社2020年3月期決算短信より算出（最終アクセス日：2021年10月7日）。
25　J.フロントリテイリング社2020年2月期決算短信より算出（最終アクセス日：2021年10月7日）。
26　髙島屋社2020年2月期決算短信より算出（最終アクセス日：2021年10月7日）。
27　三越伊勢丹ホールディングス社2020年3月期決算短信より算出（最終アクセス日：2021年10月7日）。
28　ワールド社2020年3月期決算短信より算出（最終アクセス日：2021年10月7日）。

図表 6-6　百貨店の利益率（年度集計）[29]

	売上総利益率	経費率	営業利益率
1987	23.8%	21.8%	2.0%
1991	24.6%	23.0%	1.6%
1992	24.7%	23.8%	0.9%

出典：江尻（1994），p.10 を一部修正

ドアローズ社（営業利益率：5.6 ％）[30] と比べ，（売上規模は異なるが）低水準である[31]。

　またこの百貨店関連企業の営業利益率は，百貨店業だけでなく他の事業を含めた連結決済の数値であることも留意する必要がある。百貨店事業単体のみの営業利益率は，基本的には連結決済よりも低く，１％を切る事業体も存在する[32]。

　では，このような低い利益率がなぜ引き起こされているのであろうか。既存研究では，「委託仕入」や「売上仕入（消化仕入）」，そして「派遣販売員制度」による弊害が指摘されている。

　江尻（1994）[33] は，「委託仕入」による「商品リスク」の低減機能を認めつつも，その弊害として，「負担リスク相当額に準じた高い仕入価格を求められる（商品仕入価格決定権を納入企業に移譲する）」ことや「納入する商

29　江尻（1994）は，国内百貨店の上位 10 社（百貨店名を明記していない）の数値を用い議論している。詳しくは，江尻（1994）を参照されたい。

30　ユナイテッドアローズ社 2020 年 3 月期決算短信より算出（最終アクセス日：2021 年 10 月 7 日）。

31　しかし，オンワード樫山（営業利益率：1.2 ％）と，競合他社と比べて百貨店並みの低水準を記録している（詳しくは，オンワード樫山社 2020 年 2 月期決算短信より算出）（最終アクセス日：2021 年 10 月 7 日）。

32　エイチ・ツー・オー リテイリング社の 2020 年 3 月期における百貨店事業の営業利益率は 2.4％（エイチ・ツー・オー リテイリング社 2020 年 3 月期決算説明会資料より），J. フロントリテイリングの 2020 年 2 月期における百貨店事業の営業利益率は 2.5 ％（J. フロントリテイリング社 2020 年 2 月期決算説明会資料より），髙島屋社の 2020 年 2 月期における国内百貨店事業の営業利益率は 0.5 ％（髙島屋 2020 年 2 月期［2019 年度］決算説明会資料より），三越伊勢丹ホールディングス社の 2020 年 3 月期における三越伊勢丹株式会社の営業利益率は 1.1 ％（三越伊勢丹ホールディングス社 2020 年 3 月期決算説明会資料より）となっている。（最終アクセス日：2021 年 10 月 7 日）

33　江尻（1994），pp.58-59

品の意思決定の喪失」を指摘している。加えて同氏は,「派遣販売員制度」に関し,マネジメントコスト（主に人件費）に対する低減機能は一部容認しつつも,同制度を百貨店が導入したことによって,「委託仕入」の採用と同様,「負担リスク相当額に準じた高い仕入価格」を百貨店は納入業者に支払う必要があること,また百貨店が保有すべきマーチャンダイジングも含めた売場づくりにかかわる能力や売場のマネジメント能力の醸成を阻害すること,加えて派遣販売員と百貨店顧客の関係性が強まることで「百貨店と顧客との関係性」から「派遣元のブランドと顧客への関係性」への移転が生じることを,その弊害として指摘する[34]。

　さらに江尻（2003）は,百貨店における自主型運営売場（平場）と（納入業者主体の）委託・管理型売場間の,主体間の動機や意図などに関する不適合性を指摘している（図表 6-7）。百貨店では,靴売場や財布売場など,ブランド単体のショップではなく,様々なブランドがひとつの売場に陳列販売されている平場という売場が存在する。そのような平場では百貨店従業員と納入業者から派遣された販売員が混在し業務に従事する。他の売場よりも平場において特に,江尻（2003）が指摘するような,品揃えや商品納品に対する動機づけ,仕入価格への期待（水準）,消費者へのアプローチの違い（推奨意図・〔目指すべき〕顧客ロイヤルティの方向性）の齟齬（コンフリク

図表 6-7　百貨店における売場運営スタイルの違いと主体間の意識の祖語

売場運営スタイル	自主型運営売場	委託・管理型売場
主体	百貨店	納入業者
品揃えに関する動機づけ	納入業者の保有する商品のうち,優れた商品のみを取揃えたい	自社商品すべてを納品したい
商品納品に関する動機づけ	優れた商品を自店にだけ供給してほしい	(百貨店の)競合他社に納品している商品も納品してほしい
仕入れ価格への期待	競合他社より安い価格で納品したい	(百貨店の)競合他社と同じ価格帯で販売したい
消費者への推奨意図	取り扱っている全商品から推奨したい	自社商品のみを推奨したい
顧客ロイヤルティの方向性	百貨店へのストア・ロイヤルティの醸成	ブランド・ロイヤルティの醸成

出典：江尻（2003），p.330 を基に筆者作成

34　江尻（1994），pp.59-65

ト）が，売場マネジメントにおける弊害となり，その結果，百貨店の売上を
阻害する，委託仕入・売上仕入（消化仕入）の比重の高まりとともに，百貨
店と納入業者間の齟齬の解消は，百貨店経営において対応すべき課題となっ
た。

　木下（2004）も「委託仕入」と「派遣販売員制度」よる百貨店への弊害
として，百貨店売上高利益率の低下，マーチャンダイジング機能の低下，百
貨店から納入業者への販売主導権および価格決定権の移動，「評判」という
資源の移行（顧客が知覚するブランドイメージの百貨店から納入業者への部
分的移行）などを問題視する[35]。

　坪井（2009）も，「委託仕入」の導入による取引先依存体制が，顧客サー
ビスやマーチャンダイジングにかかわる能力の低下，低収益体質，そして売
場構成の「同質化」を導くと指摘する[36]。

　上述のように既存の百貨店研究では，「委託仕入」や「売上仕入（消化仕
入）」また「派遣販売員制度」による百貨店の恩恵だけでなく，むしろその
弊害に関して指摘されてきた。そしてこの議論は，同研究領域では主流の議
論であり，百貨店の低収益性を検討するうえである程度で暗黙的に採用され
てきた論調であった。しかし，先述したように，岩田屋による買取仕入と自
主販売の方策が，頓挫したこともあり，この寡占的であった論調に対して一
部反証する議論も出現してきた。

3-3　委託仕入・売上仕入（消化仕入）・派遣販売員制度を弊害とする議論への反証を試みる研究：大丸の事例を通じて

　「委託仕入」や「売上仕入（消化仕入）」，そして「派遣販売員制度」によ
る百貨店への弊害に対して，一部反証を試みる研究として，田村（2008），
新井田（2010），山本（2010），岡野（2011），青木（2012）がある。本書で
は田村（2010）の議論を中心に大丸の事例を通じて，仕入形態と派遣販売

35　木下（2006），pp.155-158
36　坪井（2009），p.54

員制度の弊害に関する議論への一部反証を試みる。

　田村（2008）は，先駆的な事例として大丸の施策を挙げ，百貨店のフォーマット転換に関して議論する。同氏は企業のフォーマット[37]を形成する構図（図表6-8）を示したうえ，大丸のフォーマット転換の主たる基点とは，バック・システムに対する改革であったと指摘している。田村（2008）が評価する具体的な大丸の改革とは，①本社集中仕入比率の向上，②品揃え統合性との決別，③業務改革による人件費の削減，④物流改革，⑤外商の効率化である。

　①本社集中仕入比率の向上とは，店舗別で実施されていた仕入を，本社に集約し一括して納入業者と取引するという取り組みである。納入業者は，取引先である各百貨店（および店舗）の売上規模の応じ，自社の売れ筋商品の傾斜配置する傾向にあるが，この取り組みはその納入業者の動きを抑制するものである。取引先との交渉窓口を一本化することで，バイイングパワーを集約し，納品の傾斜が介在した取引先依存型の仕入形態から，百貨店主体の仕入れへと主導権の奪還を図るものであった。また同様に，集中仕入による納入価格（仕入価格）の効率化（抑制）を図る施策でもあった[38]。

　特にこの取り組みは，「売上仕入（消化仕入）」形態の売場，つまり納入業者への取引依存度の高い売場を管理するうえで機能するものである。先述したように「委託仕入」や「売上仕入（消化仕入）」によって百貨店間の売場構成の「同質化」が指摘されている。

　①本社集中仕入比率の向上は，納入価格の低下などの取引の改善だけでなく，売場の位置づけに沿ったマネジメントを実現し，競合他社との売場や品揃え差別化を図るための方略でもあった。

　新井田（2010）は，この大丸は，改革の成功の背景に，売場運営形態別の戦略の存在を言及している（図表6-9）。当時の大丸は，6つのタイプに売場を弁別し，その区分に沿って，仕入，接客への関与度，品揃え計画への

37　田村（2008）はフォーマットを「業態の分化した種々なかたちのことであり，企業の戦略行動を反映している」，また「フォーマットは分化レベルでとらえられた業態」と議論し，業態の戦略的側面が表象したものとしてフォーマットを位置づけている（詳しくは，田村2008，p.25を参照されたい）。

38　J. フロントリテイリング社へのインタビュー（2021年3月25日）より

図表 6-8　フォーマットの基本要素

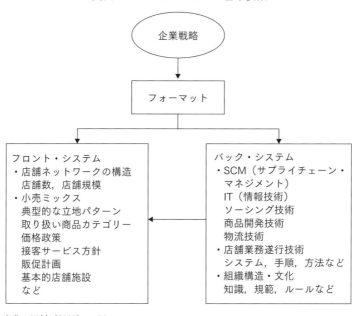

出典：田村（2008），p.26

関与度，マネジメント対象の水準，計画修正可能性（管理可能性），運営ノ
ウハウを設定していた。

　②品揃え統合性との決別とは，百貨店の強みのひとつであったファミリー
層をターゲットとしたワンストップ・ショッピングへの対応との決別を意味
する。郊外型 SC にその機能を奪われた百貨店の現状を踏まえ，大丸（主に
大阪本店〔心斎橋〕，〔大阪〕梅田店，東京店を中心として）の改革において
は，都心就業の OL をターゲットとした店舗への移行が実施され，婦人向け
ファッションが拡充される[39]。

　③業務改革による人件費の削減とは，各店舗に分権化していた人事，総
務，経理などの要因の本社への集権化を指す。2000 年には，全従業員数に
おける後方部門の割合が，従来の 27 ％から 20 ％へ抑制することが可能と

39　婦人服売場は拡大される反面，書籍，音楽ソフト，家電，家具，催事場といった売場が縮小さ
　　れた。詳しくは，田村 2008，p.210 を参照されたい。

図表 6-9　大丸の改革における売場運営形態別の戦略[40]

運営タイプ	自主運営形態		共同運営形態		委託運営形態	
	自主企画	自主編集	共同編集	委託編集	個別委託	包括委託
	Aタイプ	Bタイプ	Cタイプ	Dタイプ	Eタイプ	Fタイプ
売上比率（2004上期）	1.7%	8.0%	9.5%	17.6%	55.8%	7.5%
位置づけ	大丸の意思とリスクのもとに商品の企画開発，商品仕入から接客販売まで行う		大丸のリーダーシップのもとに取引先と大丸が共同で仕入から接客販売まで行う		大丸が取引先に売場を提供して取引先が独自のノウハウで運営する	
仕入形態	完全買取		条件付き買取		売上仕入（消化仕入）	
接客への関与度	すべて大丸	基本的に大丸	取引先と協議	基本的に取引先	すべて取引先	
品揃え計画への関与度	品揃え計画		品揃え方針		テナント基本契約	
マネジメント対象の水準	ユニット管理		ダラー管理		テナント効率	
計画修正可能性（管理可能性）	計画修正可能				取引先依存	
（重視すべき）運営ノウハウ	・商品開発力 ・売り切る販売力	・変化に対応した編集力 ・売り切る販売力	・大丸の主体性を前提とした社員と取引先の役割分担	・商品力，販売力のある取引先とのタイアップ	・マーケット情報に基づく取引先ブランドの的確な改廃	

出典：新井田（2010），p.125 および p.277 を基に筆者作成

なり，その余剰人員はフロント・システムを担う店頭販売や外商担当へと割り当てられる[41]。その後 2014 年において，同社では大丸松坂屋の社員 1,108人を対象とした人員削減（選択定年制度利用者：273 人，グループ会社への転属：835 人）を実施し，さらなる人件費の縮約を図った[42]。

　④物流改革に関して，大丸の改革では，まず 1997 年に運送会社に委託していた店舗別の仕分作業を，大丸と物流子会社が担うよう変更された。この

40　本表で示された，「ユニット管理」とは（商品）単品レベルまでの管理を，「ダラー管理」とは金額での管理を意味する（詳しくは，新井田 2010，p.125 を参照されたい）。
41　新井田（2010）では，大丸の改革において，店舗業務を消費者基点（顧客視点）から，付加価値業務（店頭でやるべき業務），低付加価値業務（店頭でやらざるを得ない業務），および非付加価値業務（店頭でやってはいけない業務）に弁別し，さらに頻度水準の違いを踏まえ，業務を細分化したことが明示されている（詳しくは，新井田 2010，pp.110-118，および青木 2012 参照のこと）。
42　「大丸松坂屋の社員 1108 人削減。」日本経済新聞（2014 年 4 月 11 日朝刊）（日経テレコン 最終アクセス日：2021 年 10 月 17 日）。

結果，店頭への配送が半日短縮される。翌 98 年には，用度品[43] 専用の物流センターを設立，用度品の納入業者から一括購入，さらに 99 年には物流統括部分の設立し，店舗別の物流を物流センターへの一本化を実現した[44]。

　⑤外商の効率化に関して，もともと御用聞きという独特の営業スタイルという特性から，既存の外商販売員の業務では，販売員個人が営業から商品手配，請求書の作成まで，同一個人がすべて業務を遂行していた。奥田氏による改革では，営業テリトリー（担当エリア）の整理，請求書作成業務の後方部門への委任，外商顧客に専用のクレジットカード（ゴールドカード）を配布，そしてカード顧客の購買履歴の管理が推進された。このクレジットカードに関する施策は，CRM の視座から，外商販売員のみが保有していたデータを社として保有・管理しようとするものである[45]。

　田村（2010）は，上記の 5 つの改革を踏まえ，奥田氏による大丸の改革を，新たなフォーマットの転換であると評価する。特に，従来，百貨店に比べて品揃えの範囲が限定され，取り扱い商品の特性が標準化されている SM やコンビニエンスストアで実施されているチェーン・オペレーションを，百貨店の特性を生かしながら実現したことを，同氏は評価している。大丸の改革は上述のように，バック・システムと集権化し，その一方で余剰要員および資金を，売場特性を踏まえた（タイプ別分類の後に）選択的に投入するという，百貨店の特性を生かしながらフロント・システムの拡充したものであった。

　大丸の改革に関して本書で注目すべき点は，まず戦略ドメインと自社リテールブランドのコア・コンピタンスを再考・明確化したこと，そしてそれに基づきストア（店舗）内の売場の位置づけを再考したこと，さらに売場マネジメントの基準を明示化したことである。また，既存研究における「買取仕入偏重のマネジメント」を推奨する論調の限界を指摘するうえで，「委託仕入」，「売上（消化仕入）」および「派遣販売員制度」を，戦略に応じて選

43　大丸では，「用度品」とは，包装紙・袋・紙バッグ・売場で使う事務用品・備品などを対象とする。
44　田村（2010），p.213 を参照されたい。
45　田村（2010），p.214 を参照されたい。

択・集中する体制を確立したことも特筆すべき点である。

　改革の結果，大丸は，多くの百貨店の課題である営業利益率の回復を達成した。

　山本（2010）は，田村（2008）の議論を一部踏襲し，2003年3月に開店した大丸札幌店の事例から，売上高人件費比率の抑制と取引関係の最適化，それに準じた店舗施設による，同店の成功を評価する。札幌店ではその出店に際し，450名という人員設定を置き，間接業務に関するアルバイトに任せるなど，管理費や人件費の削減を実施する一方で競合他社との差別化のため自社社員が集中すべきフロント・システムに人員を割り当てるという，資源の選択と集中を図り，コスト効率の高いマネジメント体制の構築を実現した。同店では，管理職の人員も他の店舗より少なく，また年間売上350億を設定した人員配置にもかかわらず[46]，初年度は392億円，2008年では500億円を超える売上高を記録した[47]。

　岡野（2011）も，田村（2008）や新井田（2010）と近しい視点から，奥田氏による改革を評価している。同氏の研究で着目すべきは，大丸の改革におけるITを活用したCRMの実施に関して詳細に議論されていることである。大丸では，2002年にMD業務をシステム化するため，POSレジスターを入れ替え，従来の商品コード体系の一新，「新マーチャンダイジング情報システム（新MD情報システム）」と称される単品情報の分析システムを導入した。この導入によって，主として手作業で計上されていた単品ごとの販売情報が飛躍的に向上することとなり，情報収集にかかわる業務負荷が軽減された。同時に，その収集された情報は，商品展開や配置をはじめとするマーチャンダイジングに活用されるようになった[48]。

46　従来の大丸の基幹店では，部長職が，婦人洋品部門（2名），婦人服部門（2名），紳士服洋品・紳士服部門（1名），宝飾品・絵画部門（1名），住文化部門（1名），食料品部門（1名）の計8名体制で運営されていた。しかし札幌店では，婦人洋品部門（1名），婦人服部門（1名），住文化部門（1名），食料品部門（1名）の計4名と半数であり，また他の基幹店で存在する店長を補佐する店次長を設けず，外商部門，総務部門，業務推進部門の部長（各1名）を含め，7名体制で店長をサポートする体制を初めて採用した。その後，札幌店の成功もあり，基幹店においても部長職を減らし，店舗営業にかかわる人員は5名程度と人件費のコスト削減を実現している（山本2010，p.101を参照されたい）。
47　山本（2010），pp.100-101参照のこと。

　また大丸では 2003 年には，（前年の戦略がバック・システムに関する改革であったのに対し）フロント・システムであるサービス提供業務の改革として，「新顧客情報システム（D-CIS）」を導入した。岡野（2011）では同システムの特徴を，「自社で発行されるクレジットカードやポイントカードに登録された個人情報と，新 MD 情報システムにより得られる顧客の購買情報をリンクさせ，顧客の購買行動をトータルに把握・管理・分析する百貨店特有のシステム」であると議論する[49]。この新顧客情報システムの導入により，顧客の前期の来店頻度と今期の来店頻度をマトリクスにし，優良顧客，潜在的優良顧客，来店頻度が減少している流出傾向顧客などに細分化することが可能となり，さらにそれに準じた接客サービスの提供や，ダイレクト・マーケティングが実施されるようになる[50]。

　加えて 2009 年に，店舗運営業務をシステム化するための「売り場効率分析システム」を導入し，ショップ運営売場に対するコントロール強化を図った。同システムでは，ショップ単位の売上高，客層，客単位や，月度単位で表示できる売場面積単位の効率，益高からコストを差し引いた「みなし利益」，サービスにかかわる調査結果（接客満足度）など，必要なデータのみがビジュアル化されており，情報分析にかかわるスキルに長けたスタッフでなくても利用しやすいような仕組みとなっている。大丸が実施した情報改革は，奥田（2014）が議論するように，（情報収集・分析にかかわるコストを抑制する関係から）すべての顧客データを扱うのではなく，最低限の情報を活用するだけで，効率的なマーチャンダイジングや接客が実用可能になるという，売場のマネジメントの体制を刷新をその特徴とする[51]。

　青木（2012）は，2011 年 4 月に全面改装した大丸梅田店を中心に，奥田氏による改革を議論する。青木（2012）は，奥田氏の改革を第 1 次営業改革（1998 〜 2007 年）と第 2 次営業改革（2008 年〜）と位置づけ，新井田（2010）でも議論されていた売場運営形態別の戦略を踏まえながら，大丸梅

48　岡野（2011），p.307
49　岡野（2011），p.307
50　詳しくは，岡野（2011），p.308 を参照されたい。
51　詳しくは，奥田（2014），p.194 を参照されたい。

田店の改革の特徴として，上層階・中層階・下層階に関するテーマ別の売場づくり，ローコスト・オペレーション，（ターゲット層に対する）マーケット対応について言及する。

　同氏の研究では，第2次営業改革において，売場運営形態別の戦略（図表4-9）の修正があったことが示されている[52]。具体的には，2008年3月に，A〜Fの6つのタイプから，自主運営，共同運営，テナント運営の3つに再編された。自主運営とは，A，B，Cが集約された売場タイプであり，「大丸が接客やマーチャンダイジングを主体的に管理運営するもの」である。共同運営とは，DとEの一部が集約されたタイプであり，「取引先がマーチャンダイジングに主体的に関与するが，大丸は販売計画や顧客対応に関与し，重点商品を中心に発注と品揃えにも関与する」[53] ものである。そして，テナント運営とは，EとFの一部が集約されたタイプであり，「原則取引先がマーチャンダイジングを主体的に実行するが，大丸は販売計画や顧客対応に関与する」[54] ものである[55]。しかしその後，共同運営やテナント運営が多い服飾関係部門において投資効果が見込まれないとし，この3つの区分から，最終的には同年9月に，自主運営とショップ運営（共同運営＋テナント運営）に集約される。青木（2012）によると，この時点の大丸の売上高において，自主運営売場は約20％，ショップ運営売場は約80％であったという。

　このような改革を基盤とし，改装前からの既存顧客であるミセスの専業主婦層や30〜40代のOL層に加え，30歳前後の子育て世代，大阪駅を中心とするエリアを利用する若年層や男性を包括するようターゲット拡張され，「コンテンポラリーなマルチコミュニケーションストア」をコンセプトとする，新たな大丸梅田店が誕生した。同店は，地下2階〜15階という多層階な店舗であり，改装後は，下層階（地下2〜地下1階）の「毎日立ち寄り

52　詳しくは，青木（2012），p.93を参照されたい。
53　詳しくは，前掲の出典を参照されたい。
54　詳しくは，前掲の出典を参照されたい。
55　岡野（2011）では，2007年度の大丸の実績が，自主運営型のAタイプ（2％），Bタイプ（7％），Cタイプ（10％），共同運営型のD＋Eタイプ（22％），テナント運営型のE＋Fタイプ（59％）の売上シェアから構成されていることを明示する（詳しくは，岡野2011，p.299を参照されたい）。

たくなるフーズ＆グッズワールド」，中層階（1〜9階）の「働く人のための高感度ファッションワールド」，上層階（10〜15）の「コト・時間消費のためのエンターテイメント＆ファミリーワールド」から構成されている。この店舗は，大阪駅周辺の他の百貨店との関係や，（本章の冒頭で述べた）近年のライフスタイルや消費傾向の変化も加味し，婦人服偏重ではなく，戦前の百貨店のような，「大衆にとっての総合的かつ複合的な小売店」というまさに「百貨店らしさ」の原点回帰への試みの中で誕生した。

　また同店の特徴は，マーチャンダイジングと取り扱いサービスの拡大を，ローコストで実現したことである。従来型の百貨店であれば，取り扱い商材や提供するサービス財が多種多様になればなるほど，それに準じた人件費や設備費などが必要となり，結果高コストの運営体制を余儀なくされる。そこで大丸梅田店では，とりわけファミリー層の獲得のため，大型テナントの誘致することで，自社コストをかけることなく，顧客層の拡大を図った。同店には，13階に，アニメ『ポケットモンスター』のグッズショップであるポケモンセンターオーサカ，玩具専門店のトミカショップ，ユニクロ（2020年1月31日閉店），ABCクッキングスタジオ（2021年2月7日閉店）が誘致された[56]。

　加えて，梅田店の自主運営売場は改装前が約30％であったのに対し，改装後は15％と縮小され，その結果，社員数は530人体制（270人減）と大幅な縮約が実現した。ただ，このローコスト・オペレーション実現は，テナントの誘致だけでなく，競合他社との差別化の源泉のひとつでもある自主運営部門においても達成されている。梅田店の自主運営売場では，J. フロントリテイリング子会社の人材派遣会社のスタッフを採用することで，従来よりもローコストを実現した[57]。

　青木（2012）は，梅田店の改革のカギとは，店舗の戦略ドメインを明確にしたうえでの魅力的なテナントやショップの誘致とともに，ローコスト運営が可能な自主運営売場を設置したこと，さらに自主事業統括本部とショップ運営統括本部を編成し，仕入や販売にかかわる効率化が図られたことであ

56　詳しくは，青木（2012），p.98 を参照されたい。
57　詳しくは，青木（2012），p.99 を参照されたい。

ると議論する[58]。

　本節で概観したように，大丸の改革を議論した田村（2008），新井田（2010），山本（2010），岡野（2011）そして青木（2012）の研究では，「委託仕入」や「売上仕入（消化仕入）」，そして「派遣販売員制度」による百貨店への弊害ではなく，戦略に則ったその使い分けが評価されていた。つまり，自社の戦略ドメインの明確化，そして百貨店らしさ（大丸らしさ）やストア（店舗）（例えば札幌店や梅田店）に関するコア・コンピタンスを再考したうえ，資産を選択・集中し，アウトソーシングを積極的に取り入れ，効果的かつ効率的な店づくりを実現したことが，新たな百貨店戦略の方向性として評価されていた。実際，J.フロントリテイリングの営業利益率は他の百貨店のそれよりも高く，改革がうまく機能しているといえる。

　これらの議論や数値を踏まえると，百貨店が直面する低利益率体質や「消費者の百貨店離れ」の枢軸として既存研究で議論されてきた，「委託仕入」や「売上仕入（消化仕入）」，そして「派遣販売員制度」による百貨店への弊害は，必ずしも根幹的な問題ではなかったと指摘される。また既存研究でなされたこれらの議論の背景には，小売業＝モノ売り業という業種に対する認識を，暗黙的に百貨店を議論するうえで研究者が採用していた点であると指摘される。第3章で百貨店の発展過程を議論したように，百貨店はその誕生以来，モノの販売を収益源としながらも，モノだけでなくサービスや経験を提供する「場」にその特徴であった。大丸の改革とはまさに，モノ偏重のマネジメントに陥っていた百貨店のマネジメントスタイルを改め，原点回帰を図ったものである。また同社の取り組みの特徴は，新たな技術（IT/ロジスティクス）を採用しながらバック・システムを効率化することで，ローコスト・パフォーマンスを実現したことであった。この低コスト構造を模索することも，初期の百貨店がマス・マーケティングを実施することでコスト効率の向上を試みたように，百貨店がそもそも保有していた業態の本質を回復させた施策であったといえよう。

　J.フロントリテイリングでは現在，社是の「先義後利」を体現すべく，グ

---

[58]　詳しくは，青木（2012），p.99 を参照されたい。

ループビジョンとして「くらしの『あたらしい幸せ』を発明する。」を掲げ、「人びとと共に、地域と共に、環境と共に」というサステナビリティ指針を踏まえて、「こころ豊かなライフスタイルをプロデュースし、地域と共生する個性的な街づくりを行う」ための経営戦略・事業戦略を試みている[59]。また同社では、主に奥田氏による改革時代を「事業統合・再編期」（2000 〜 2013 年度）とし、「基盤構築期」（2000 〜 2016 年度）、そして現在は「飛躍的成長期 / グループ構造変革期」（2017 年度〜）へと段階的に、マルチ・リテーラーとして成長（発展）過程の歩みを進めている。

　J. フロントリテイリングでは、グループ全体を通して、同社の強みである、自社業務の選択と集中や、業務間のシナジーの追求を推進することで、効果的かつ効率化な「場」のマネジメントを実現している。今後もわが国の市場において、同社の取組みがさらにどう進化していくのか、その動向が注目される。

4
衰退期における百貨店の戦略

　（コロナ禍以前からの）衰退期における大手百貨店が取り組んでいた戦略は、❶「合理化（業務効率化）」戦略、❷「総合ライフスタイル提案型セレクトショップ化」戦略、❸「コミュニティ（場）形成の劇場化」に大別することができる。以下ではそれぞれの戦略とそれらを採用する百貨店の動向を議論する。

4-1　「合理化（業務効率化）」戦略

　❶「合理化（業務効率化）」戦略とは、簡潔にいうならば“場所貸業態”としての百貨店の特徴をより前面に出し、自主編成型デベロッパーとして売場のマネジメントや人件費を効率化し、低コストで高利益率の業態へと変革

59　J. フロントリテイリング（2021）統合報告書より（最終アクセス日：2021 年 10 月 20 日）。

していこうとする戦略である。ここで重要なのは，デベロッパーとは異なり，売場設計・管理を百貨店が主導で行うという点であり，百貨店のマーチャンダイジングの指針に沿って委託業者（テナント業者など）が選別され，売場が運営されることである。

　顧客の購買データに基づき，いかに売上の高いブランド（プロダクトブランド）やショップを効果的・効率的に配置できるかがこの戦略の鍵となっている。この戦略を積極的に採用している企業こそ，大丸と松坂屋を主たる百貨店として経営する J. フロントリテイリングであり，百貨店だけでなく自社 SC であるパルコを含め，グループ全体として「マルチ・リテーラー」としてチェーン・オペレーションへ組み込むことで，高利益率体質への変革を図っている。

4-2 「総合ライフスタイル提案型セレクトショップ化」戦略

　「総合ライフスタイル提案型セレクトショップ化」戦略とは，「今日は帝劇，明日は三越。」という大正時代の三井呉服店のコピーに見られるような，文化発信業態としての百貨店の特徴を前面に出し，衣食住全てにかかわる高品質の生活様式を提案し自社の世界観を消費者に共感させることで，既存のターゲットを中核とした顧客層の買回品の拡大と購買頻度の増加，そしてより長期的な顧客関係の維持を目指す戦略である。長期的かつ高い顧客生涯価値（Life Time Value：LTV）を獲得できるような顧客を維持することがこの戦略の鍵であり，いかに消費者を魅了し続けることができるかが肝心となる。さらに，高利益率を獲得するためには，高価格の商品・サービスや PB を中核としたマーチャンダイジングや，コスト削減との両立を軸とした高い販売能力（接客能力）が求められる。

　この戦略を採用している企業例としては，三越伊勢丹ホールディングスが挙げられ，その中でも伊勢丹は，この戦略の先駆者として，質が高くまた独自性のあるマーチャンダイジング能力を中核とした売場作りは業界内外でも定評となっている。かつてバーニーズニューヨークジャパンを 100 ％子会社として展開し，郊外型アウトレットモールや空港の売店として伊勢丹とい

う名称を用いてショップを構えるなど，大型セレクトショップ型小売業として確固たるブランドを確立し，小売業における独自のポジションを獲得しようとしている。

4-3 「コミュニティ（場）形成の劇場化」戦略

❸「コミュニティ（場）形成の劇場化」戦略とは，「総合ライフスタイル発信セレクトショップ化」戦略と一部重複するような戦略ではあるが，消費者との関係性構築だけでなく，消費者間のコミュニティ形成の「場」を提供することで，長期的継続的な売上と利益を確保しようとする戦略である。この戦略は，百貨店の持つアミューズメント性やコミュニティ形成の場という特徴を前面に出し，顧客との関係性を密にすることで，結果として顧客の買回り品の拡大や高価格商品・サービスの購買を促進し，高利益率の体質へと変革しようとするものである。

「総合ライフスタイル発信セレクトショップ化」戦略と「コミュニティ（場）形成の劇場化」戦略との大きな違いは，その軸足を，マーチャンダイジングに置くのか，アミューズメント性に置くのかの違いであるといえる。どちらもともに，ライフスタイルを発信していること自体には違いはないが，マーケティング施策の中心が，前者が刺激 - 反応型の提案である一方で，後者は来店顧客層や店舗の商圏また地域性等の消費者の特性に適合させようとする交換型，そして関係性型のアプローチを採用していると考察される。よって，「コミュニティ（場）形成の劇場化」戦略では，店舗が立地する地域の特性を考慮し，「合理化（業務効率化）」戦略におけるチェーン・オペレーション化とは一部相反する，ローカル対応が必須となってくる。

この戦略を採用している企業例としては，エイチ・ツー・オー リテイリング傘下の阪急阪神百貨店（阪急百貨店）が挙げられ，"モノ"ではなく"コト"をテーマに，乳児を持ったお母さんのためのセミナーや料理教室，手芸教室等，顧客参加型のイベントである「コトコトステージ」を展開している。

上記の３つが，百貨店が近年力を入れている戦略である。しかし，ここ

で注記したいのが，その比重は異なるものの，どの百貨店もこれらの戦略を全て採用し，包括的な経営を志しているという点である。例えば，伊勢丹は「総合ライフスタイル発信セレクトショップ化」を進める一方で，支店経営においては，「合理化（業務効率化）」を推し進め，コスト効率の改善と地域に適合した商品・サービスを提供を実現している。一方，阪急阪神百貨店では「コミュニティ（場）形成の劇場化」戦略を中核としながらも，配送業務や包装業務のアウトソース化による合理化や，刺激―反応型のライフスタイル発信売場の自主編集での展開を実現している。

　このように百貨店は，独自の指標に基づき，「地域適応（地域特化）」と（地域性を越えた）合理化，マーチャンダイジングとアミューズメント性のバランスを考慮することで，競合との差別化を試みている。

4-4　コト消費中心の百貨店経営：西宮阪急の事例からの検討[60]

　LTV を高めるための，「場」を介したリレーションシップ・マーケティング基点の方略として，阪急阪神百貨店（阪急百貨店）では「コトコトステージ」という，販売員と顧客が相互作用（インタラクション）する場を，主要店舗において設けている。

　このコトコトステージは，西宮阪急の出店を契機に誕生した。コトコトステージは，顧客参加型体験イベントであり，「百貨店としてただモノを売るのではなく，モノを通じてライフスタイルを提案する "場"」として「食文化」，「健康」，「癒し」，「子育て」などをテーマに，暮らしのヒントである「コト」を提案している。

　もともと西宮阪急は 2008 年 11 月に，阪急西宮スタジアム跡地（兵庫県西宮市）に開業の阪急西宮ガーデンズにおける核テナントとしてオープンした，阪急百貨店の支店である。高級住宅地を擁する西宮や芦屋を商圏とする

60　本項は，圓丸（2014）の研究を，西宮阪急店長へのインタビュー（2017 年 11 月 29-30 日）を踏まえ一部加筆修正したものである。

特性を踏まえ，「西宮上質生活」をコンセプトとし，「"洗練された都会的感性"と"代々受け継がれた成熟した日常生活のスタイル"を持った"おしゃれな山の手母娘"」をターゲットと位置づけ，暮らしの中の様々な生活シーンにおけるこだわりのライフスタイルを提案する郊外型百貨店として出店された。

　同店の特徴は2つあり，ひとつは，従来の百貨店経営に見受けられた都市型店舗（主に本店）の縮小版としての支店ではなく，地域ドミナント戦略を中核とした地域密着型かつ独立型の店舗設計がなされている点である。そのため西宮阪急では，系列の阪急うめだ本店や他の都市型百貨店と異なり，あえてラグジュアリーブランドを集めた売場を作らず，地域住民にとって「居心地のいい空間（場）」を提供し，独自で編集した売場を通して，今までにない日常生活を生活者に体感してもらうことを重要視している。

　もうひとつは，「コトコトステージ」を設けている点である。西宮阪急のストアコンセプトに則り，西宮近隣に生き続けているライフスタイル，例えば「こどもの豊かな情操を育む」，「ゆとりの時間で自分磨きを楽しむ」，「健康に良い食生活を楽しむ」などの価値観に沿って，暮らしのヒントとなる「コト」を，「モノ（商品）」を通じて提案している。

　コトコトステージは，そのターゲットをベビーからシニアまでと幅広いこと，またその運営が外部委託ではなく，百貨店自社スタッフが中心となって企画・運営されている点を特徴とする。同店では社員スタッフが保有する知識や経験を活かし，管理職だけでなく広く全社員が「コト」提案の企画・運営に携わることが重要視されている。そのため単なる集客目的の招聘イベント（例えば子供向けのキャラクターイベントなど）が実施されることはない。取り組みが盛況となっていることもあって，取引先企業からの企画提案や，取引先スタッフ（派遣販売員など）と企画運営することも増え，顧客との関係性だけでなく，ステークホルダーとの協働が醸成される「場」としてもコトコトステージは機能している。

　コロナ禍前において，西宮阪急では約40のコトコトステージが存在しており，売場が持つテーマに沿ってイベントが開催され，さらに，年に数回，西宮阪急全館を横断した独自のフェアに関連したコトコトステージも開催し

ていた。またコトコトステージの一部企画では，西宮阪急サイトから事前予約が必要なものもあり，集客だけでなく顧客との関係性の構築・維持・進展を目的とした企画（有償・無償）も存在する。

　西宮阪急の「コトコトステージ」の取り組みを観ると，阪急阪神百貨店（阪急百貨店）が百貨店の小売機能百貨店を，「モノ（商品）」の販売としてのみ捉えているのではなく，販売の一歩手前，「モノ（商品）」を通じたライフスタイル，つまり「コト（体験)」提案を重要視していることがわかる。

　西宮阪急開店当初，その商圏が阪急うめだ本店と重複していることもあり，本店の売上を減退させる要因になるのではとの懸念も一部あったが，同社の購買分析によると西宮と本店を併売している顧客が多く，双方の売上を取り合っていないことが確認されている。実際に，午前中西宮阪急で，馴染みの売場スタッフと談笑した後，阪急うめだ本店で（西宮阪急では取り扱いのない）ラグジュアリーブランドを購入し，その帰りに西宮阪急に再度立ち寄り，生鮮品や日用品を購入する顧客も存在するという。

　加えて，子供服売場では新生児であった客層が，引き続き同売場において子供服を購入しているといったように，次世代の継続客も獲得している。長期的視点に立ち，地域社会において使い勝手の良い店であり続けようとする姿勢が，「コトコトステージ」という生活者とのインタラクションの「場」を作り，生活者との強い関係性を構築・維持することでストアロイヤルティを確立している。

　売上も好調であり，開店した2008年度以降，売上を拡大し，（コロナ禍前までは）長期にわたって盛況であった。

　「モノ」が売れにくくなった市場環境において，派遣販売員に過度に依存するのではなく，むしろ自社社員を中心とし，取引先のスタッフ（販売員含む）などのステークホルダーを巻き込み，また顧客との関係性も構築する，「協働」と「共創」の「場」として，「コトコトステージ」は機能している。そして，戦前の百貨店のように，西宮阪急は近隣住民のニーズに適合した，また百貨店らしいライフスタイル提案を実現したことで，長期継続的な成長を実現している。

　しかしこの西宮阪急の（当時の）取り組み[61]に関して，ひとつの課題が指

摘される。それは，コトコトステージを牽引するのは店舗の全社員ということでなく，比較的限られたメンバーでの推進体制であったという点である。その背景には，販売に付随する様々な業務によって，コトコトステージを企画・運営する時間がないということや，まだまだ全社員がこの施策に対してコミットメントするまでには至っていないという実態がある。今後より一層同店が「協働」と「共創」の場として活性化するためにも，店舗内のすべての社員の動機づけを促すインターナル・マーケティングの実践が重要であると示唆される。

　またコロナ禍においては，罹患対策もあり以前のような対面接客が困難となっている。そのため，事前予約を行い，対象者を限定するなどコトコトステージの役割を一部限定（縮小）せざるを得ないという課題も存在する。消費者の買物出向に対する不安意識も確認されており（第 2 章），その点を考慮すると，阪急阪神百貨店（阪急百貨店）は，コロナ禍に則した「コトコトステージ」とはどのような「場」であるか，再考することも必要かもしれない。

5
消費者基点の百貨店経営とは：
「モノ」基点から「場」基点への業態の回帰

5-1　本章の議論を振り返って

　本章では，現在の百貨店が直面する市場環境の課題を確認したうえで，コロナ禍直前までの衰退期における百貨店の戦略について議論してきた。また「委託仕入」や「売上仕入（消化仕入）」，および「派遣販売員制度」が，百貨店の低利益率体質や「（消費者の）百貨店離れ」等の負の影響をもたらす

61　経営ビジョンを浸透させるためのインターナル・マーケティングの実施や，その仕組みが阪急阪神百貨店内において発展していることもあり，当時の状況とは異なるという（2022 年 1 月 10 日インタビューより）。

という既存研究において主流である論調に対して，一部反証する百貨店の成功事例を紹介した。具体的には，合理的な顧客基点の百貨店経営として大丸の事例を，「コト（体験）」を基点としたリレーションシップ・マーケティングの実践事例として西宮阪急を取りあげた。それらの事例による成功要因は，既存研究で百貨店経営への弊害と指摘されていた，「仕入形態」や「派遣販売員制度」を廃止したことではなく，自社の強みを鑑み，自主運営型と取引先依存型のバランスを最適化したことあるいは，自社にとって注力すべき顧客や売場を見据え，顧客との関係性を構築・強化したことであった。

　大丸の改革では，本部一括仕入れ体制へ変革したことで，バイイングパワーを強化し取引先への統制力を高めただけでなく，物流センターの完備によって（自社だけでなく）取引先の物流コストの低減を可能にすることや，ITを活用したシステムを導入し，自主運営・ショップ運営という売場運営形態の種別を問わず，売れ筋情報や売場効率にかかわる情報を取引先にも提供できるなど，仕入以外の優位性を確立したことで，取引先への統制力の回復を図った。

　第2節での議論を踏まえると，江尻（2003）で指摘されていた，品揃えや商品納品に対する動機づけ，仕入価格への期待（水準），消費者へのアプローチの違い（推奨意図・〔目指すべき〕顧客ロイヤルティの方向性）の"齟齬"に関して，マーチャンダイジングや売場運営，また購買にかかわる顧客情報などの情報を管理することで，百貨店と取引先の間に存在するその乖離を結合を実現したといえる。

　一方，西宮阪急の事例では，顧客との関係性構築という目的を明確にし，百貨店社員が中心となり，取引先とも協働体制を構築することで，様々な"齟齬"を架橋する施策であった。

　本章で取り上げたどちらの百貨店の施策も，「自社の顧客とは誰か」，また「自社のらしさ（強み）」とは何かをデータなどから明確にし，リテールブランドやストア（店舗）の存在意義を再考した結果成功したものである。そして，それらに共通する経営指針とは，「モノ」基点から「場」基点の業態への回帰であったと解釈することができる。また，ここで留意すべきは，どちらの事例も，都心部の地域一番店ではない百貨店の事例であったことであ

る[62]。

　例えば「ファッションの伊勢丹」[63] というリテールブランドイメージ，ストアイメージを知覚している伊勢丹新宿店の顧客は，そのファッション性の高い "伊勢丹" というフィルター（イメージ）を基点（参照点）に，取り扱い商材やサービスを評価する。このような場合，伊勢丹ブランドが取引先ブランドの評価を形成あるいは強化することとなる。川島（2005）が議論するように，伊勢丹は伊勢丹ブランドを核に，知名度の低いブランドを「インキュベーション＝孵化」[64] させている。具体的には，現在では伊勢丹以外の百貨店でも取り扱いのある，フランスのファッションブランド "A.P.C" やアメリカ発の化粧品ブランド "ANNA SUI" を，初めて国内市場において自主運営売場で導入し，それらのブランド価値を広く伝播することに寄与した。このような伊勢丹の自主運営売場の取り組みから，地域一番店（また日本最大の売上を誇る百貨店）というポジショニングが，「モノ」を基点のライフスタイル提案戦略の実現に寄与していることがわかる。

　しかし，立地エリアにおいて既に地域一番店の競合他社のイメージが確立している場合や，西宮阪急のような郊外型ストア（店舗）（それも都市部の百貨店の商圏と一部重複するストア（店舗））の場合，当該エリアを利用する消費者にとってその商圏に存在する様々な小売店（大型小売店舗）に対するストア（店舗）イメージが既に固定化しているため，ターゲット顧客が知覚するその既存のポジショニングに対しブレイクスルーする施策が求められる。このような背景もあり，大丸札幌店・梅田店および西宮阪急は，「モノ」ではなく「場」基点の戦略が採用されることとなった。

　本章の最後として，次節ではブランドコミュニティの議論を援用し，百貨店経営に採用すべき「場」のマネジメントとはどのようなものか，より具体的に言及する。

62　大丸札幌店は，開店後，札幌において地域一番店となった。本書では「新店舗」というで議論している。大丸にとって，札幌店出典以前は，地域一番店は神戸店のみであった。

63　「ここで言う『ファッション』とは，アパレルに限らず，服飾雑貨，インテリア，食品と，暮らしを魅了するモノやコトを提案し続ける」ことであると，伊勢丹の「ファッション」について川島（2012）は議論している（詳しくは，川島 2012, p.15 を参照されたい）。

64　川島（2005），p.43

5-2　百貨店経営における,「場」と顧客基点型ブランドコミュニティの有用性[65]

　ブランドコミュニティは,「ブランドのファンの間で社会的な関係でつくられた集合をもとに, 特定化された, 地理的な制限がなく作られたコミュニティであり, 特定のブランド化された商品やサービスを囲んだコミュニティ」と定義され,「ブランドをハブとした消費者集団」を意味する概念である[66]。ブランドコミュニティ研究では, ファンクラブやオンラインサイトなど, 組織化された消費主体の集団が主な研究対象となっている[67]。

　McAlexander et al.（2002）は, Jeep のオーナーを対象に, そのブランドの交流イベントを通じた経験がどのように消費者に作用するかを検討している。そして Muñiz and O'Guinn（2001）が提示したようなブランドを介した顧客間関係ではなく, 中核的顧客（Focal Customer）を中心とした, ブランド, 製品, 顧客, マーケターの関係性（ネットワーク）からブランドコミュニティが構成されると議論する（図表 6-10）。

　エスノグラフィー調査を起点とした混合法調査（multiple-method research）の結果, イベントを通じて得た体験的な出来事や, 自身のそれまでの Jeep にかかわる経験を共有するというような顧客間の交流が, 顧客間の関係性の向上のみならず, 製品自体や Jeep ブランド, そしてその提供企業である Ford のブランドの（顧客の）評価に対して良い影響を与えていることが確認されている。

　McAlexander et al.（2002）の研究で注目すべきは, 交流イベントという「場」を介した中核顧客をハブとする要因間のインタラクションが, 顧客（中核的顧客・顧客）の Jeep ブランド評価を向上させたとする調査結果である。この Jeep の事例において, マーケターが実施したマーケティングこそリレーションシップ・マーケティングであり, 顧客間の関係性を促進し, 中

65　本項は, 圓丸（2018）の研究を, 一部加筆修正したものである。
66　Muñiz and O'Guinn 2001, p.412。
67　しかし研究が進むにつれ, コミュニティの場を共有する見ず知らずの他者との関係も含めた研究まで見受けられるようになってきている（例えば, Carlson et al. 2008）。

図 6-10　顧客基点型ブランドコミュニティの関係性

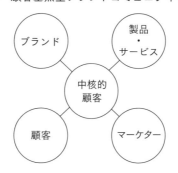

出典：McAlexander *et al.* (2002), p.39

核的顧客が集まる「場（Place）」を提供したことが成功の要となっていた。McAlexander et al. (2002) が「（Jeep の）ブランドコミュニティが長期的な価値を向上できたのは，一時的にある場所に（顧客を）集めたこととイベントの文脈的豊かさによって質の高い関係性がもたらされた結果による」[68] と述べているように，単に要因間の関係性をマネジメントするのではなく，それを醸成あるいは支援する「場」をマネジメントしたことが評価されている。

　McAlexander et al. (2002) の研究からも，百貨店が自社ブランドや取り扱い商品やサービスに関する，消費者の評価を強化・促進するためには，中核的顧客を中心とした，インタラクションが醸成・強化される「場」をマネジメントすることが重要であるといえる（図 6-11）。

　本章で紹介した大丸と阪急阪神百貨店（阪急百貨店）の事例はまさに，ストア（店舗）スタッフが売「場」において，商品・サービスの提供を介し，ターゲット顧客（中核的顧客）やその他の顧客とインタラクション（相互作用）した結果，成功を享受するものであった。

　「モノ」基点のライフスタイル提案が，市場環境の変化から徐々に難しくなっている現代において，「モノ」から「場」への基点の回帰は，百貨店に

68　原文は "This increased sense of community longevity appeared to be a direct result of the qualities of relationships facilitated by the temporary geographic concentration and the contextual richness of the events"。詳しくは，McAlexander et al. (2002), p.43 を参照されたい。

図 6-11　「場」と顧客基点型ブランドコミュニティの関係性（百貨店版）

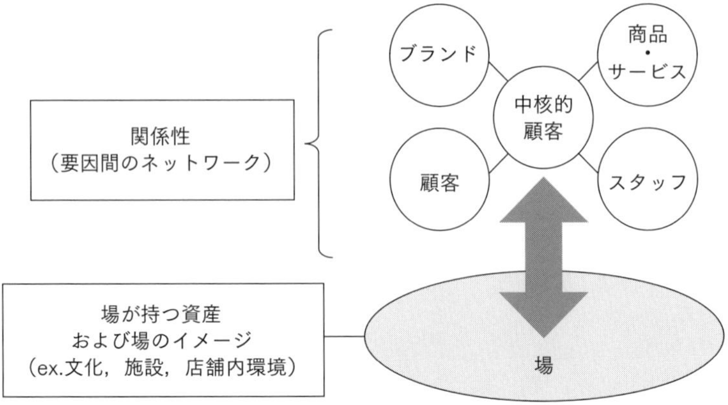

関係性
（要因間のネットワーク）

ブランド

商品・サービス

中核的顧客

顧客

スタッフ

場が持つ資産
および場のイメージ
（ex.文化，施設，店舗内環境）

場

出典：圓丸（2018），p.152 を一部加筆修正

とってますます重要となるだろう。

参考文献

Carlson, D. B., Suter, A. T. and Brown, J. T. (2008), "Social Versus Psycho-logical Brand Community : The Role of Psychological Sense of Brand Community,"Journal of Business Research, 61(4), 284-291. https://doi.org/10.1016/j.jbusres.2007.06.022

Muñiz, M.A. and O'Guinn, C.T. (2001) Brand community, Journal of Consumer Research,27(4), 412–432. https://doi.org/10.1086/319618

McAlexander, H. J., Schouten,W.J., and Koeing, F. H. (2002) Building brand communituy, *Journal of Marketing*, 66（1）, 38-54. https://doi.org/10.1509/jmkg.66.1.38.18451

青木均（2012）「大丸梅田店改装の事例—百貨店小売業の新たな方向性—」『流通研究：愛知学院大学流通科学研究所所報』，18，89-100. http://id.nii.ac.jp/1724/00002310/

江尻弘（1994）『百貨店の再興－消費新時代への戦略のたて直し』中央経済社.

江尻弘（2003）『百貨店返品制の研究』中央経済社.

圓丸哲麻（2014）「ライフスタイルとリレーションシップ・マーケティング」岡山武史 (編者)『リレーションシップマーケティング－サービス・インタラクション－』，五絃舎，143-157.

圓丸哲麻（2018）「ライフスタイルとリレーションシップ・マーケティング」岡山武史 (編者)『リレーションシップマーケティング－サービス・インタラクション－』，五絃舎，143-157.

岡野純司（2011）「大丸松坂屋百貨店：店舗運営改革」矢作敏行（編著）『日本の優秀小売企業の底力』日本経済新聞出版社，285-320.

奥田務（2014）『未完の流通革命—大丸松坂屋，再生の 25 年—』日経 BP 社.

川島蓉子（2005）『伊勢丹な人々』日本経済新聞出版社.

川島蓉子（2012）『伊勢丹ストーリー戦略』PHP 研究所.

木下明浩（2004）「衣料品流通―コモディティからブランドへの転換」石原武政・矢作敏
　　行（編）『日本の流通 100 年』有斐閣，133-174.

厚生労働省（2020）『令和 2 年版 厚生労働白書－令和時代の社会保障と働き方を考える』』
　　https://www.mhlw.go.jp/content/000735866.pdf

神保充弘（2001）「百貨店の日本的発展とマーケティング」マーケティング史研究会（編）
　　『日本流通産業史』同文舘，25-48.

総務省統計局（2021）『人口推計―2021 年 8 月報―（2021 年 8 月 20 日）』https://www.
　　stat.go.jp/data/jinsui/pdf/202108.pdf

田村正紀 (2008)『業態の衰退―現代流通の激流―』千倉書房.

坪井晋也（2009）『百貨店の経営に関する研究』学文社.

新井田剛（2010）『百貨店のビジネスシステム変革』碩学舎.

村田昭治，井関利明，川勝久（1979）『ライフスタイル全書：理論・技法・応用』ダイヤ
　　モンド社.

矢野経済研究所（2020）『アパレル産業白書（概要版）矢野経済研究所.

山本昭二（2010）「百貨店における小売店舗フォーマットの革新―大丸札幌店の出店―」
　　高嶋克義・西村順二（編著）『小売業革新』千倉書房，93-110.

参考資料

e-stata「消費者物価指数 2020 年基準消費者物価指数」
　　https://www.e-stat.go.jp/dbview?sid=0003427113

エイチ・ツー・オー リテイリング（2020）「2020 年 3 月期決裁説明会（資料）」（https://
　　www.h2o-retailing.co.jp/ja/ir/library/results/main/0/teaserItems2/02/linkList/0/
　　link/20200526_2020.03 % 20presentation% 20materail% 20jp.pdf）

エイチ・ツー・オー リテイリング（2020）「2020 年 3 月期決算短信」（https://data.
　　swcms.net/file/h2o-retailing/dam/jcr:8c9b2481-fd90-4b0e-bc25-
　　3eaac653c2f5/140120200522422402.pdf）

オンワード樫山（2020）「2020 年 2 月期決算短信」（https://www.onward-hd.co.jp/ir/
　　docs/20200410_1.pdf）.

産経新聞（2015.10.28）岩田屋三越編（3）栄枯盛衰．産経新聞，地方．
　　https://www.sankei.com/article/20151028-NRTSLY6PSZJXDLVLSLYSJW2XB4/

J. フロントリテイリング（2020）「2020 年 2 月期決裁説明会（資料）」http://data.j-front-
　　retailing.com/ir/library/presentation/20200414_jfr_ja_dl_01.pdf

J. フロントリテイリング（2020）「2020 年 2 月期決算短信」（https://www.j-front-
　　retailing.com/_data/ir_fin/200410_results_2002_4Q_J.pdf）

J. フロントリテイリング（2021）「統合報告書」（http://data.j-front-retailing.com/ir/
　　library/pdf/annual/2021/J_FRONT_2021_J.pdf）

繊研新聞サイト（https://senken.co.jp/posts/fb-180214）

総務省統計局（2000）「我が国の推計人口（大正 9 年～平成 12 年）」https://www.e-stat.
　　go.jp/stat-search/files?page=1&layout=datalist&toukei=00200524&tstat=000000090001&
　　cycle=0&tclass1=000000090004&tclass2=000000090005

髙島屋（2020）「2020 年 2 月期決裁説明会（資料）」https://www.takashimaya.co.jp/base/
　corp/topics/200413z.pdf

髙島屋（2020）「2020 年 2 月期決算短信」（https://www.takashimaya.co.jp/base/corp/
　topics/200413y.pdf）.

内閣府「家計可処分所得・家計貯蓄率四半期別速報（参考系列）」https://www.esri.cao.
　go.jp/jp/sna/sonota/kakei/kakei_top.html

内閣府（2004）「2003 年度国民経済計算（1995 年基準・93SNA）」https://www.esri.cao.
　go.jp/jp/sna/data/data_list/kakuhou/files/h15/17annual_report_j.html

内閣府（2004）「2003 年度国民経済計算年次推計」https://www.esri.cao.go.jp/jp/sna/data/
　data_list/kakuhou/files/files_kakuhou.html

内閣府（2021）「家計可処分所得・家計貯蓄率四半期別速報 2021 年 1-3 月期速報値（2015
　年（平成 27 年）基準：2008SNA）（2021 年 8 月 3 日公表）」https://www.esri.cao.go.jp/
　jp/sna/sonota/kakei/kakei_top.html

日本経済新聞（2014.4.11）「大丸松坂屋の社員 1108 人削減。」日本経済新聞 朝刊，15.

福間慎一（2019.1.25）本館新館 Z サイド…天神の「盟主」岩田屋，波乱の歩みと "勝利
　の方程式" 福岡流通戦争モノ語り（3）. 西日本新聞 https://www.nishinippon.co.jp/item/
　o/502831/

三越伊勢丹ホールディングス（2020）「2020 年 3 月期決裁説明資料」https://pdf.irpocket.
　com/C3099/yCGV/KfKW/mj7D.pdf

三越伊勢丹ホールディングス（2020）「2020 年 3 月期決算短信」（https://pdf.irpocket.
　com/C3099/Fjpu/ehQa/QHzc.pdf）.

ユナイテッドアローズ「2020 年 3 月期決算短信」（http://www.united-arrows.co.jp/ir/lib/
　data/p/tanshin/brief_announcement_2020_4.pdf）.

労働政策研究・研修機構（2021）「専業主婦世帯と共働き世帯」https://www.jil.go.jp/
　kokunai/statistics/timeseries/html/g0212.html

ワールド（2020）「2020 年 3 月期決算短信」（https://ssl4.eir-parts.net/doc/3612/
　tdnet/1822988/00.pdf）.

ニューノーマルおよび DX 時代における
百貨店の方向性

─────── 概　要 ───────

　本書の総括として本章では，まず第 1 部と第 2 部の議論を踏まえ，百貨店
の定義を再考する。本書では，ビジネスモデルに焦点を当てた定義と，消費
者知覚に基づく定義（ポジティブ・ネガティブ）を提示する。また，ニュー
ノーマルおよび DX 時代の市場環境を考慮した，戦略の方向性を，伊勢丹の
REV WORLDS および阪急阪神百貨店の Remo Order の事例を踏まえ提議する。

　そして本章の最後では，衰退期脱却のための，具体的な顧客との関係性の
創造と維持を実現する，リレーションシップ・マーケティング戦略のアプロー
チとして，「場」のマネジメントを包含したツー・ステージド・コミュニケー
ション・プロセスを提示する。

1
はじめに

　本書では，第 1 章において，現在までの百貨店の定義を振り返り，そし
て百貨店事業者にとって，百貨店定義が不在であることの戦略上の課題を指
摘した。また本書の議論の視点，機能（ビジネスシステム），消費者，ブラ
ンドから検討することを提示した。第 2 章では，既存研究において百貨店
の戦略の要として位置づけられている「ライフスタイル」に関して，消費者
行動研究（ライフスタイル研究）の議論を踏まえ，百貨店での買物行動を視
野に，消費者行動との関係性を議論した。また，わが国のライフスタイルの
変化についても言及した。第 3 章では，第 2 章で議論した「ライフスタイ
ル」の構成要因である，生活環境要因に主に注目し，消費傾向との関係か
ら，わが国の百貨店の変遷（ライフサイクル）を議論した。

　第1〜3章で構成される第1部では，本書の議論の視点のひとつである「機能（ビジネスシステム）」に焦点を当て，百貨店の写像を検討するものであった。

　そして続く第2部では（第4章・第5章）では，「消費者」と百貨店との関係性（サービス品質・店舗環境要因・ブランド態度）を調査を踏まえ検討した。調査の結果，百貨店は競合業態であるSCよりも基本的にはサービス面や店舗環境（装飾や設備等）に関して，消費者に高く評価されていることが確認された。また消費者の想起する百貨店（リテール）ブランドを想起するのかも調査から明示した。

　第6章（第3部）では，コロナ禍以前から百貨店が直面してきた課題を二次データを用い指摘した，そして，厳しい経営環境にもかかわらず，成果を上げている百貨店の事例を分析し，その成功要因についても議論した。

　本書の統括として本章では，改めて現代の百貨店の定義を検討する。また，ニューノーマル時代の新たな百貨店戦略の取り組み事例に着目し，消費者にとって魅力的な百貨店リテールブランドのあり方について議論する。本書の最後では，現代の百貨店に求められる戦略として，「場」のマネジメントを包含したリレーションシップ・マーケティングのアプローチである，ツー・ステージド・コミュニケーション・プロセスの有用性を提議する。

2
百貨店の定義再考

　第1章で議論したように，現在広く用いられている百貨店を選定するための定義として，面積（店舗面積・売場面積），従業員数，販売方式といった客観的基準を用いたものや，日本百貨店協会による「店舗面積1,500㎡以上の協会所属企業」というもの，そして「百貨店統一伝票」の使用による区分といったものがあった。しかしこれらの定義は，ある程度客観的な基準を用いている一方で，その枠組みが大味であるがため，百貨店とGMSを明確に区分できておらず，つまり競合業態と弁別した定義になっていないという課題が指摘される。

　実際の百貨店の特性を踏まえその定義を試みた，百貨店黎明期から現在までの既存の百貨店研究を概観しても，基本的には機能（ビジネスモデル）のみに焦点を当てたものであり，消費者の知覚を含有していないことが指摘される。機能（ビジネスモデル）を基点とする定義には，①主たる業種として小売店であること，そして②多様な販売商品していること，③部門別管理という合理的な経営組織体を有していること，④経営の統一性（あるいは同一資本での経営）を有すること，⑤大規模な売場・店舗面積を有すること，という共通の含意は存在するものの，研究者の興味・関心や，時代の影響もあり，現在も統一的な定義は存在しない。このことも，機能（ビジネスモデル）基点の百貨店定義の課題である。

　さらに第 3 章で議論した，わが国の百貨店の市場における役割や位置づけの変遷を考慮すると，百貨店はモノ（プロダクト）の販売を中心としながらも，サービスプロダクト，サービスデリバリー，サービス環境を統合的に提供する業態であるといえ，その点も内包する百貨店定義が求められる（図表 3-3）。特に本書では，第 5 章の調査結果も踏まえ，店員の接客などのサービスデリバリーや，煌びやかな装飾や機能的に充足された施設などのサービス環境を包含する，店舗環境要因が，百貨店の最たる特徴であると議論する。そしてその点を考慮すると，単純に「モノ」売りという狭義の「小売業」を前提として百貨店の定義を議論すべきでないと指摘される。

　本書では，上記の既存の百貨店定義の課題を補完すべく，まず「機能（ビジネスモデル）」面に注目し，現在の百貨店を表象する新たな定義を試みた。坪井（2009）の定義を基に，万屋と近しい業態であるとした水野（1940）議論から，「高級衣料を中心に衣食住にかかわる多種多様の商品（モノ）とそれに付随する店舗環境を含むサービスを，主に対面販売を介し定価で提供する，単一資本によって統一的にマネジメントとされた，部門別管理を特徴とする，地域コミュニティの拠点となる大規模な場を有する小売業」と百貨店を定義する。

　同定義は，定価販売や部門別管理，そして同一資本による統一されたマネジメント体制という百貨店特有の「機能（ビジネスモデル）」要素を内包していることだけでなく，狭義の小売業とは異なり，百貨店とは「モノ」の販

売を介したサービス（「コト」）や，顧客と対面でインタラクションする「場」の提供を，定義の中心に据えたことを特徴とする。また同定義は，地域の商業の拠点として立地しているということや，バブル期以降の百貨店の品揃えの中心が高級衣料品であることも包摂する。加えて第 6 章で議論した仕入れ形態（買取仕入，委託仕入，売上仕入）にかかわらず，例えすべての売場がテナントとの賃貸契約で運営されている店舗であっても，同一資本によって統一的なマネジメントが実施され，衣食住に関する商品の提供が部門別管理の下で実施されている百貨店であれば，その対象となる点も，同定義の特徴といえよう。

　ここで留意すべき点は，経営の統一性の水準と目的の違いであろう。上記の定義では，「高級衣料を中心」ということを除けば GMS も百貨店であると位置づけることが可能となり，「衣食住にかかわる」というものを限定的に解釈すれば（SM やレストランが併設された施設を含んだ場合），業種区分では SC に位置づけられるストア（店舗）も，その対象範囲に収めるものである。この定義の対象範囲の曖昧性は，経営の統一性の水準の違いが不明確であることに起因する。実際，イオンモールやららぽーとなどの SC においても百貨店同様，同一資本において統一性を持った監修のもとテナントが誘致されており，その点を踏まえると，「統一性」の水準とは，消費者の店舗施設（「場」）に対し知覚する「一体感」からのみ規定しうると議論される。

　確かに SC の事業主体は百貨店と異なり，基本的には賃料収入の最大化をその戦略の核とする，デベロッパーである。この「統一性」に関する戦略的目的の違いも，百貨店とその他の大型小売業業態との違いであるともいえるが，近年では，百貨店でのテナント誘致と同様，SC においても賃料だけでなく，テナントの売上高に対する歩合を設定しているストア（店舗）もあり，その意味でも業態の境目はかなり曖昧なものとなっている[1]。

　また部門別管理に関しても一部の SC が売場管理を目的に採用しており，その点も踏まえると「機能（ビジネスモデル）面」で百貨店とその他の大型小売業業態を区分することはかなり難しくなっている。加えてこの定義は時

1　SC 協会へのインタビュー調査を踏まえて（2021 年 11 月 19 日）。

代や市場環境の変化によって適合しなくなる可能性も存在する。さらに，主要な大手百貨店の基幹店を想定した定義となっているため，食料品の比重が高い，ある種専門店的な住宅地隣接型ストア（店舗）などの実態と一部乖離する可能性もある。

このように，「機能（ビジネスモデル）」から百貨店業態と他の業態とを明確に区分するよう定義することは，現代においてかなり難しくなっている。加えて，「機能（ビジネスモデル）面」に着目した定義は，消費者からの評価や，ストアイメージやリテールブランドイメージを包含するものではないという，既存研究で議論された定義と同様の課題を内包している。

そこで以下では，第4章と第5章の調査結果から競合業態と比較して，消費者の知覚に基づくポジティブな百貨店定義と，その一方でネガティブな定義を提示する。

消費者基点のポジティブな定義は，「買物の快楽性や利便性の魅力が高く，高品質な商品やサービスの提供を特徴とする，憧れの対象となる大型小売業」となる。一方，ネガティブな消費者評価から百貨店を定義とは，「価格妥当性（値ごろ感）をはじめとする機能的な誘因に乏しい，庶民的ではない大型小売業」となる。特にネガティブな定義は，世間一般で知覚されている消費者の百貨店業態イメージを表象するものであろう。

百貨店事業者および従業員は，「機能（ビジネスモデル）」面だけでなく，消費者基点の，ポジティブ／ネガティブなリテールブランドイメージに則した定義を踏まえ，競合業態と差別化するように，また自社の独自性と市場において確立するように，自社の存在とは何か明確にし，戦略を検討することが必要である。ポジティブな側面は自社の強みとして，そしてネガティブな側面は考慮すべき弱みとして，"ブランド"戦略の視座から自社の"顧客（消費者）"との関係性を踏まえ，自社とはどのような存在となるべきかヴィジョンを明確にし，それを実現するための"機能（ビジネスモデル）"を構築することが重要といえよう[2]。

2　第1章で議論した「百貨店定義のための再考の視点」を踏まえた議論である。詳しくは，図表1-7を参照されたい。

3
ニューノーマル時代の百貨店の新たな取り組み

3-1 オンライン上の雰囲気醸成による消費者への影響の可能性

　DX 時代において UX（顧客体験）の重要性が業界問わず議論されている。企業は，オムニチャネル・カスタマーにとって有益な UX を提供すること，つまり顧客の買物価値（Shopping Value）を充足することが求められている[3]。買物価値は，オンライン／オフライン（リアル）の垣根を越えて横断的に，かつ統合された価値であることが，調査から確認されている[4]。

　今後 XR（Cross Reality：クロスリアリティ）の進展など，オンライン／オフライン（リアル）店舗の境界がますます曖昧なものになり，今よりもチャネルの規制を越え融合することが予見される。しかしその一方で，機能的制約や消費者のニーズによってオフライン（リアル）店舗自体は存続するであろう[5]。従って，DX の実践においては，オンラインのみならず，オフライン（店舗）の活用もカスタマー・ジャーニーを充足するうえで重要となる。

　オンラインショッピングの拡大を背景に，消費者行動研究においても，デザイン要因と雰囲気要因に注目したオンライン店舗環境の要因の解明を試みる研究が増加している。しかしながら，まだまだ研究蓄積が充分ではなく，サイトへの他者のコメントや閲覧数といったオンライン特有の社会的要因[6]を除くと，視覚的な刺激要因のみの議論にとどまっており[7]，ZOOM 接客やライブコマースといった，オンラインでの人を介した販売（接客）まで議論が進んでいない。今後ますますこの種の販売（接客）形態が増加することが

3　奥谷（2019）は，Huré（2017）の研究を基盤に，オムニチャネルにおける買物価値が功利的・快楽的・社会的価値に規定されることを議論する。
4　Huré（2017）の研究では，オフラインの買物価値とオンラインの買物価値がオムニチャネルの買物価値に作用することを明らかにしている（ただし，モバイルを用いたオンラインの買物価値の作用は有意ではなかった）。
5　詳しくは，奥谷（2019），pp.63-65 を参照されたい。

予見され，サイトデザインを越え，一部オフライン（リアル）店舗の店舗環境とある種混合（融合）するような雰囲気による買物行動への影響も出現する可能性がある。

　では具体的に，ニューノーマルおよび DX 時代の市場環境に対応し，功利的・快楽的・社会的価値を向上させ，その結果オンライン / オフライン（リアル）問わずリテールブランドやストア（店舗）へのエンゲージメントを導く，店舗環境要因とはどのようなものであろうか[8]。

　第 5 章で議論したように，店舗環境研究は，雰囲気に関する研究（Kotler 1973/1974）を発展するかたちで議論がなされてきた。この分野を牽引してきたのが，Baker である。Baker（1987）は同研究領域で初めて，雰囲気要因（Ambient），デザイン要因（Design），社会的要因（Social）から構成される，消費者のサービス経験に影響する店舗環境要因のフレームワーク（Physical Store Environment）を提示した。

　雰囲気要因とは，店舗内の温度，湿度，香りや音など，消費者の知覚とは関係なく，無意識的に五感に作用する要因である。デザイン要因とは，店舗の色彩や装飾などの景観（Aesthetic）と，商品陳列や標識などの機能的なデザイン（Function）から成る，消費者が刺激として知覚する環境要素を指す。そして社会的要因とは，サービサーである従業員だけでなく，その他の

6　Manganari et al.（2007）は，それまでのオンライン店舗の研究を概観し，実店舗とオンライン上の環境要因を比較し，それらの構成要素の違いを提示する。前者の構成要素として「店舗イメージ（Store Image）」，「店舗の雰囲気（Store Atmospherics）」，「店舗の劇行性（Store Theatrics）」を，後者の構成要因として（「バーチャル上の）レイアウトおよびデザイン（Virtual Layout & Design）」，「（バーチャル上の）雰囲気（Virtual Atmospherics）」，「（バーチャル上の）劇場性（Virtual Theatrics）」，「（バーチャル上の）社会的要因（Virtual Social Presence）」を位置づけている。そして「（バーチャル上の）社会的要因（Virtual Social Presence）」の対象として，ウェブカウンター，オンライン上の込み具合，オンライン上のコメントを挙げている。

7　既存研究を概観すると，デザイン要因とは基本的にサイトのレイアウトを指すことが多く（例えば Wu et al. 2014），雰囲気要因は研究者によってその対象は異なるものの，サイトの色目やフォント等を包含する視覚に対するウェブサイトの刺激要素として議論されている。例えば Kim et al.（2010 p.414）は，いくつかの既存研究を概観し，オンライン上の雰囲気要因を醸成するものとして，品揃えのイメージ，音楽，アイコン，色目，背景パターン，アニメーション，フォントといった視覚への刺激要素を挙げている。

8　近藤・中見（2019）は，IMC（Integrated Marketing Communication）の視座から，Payne et al.（2017）の議論を用いて，オムニチャネル・カスタマーとの顧客接点をマネジメントすることの重要性を示唆する。（詳しくは，近藤・中見（2019）pp.96-103 を参照されたい）

買い物客による影響も包括する外部刺激である。これらの複合的な刺激が統合され，消費者の店舗内の購買行動へ作用することを彼女は議論している。オフライン（リアル）店舗の魅力とは，まさに雰囲気要因×デザイン要因×社会的要因の一体感であるといえよう。

　また Baker はその後の研究[9]においても，店舗内の環境要因による，消費者の感情，あるいは購買意図や店舗愛顧意図への作用を検討しているが，これらの研究で注目すべきは，その実験刺激が実際の店舗体験ではなく，映像（動画）を被験者に見せるという，その実験形態である。彼女らの研究成果を踏まえると，実店舗での買物体験でなかったとしても，その特徴を捉えた視覚情報であれば，オフライン（リアル）店舗の環境要因（の一部）が消費者の意思決定に作用しうると解釈できる。

　Baker の雰囲気要因に関する既存研究を中心に，消費者がオンライン / オフライン（リアル）問わず評価する店舗環境要因を検討すると，感覚刺激要素，デザイン評価要素，社会的要素，買物利便性の 4 つの要素が影響要因（刺激要因）として挙げられる（図表終 -1）。

　感覚刺激要素とは，五感に作用する環境要因を意味する。オンライン／オフライン（リアル）店舗を比較すると，後者は前者とは異なり，（店舗の特性によって厳密には異なるものの）視覚や聴覚だけでなくその他の感覚を複合的に刺激する店舗環境を有しているといえる。

　デザイン評価要素とは，消費者が買物時に知覚評価するデザインにかかわる店舗環境要因を指す。オフライン（リアル）店舗でのデザインの審美性とは店舗装飾などを指し，一方機能性とは，買物客の利便性のため設置された標識などが対象となる[10]。オンライン店舗におけるデザイン要素の対象とは，使い勝手の良さに関連する機能的デザインと，消費者の情緒的価値に訴求するような審美的なサイトデザインがある[11]。

9　詳しくは，Baker, J., Levy, M., and Grewal, D. (1992), Baker, J., Grewal, D. and Parasuraman, A. (1994)，そして Baker, J., Parasuraman, A., Grewal, D. and Voss, G. B. (2002) を参照されたい。

10　Baker (1987) は，物的店舗環境（Physical Store Environment）のひとつの特徴としてデザイン要因を挙げ，さらにそれを店舗の色彩や装飾などの審美的なデザイン（Aesthetic）と，商品陳列や標識などの機能的なデザイン（Function）を弁別し，消費者への影響の違いを議論する。

図表 終-1　オフライン / オンラインの店舗環境要因

特徴		感覚刺激要素	デザイン評価要因	社会的要素	買物利便性
オフライン（実店舗）	・五感を刺激する情報から総合的に評価 ・製品・サービスに関わる要因以外の，副次的な要因（装飾や人的要因など）を含め総合的に評価	視覚（色彩，レイアウト） 聴覚（音声，音楽） 嗅覚（香り，匂い） 触覚（温度・湿度） 味覚	審美性（装飾など） 機能性（標識，案内など）	人的要因 （非言語的コミュニケーション含む） その他の買い物客の存在 (e.g. 賑わいの醸成)	ワンストップショッピング ・比較購買の容易性 ・買回りの容易性
オンライン EC サイト	・（基本的に）画像や言語的情報から評価される場 ・アクセス容易性が高く，効率的な買物・購買行動が可能	視覚（色彩，レイアウト） 聴覚（音声，音楽）	審美性 機能性	他者の評価，コメント 閲覧者数（アクセス数） 人的要因（画像）	アクセス容易性 ・時間的接触容易性 ・空間的接触容易性
オンライン V コマース	・視覚的聴覚的情報だけでなく，非言語コミュニケーション	視覚（色彩，レイアウト） 聴覚（音声，音楽）	審美性（装飾など）（一部）	人的要因 （一部非言語的コミュニケーション含む）	

出典：圓丸（2021），p.227

　社会的要素とは，ストア（店舗）における消費主体以外の他者の存在の影響を意味する。Baker（1987）が議論するように，オフライン（リアル）店舗で消費者の刺激となる社会的要素は，サービサーである店員だけでなく，その他の買物客も包摂される。またサービサーと消費者の接点において，非言語的コミュニケーションの影響が議論されている。一方，オンライン店舗における社会的要素，つまり他者の存在とは，コメントや評価，あるいはそのサイトへのアクセス数などを指す[12]。

　オンライン／オフライン（リアル）店舗のそれぞれ特有の店舗環境要因を比較すると，機能的制約により前者が視覚中心である一方で，後者は複合的に感覚を刺激する要素を有していることがわかる。しかし動画配信を用いた動画コマース（リアルタイム配信のライブコマースを含む）の登場のように，オンライン／オフライン（リアル）の垣根を越えて存在する環境要因が出現するようになった。動画コマースの際たる特徴は，小売業の店員という人的要因が，動画を介して受信者である消費者の知覚評価に作用することを可能とした点である。

11　Wu et al.（2014）は，ウェブサイトのデザインの機能性および審美性にかかわる項目（X's web site looks attractive）を用いて，ウェブ品質（Web quality）を測定している。

12　詳しくは，Manganari et al.（2007）を参照されたい。

　このような新しい技術の誕生と発展に伴い，マーケティングを施行する企業は，オンライン／オフライン（リアル）の消費者接点の特性を踏まえたうえ，消費者にとって機能的かつ魅力的な環境要因の組合せを提供することが求められる。

　以下では，三越伊勢丹 REV WORLDS および阪急阪神百貨店 Remo Order の事例を踏まえ，オンラインにおける百貨店戦略の可能性を検討する。

3-2　三越伊勢丹　REV WORLDS[13]

　三越伊勢丹グループは現在，自社を「お客さまの暮らしを豊かにする，"特別な"百貨店を中核とした小売グループ」をめざす姿に位置づけ，IT を活用した新たなサービスなども取り入れ，これまで強みであった「店舗」の魅力とともに，培ってきた接客技術や商品に対する目利き力などの「人の力」を活用して，最高の顧客体験の提供を目指している。この変革の中で，「想い出に残る体験を（オンラインでも同様に）顧客に提供したい」という想いを動機とし，社内起業制度によって誕生した新たな VR（バーチャルリアリティー）上の顧客接点こそ，「REV WORLDS（レヴ ワールズ）」である。（図表 終-2 ～ 4）

図表 終 -2　REV WORLDS ビジュアル

出典：三越伊勢丹提供

13　三越伊勢丹社へのインタビュー調査から（2021 年 8 月 31 日実施）。

図表 終-3　REV WORLDS で表現されている新宿東口エリア

出典：三越伊勢丹提供

図表 終-4　REV WORLDS 内のバーチャルストア「ビューティアポセ
　　　　　カリー」[14]

出典：三越伊勢丹提供

　同アプリのコンセプトは，「『きっかけを，インストールしよう。』仮想都
市のコミュニケーションプラットフォーム」であり，時間や場所に捉われな

14　「ビューティアポセカリー」は，実際の伊勢丹新宿店のフロアを再現している。

いオンラインの利便性と，オフライン（リアル）店舗で得られるアナログ的な価値（店員による定型文でのお出迎え・挨拶や，同伴する他の消費者との会話など，相互作用的な買物体験）を内包するよう「場」を設計したことを特徴とする。具体的に REV WORLDS では，新宿東口の一部エリアと伊勢丹新宿店が再現されており，顧客（ユーザー）は，アプリ内のどこに居ても，チャット機能を使って，友人や家族をはじめ，アプリ内で初めて出会った他のユーザーともチャットや感情の表現のエモート機能を使い会話を楽しむことができる。また仮想伊勢丹新宿店はオンラインストアとも連動しており，顧客（ユーザー）はそのアプリ上の店頭で気に入った商品があった場合，クリックひとつで三越伊勢丹オンラインストアなどに遷移し実際の商品を購入することも可能である（一部商品を除く）。2021 年 12 月 14 日時点において，仮想伊勢丹新宿店で展開されているアイテムカテゴリーは，食料品や化粧品などを中心に約 1,170 点と拡大している。

　仮想伊勢丹新宿店は，オフライン（リアル）店舗らしさのみならず，「伊勢丹新宿店らしさ」を意図したデザイン評価要素や感覚刺激要素が内包するよう設計されている。特に，店内の動線や装飾，商品配置に関しては，オフライン（リアル）店舗で蓄積された接客や販売ノウハウといった「人の力」を踏まえデザインされている。また，グループ会社と連携した空間設計[15] など，三越伊勢丹グループ全体の資源を最大限に活用することで，顧客（ユーザー）にとって利便性のある買回りの実現とともに，（バーチャル空間においても）重厚感を顧客に知覚させるような雰囲気のある世界観（環境）が構築されている。

　また現在のバージョンでは，現実と同様の新宿アルタ前広場が再現されている一方で，現実にはない大型スクリーンなどのサイネージがいくつか設置されていることや，通常店頭での展開のない三越伊勢丹のオンラインサイトである「ムードマーク バイ イセタン」[16] などの売場が存在するなど，VR 空

15　実際 REV WORLDS のアプリ内の VR 空間施設デザインの一部は，ホテルや商業施設等のデザイン実績を持つ，三越伊勢丹プロパティ・デザインが設計を担当している。
16　住所を知らない相手にも簡単に LINE やメールなどのオンラインでギフトが贈れる，三越伊勢丹独自のオンラインギフトショップ。

間だからこそ実現する独自性のある UX を提供している。

　顧客（ユーザー）からの，「この時勢でお店に伺えない中，伊勢丹新宿店内を回遊しているような体験ができることはうれしい」，「地方に在住の両親と仮想伊勢丹新宿店で待ち合わせをし，一緒に買い物をすることができた」などのコメントからもわかるように，ポジティブな評価が確認されている。

　今後の展開として，新宿東口の一部エリアや実在する伊勢丹新宿店の枠だけでなく，店外に他社コンテンツを誘致するなど，VR プラットフォームの拡大を進めるとともに，オフライン（リアル）店舗と連動したコンテンツとオフライン（リアル）店舗では実現できない VR 特有のサービスを掛け合わせることで，「三越伊勢丹らしい」新しい UX の提供を実現しようと試みている。具体的には，アバター用のデジタルデータ（洋服）の販売やライブ会場，美術館，公園，商店街の設置などの開発を検討している。

　三越伊勢丹の REV WORLDS の試みはまだまだ試験的で探索的ではあるものの，新たな UX を実現しようとする注目すべきプラットフォームであるといえよう。そして，前項で示したように，VR においてもオフライン（リアル）店舗同様，店舗環境要因である，感覚刺激要素，デザイン評価要素，社会的要素，買物利便性を意図した設計が重要であることが事例から示唆される。インタビュー調査から，現バージョンの REV WORLDS の特徴を考察すると，デザイン評価要素および社会的要素を核とする「場」であると解釈できる[17]。

　仮想伊勢丹新宿店以外にも，阪急阪神百貨店が，2020 年に VR 法人 HIKKY 主催で開催された「バーチャルマーケット 5」[18] に阪神百貨店として「バーチャル阪神食品館」を出店するなど，VR を活用した取り組みが存在する。これらの取り組みにおいても，「百貨店らしさ」や「自社らしさ」を体現するため，デザイン評価要素・社会的要素にこだわった設計がなされて

17　ここでは REV WORLDS のニューノーマルおよび DX 時代の有用性を示唆したが，店舗環境要因の構成要素のうちのどれが最も消費者にとって誘因となったのかは確認できていない。
18　2020 年 12 月 19 日（土）〜2021 年 1 月 10 日（日）に開催され，「阪神名物いか焼き」や大阪の都市型ワイナリー「フジマル醸造所」，日本育ちのバームクーヘン「クラブハリエ」など，食品のマーチャンダイジングが好評である阪神百貨店の，リアル店舗でも特に人気を博しているショップをオンライン上でも展開していた。またアバターによる接客サービスも提供されていた。

いる。

　今後VRを含むXRがますますわれわれの生活において一般的になる可能性もある[19]。その際，百貨店事業者および従業員は，XRにおいても「百貨店らしさ」また「自社らしさ」を醸成することがまず求められる。つまり，オフライン（リアル）店舗との連動性やオンライン仮想店舗の独自性を明確にしたうえ，顧客接点の最適な組合せを提供するという，まさに「場」のマネジメントの実現が重要となる。

3-3　オンライン上へのチャネル拡張の可能性

　コロナ禍に伴い，百貨店は全館，あるいは一部売場の休業が余儀なくされた。それにより，ストア（店舗）での売上は大幅に減退することとなった。パンデミックに伴う生活環境要因の大きな変化によって，百貨店の元来の「強み」である都市部の中心地に立地することは，感染症の拡大の引き金となる可能性を内包していることから「弱み」へと転じた。つまり，百貨店店舗の機能的な消費者に対する誘因である，買物利便性を形成するワンストップショッピング（比較購買の容易性・買回りの容易性）や取り扱い商品カテゴリの豊富さが抑制された結果，百貨店のストア（店舗）は，（コロナ禍前よりも一層）回転率の低い多くの在庫（仕入形態によっては百貨店の在庫とはいえないものの）を抱える販売チャネルへと転じることとなった。

　コロナ禍により，一部の流通業者は業種を越えた変革に着手するようになった[20]。例えば，関西の業務用卸売業者が飲食店の休業要請などの影響から，消費者に販路を広げるケースが確認されている。食肉卸の松商（大阪

19　VR, AR（Augmented Reality：拡張現実），MR（Mixed Reality：複合現実）などの仮想空間における技術を総称してXR（Cross Reality：クロスリアリティ）という。このXRにかかわる市場は，2020~26年にかけて，年平均成長率45.0％で成長すると予測されている。詳しくは，野呂エイシロウ（2021.9.6），p.2「進化する仮想世界の技術——野呂エイシロウ，現実並みのVR体験が可能に」（先読みウェブワールド）（日経テレコン最終アクセス日：2021年12月30日）参照されたい。
20　詳しくは，大竹初菜（2021.10.21）「コロナ下で直売に進出　JR西日本が魚，食肉卸はギョーザ」（日経速報ニュースアーカイブ日経テレコン最終アクセス日：2021年12月30日）を参照されたい。

市）では毎週，「土曜市」と称し，本社前で精肉や特性餃子の直売を実施している。また JR 西日本イノベーションズ（大阪市）はすしなどの生鮮加工食品へ参入し，茨木駅（大阪）構内に持ち帰り専門店，陸上養殖水産物の認証ブランド「PROFISH プレミアムオーガニックフィッシュ」のポップアップショップを出店した（2021 年 8 月 20 日）。

　百貨店も，他の流通業者同様，コロナ禍によってこれまでの収益源であった既存顧客の維持が困難となっている。たしかに，パンデミック前からも，百貨店は，OMO（Online Merges with Offline：オンラインとオフラインの融合）や DX に対応するため，ストア（店舗）の役割や位置づけを再考することが求められてはいた。しかし，休業要請によって，巨大な集客装置という機能を有効に活用できなくなったことにより，DX への対応はその存続のための喫緊の課題へと昇華することとなった。現在百貨店が実施している対応策としては，先述の三越伊勢丹ホールディングスの REV WORLDS などの XR を活用した戦略とともに，販売チャネルの拡張に関する新たな取り組みがある。

　次項では，阪急阪神百貨店のリモートショッピングサービス「Remo Order（リモオーダー）」の事例から，ニューノーマルおよび DX 時代における百貨店ストア（店舗）の位置づけの変容について議論する。

3-4　阪急阪神百貨店「Remo Order（リモオーダー）」[21]

　阪急阪神百貨店において Remo Order（リモオーダー）は，店頭での販売行為をオンラインに拡張する独自のデジタル戦略として 2020 年 3 月末に展開が開始された（図表 終-5）。同サービスの特徴は，オンラインショップでは展開していない，阪急百貨店および阪神百貨店の店頭扱い商品を来店不要で購入（決済）できることである。つまり店舗のすべての商品をオンライン商材として扱うという Remo Order とは，OMO 基点に立ち，情報提供のためのフラッグショップとして，また在庫を管理する倉庫として，さらに商

21　エイチ・ツー・オー リテイリング社へのインタビュー調査から（2021 年 8 月 27 日実施）。

図表 終 -5　Remo Order の画像

阪急百貨店のリモートショッピングサービス

Remo Order

いつでも♪　どこでも♬

出典：阪急うめだ本店公式サイト[22] より

品配送拠点（ロジスティクス・ハブ）として，ストア（店舗）という「場」
を位置づけるものである[23]。

　実際，顧客（ユーザー）の Remo Order の利用方法（プロセス）は次のよ
うになる。まず顧客（ユーザー）は，同社各店ホームページにある取り扱い
店舗×売場カテゴリ×ブランド（あるいはショップ別）別に，店頭扱い商品
を紹介する「WEB カタログ」を閲覧する。そして，そこで掲載されている
商品を購入したい顧客（ユーザー）は，電話や Line などで商品を扱う売場
に連絡し，担当販売員に購入予定の商品名，品番，価格などを伝達する。そ
の後，購入用 URL が百貨店から顧客（ユーザー）のスマートフォンへ送付
され，その画面から注文と決済を完了することができるというものである。

　Remo Order の仕組みは，基本的には百貨店が従来から実施していた電話

22　阪急百貨店うめだ本店公式サイト内 Remo Order 紹介サイト（最終アクセス日：2021 年 11 月
　20 日）
23　インタビュー調査では，「今後の展望として，店舗受け取りも実現できれば」とのコメントも
　確認された。店頭受け取りは，2021 年 3 月より同社各店で順次導入されている。

決済をオンラインへ拡張したものである。しかし，この取り組みには百貨店ならでは特徴があってはじめて成立する。

　まず，Remo Order で購入できるブランド（商品）には，現状オンラインショップでの展開が少ない，多くのラグジュアリーブランドが含まれている。阪急うめだ本店の WEB カタログを観ると，FENDI，CELINE，そして Gucci など高価格帯のハイブランドが軒を連ねていることがわかる。Amazon や楽天市場などのオンラインショップとは異なり他の顧客（ユーザー）のレビューや評価は存在しないにもかかわらず，またオフライン（リアル）店舗のように実物を手に取って購入の意思決定ができないにもかかわらず，高額品を（基本）オンラインのみで購入（決済）するという Remo Order を介した消費者行動の背景には，（売場スタッフとの電話や Line などでの接点が生じるということもあり）本書の調査でも示した「商品・サービスに対する高い評価」も含め，百貨店がこれまでの歴史で培った，市場からの「信用や信頼」が根底にある。顧客（ユーザー）にとっては，「質の高い商品を用意してくれる」，「何か不備があってもしっかり対応してくれる」，「もしサイズなどが合わない，あるいは気に入らなくても返品対応してくれる」といった信頼感があるからこそ，定価であってもオンラインで商品を購入（決済）する。

　Remo Order の別の特徴としては，コンビニエンスストアの DX 推進のための前提条件として位置づけられている[24,25]，「取り扱い商品の単品管理」が不要な点である。

　そもそも百貨店では，衣食住にかかわる多岐にわたる商品が取り扱われ，さらに，（売場の特性にもよるが，）それらの商品をシーズン，月，週ごとに

24　セブンアンドアイ ホールディングス社サイト内「[対談] イノベーションの視点：オムニチャネルが『お客様中心』の流通革命をもたらす」では，当時の会長である鈴木氏の発言から，同社のマーケティングが単品管理を基点とすること，さらにオムニチャネル化の前提条件として位置づけられていることが示される。（詳しくは，セブンアンドアイ ホールディングス社）（最終アクセス：2021 年 11 月 20 日）。

25　近藤（2018）は，DX ではなくオムニチャネル（消費者にシームレスな買物経験を提供するための統合的なチャネル管理）の実現的課題として組織能力を挙げている。そしてコンビニエンスストアのオムニチャネル化では，単品情報管理能力や多頻度小口物流管理能力が重要であることを示唆する。詳しくは，近藤（2018），p.84 を参照されたい。

刷新するマーチャンダイジングが実施されている。そのため，単品管理のためのコード（13 桁の JAN コード）の不足，あるいはコード変更に労力を要すること，また売上仕入を基本とする売場では日々販売される商品が変わることも多く，現在でもグループ管理の方式が主として採用されている。先述したように，Remo Order は基本的に阪急百貨店・阪神百貨店の商材すべてをその取り扱いの範囲とするが，百貨店業態の特性によって単品管理は困難である。そのため Remo Order では，グループ管理というマネジメント方式を変更することなく，顧客（ユーザー）と販売員が直接インタラクションする機会を介し，「人の力」によって顧客満足度の高い取引を実現させている。

　店頭在庫数や色目などのパターン数をはじめ，データ化およびその管理に困難性が伴う商材を多く取り扱う百貨店ではあるが，高額品をマーチャンダイジングの核としていることもあって，百貨店の在庫の奥行きは SM やコンビニエンスストア，またオンラインショップなどの他の小売業とは異なり，そこまで消費者に重要視されない。在庫数が小ロットであることが許容され易い業態（人気商品や定番商品は別として）特性により，単品管理と連動したデータ管理をせずとも，「人の力」で充分に顧客の要望に対応しうる SCM が実現されている。

　Remo Order の取り組みも REV WORLDS 同様，まだまだ実験的な販売チャネルの拡張である。しかし，DX 時代のカスタマー・ジャーニーを意図し，消費者が知覚する百貨店のポジティブ／ネガティブな属性を考慮しながら，顧客（ユーザー）との売買取引の新たな「場」の提供，そしてその利用のためのスクリプトを提示するこの取り組みは，百貨店の「売場」を再定義するための指針となるといえよう。

　実際，同サービスを活用し，ハイブランドや時計などの高額品を購入する顧客（ユーザー）が増加傾向にあるという。コロナ禍という，新たな生活環境と今後数年間共存する可能性もあり，百貨店と消費者との新たな関係性の基軸として同サービスが広く市場に受け入れられる日も遠くないかもしれない。

4

百貨店に求められる戦略とは

4-1　カスタマー・ジャーニー視点の重要性

　本書の最後として，改めて現在の百貨店に求められる戦略を検討する。消費者基点で DX を議論するうえで最も重要視される概念あるいは戦略視点とは，Kotler et al.（2017）が提唱した「カスタマー・ジャーニー」である。

　Kotler et al.（2017）は，消費者の購買行動を 5 つの A からなる「カスタマー・ジャーニー」として議論する。彼は，消費者のカスタマー・ジャーニーとは，認知（Aware）→訴求（Appeal）→調査（Ask）→行動（Act）→推奨（Advocate）からなるプロセスであると議論する。まず認知（Aware）とは，消費者がブランドを知覚する段階である。続く訴求（Appeal）では，特定のブランドへ消費者の注意が向けられ，特定ブランドに関する知識が記憶される段階である。調査（Ask）において消費者は，訴求（Appeal）の段階で選考された特定のブランドに対する情報探索を能動的に実行する。続く行動（Act）は，購買段階である。消費者は，自らが獲得した情報を基に，代替品評価などを含め購買意思決定を行い，最終的に先行されたブランドの製品・サービスを購入する。その後，消費者は，その購入した製品・サービスの使用経験を，推奨（Advocate）しようとする。

　Kotler et al.（2017）に続く研究である Kotler and Stigliano（2020/2018）においても議論されているように，消費者は必ずしもすべての段階を介し，また順序通りに推奨（Advocate）までのプロセスを実行するわけではない[26]。よって，カスタマー・ジャーニーを提供する企業は，顧客の各段階における密度（接触頻度の多さ）や段階から段階への推移（移行にかかる時間など）を踏まえた，マーケティングの実践が求められる。

　Kotler et al.（2017）から始まる，カスタマー・ジャーニーの議論は，消費者行動研究において古くから議論されてきた，購買行動プロセスに近似的

26　Kotler and Stigliano（2020），pp.39-43

な内容であり[27]，その点に関しては新規性のある議論とはいえない。

　しかしながら購買行動プロセスを踏まえ，オンライン／オフライン（リアル）のタッチ・ポイントとプロセス段階の違いを考慮して，顧客にアプローチすべきと提言したことは，彼らの独自の見解である。続く Kotler et al. (2021) の研究では，リアル・タッチポイントとデジタル・タッチポイントに弁別し，カスタマー・ジャーニー全体を俯瞰し，あらゆるタッチ・ポイントとチャネルをマッピングすることで複雑な顧客体験を理解できるようになると Kotler は議論している[28]。

　では具体的に，DX 時代において百貨店は顧客の獲得と維持のため，また広義の競合と差別化するため，どのように顧客接点である「タッチ・ポイント」へアプローチすべきであろうか。

　それに対する答えこそ，本書で議論した，生活者基点のライフスタイル・ベース・マーケティング（第 2 章）であり，その実現のための「場」のマネジメント（第 6 章）である。つまり，「生活の豊かさ演出」に注力し，オンライン／オフライン（リアル）関係なく，顧客との良好な関係性を醸成・促進する「場」をいかにマネジメントできるかが重要となる。

　以下では，本章で紹介した REV WORLDS や Remo Order の事例と第 4 章および第 5 章で明示した調査結果の考察を踏まえ，百貨店リテールブランドが提供すべき「百貨店らしい」カスタマー・ジャーニーのあり方を検討する。さらに本節では，リレーションシップ・マーケティングの視座から，より具体的に衰退期脱却のための百貨店に求められる戦略提言を試みる。

4-2　大型小売業態における消費者の知覚評価を踏まえて

　消費者にとって有効となる，「百貨店らしい」カスタマー・ジャーニーとはどのようなものであろうか。第 4，5 章で提示した調査結果を改めて確認

27　例えば青木 (2010) は，消費者の購買行動プロセスを，①問題認識→②情報探索→③代替案評価→④選択・購買→⑤購買後評価，と議論する。詳しくは，青木 (2010)，pp.147-155 を参照されたい。

28　Kotler et al. (2021), p.120（翻訳 p.231）

すると，他競合業態（SC）と比べ，百貨店はほぼサービス品質全般（第 4 章），店舗環境要因の「店舗デザイン」「店員」「店内音楽」「品揃え（に対する）知覚品質」，ブランド評価の「憧れ」が高く評価されていた。一方で，店舗環境要因の「品揃え知覚価値（価格妥当性）」「店舗愛顧意図」，そしてブランド評価の「機能性」「愛着感」は SC よりも低い評価であった。

　本章の第 2 節では，上記の結果を踏まえ，消費者基点の 2 つの百貨店定義，「買物の快楽性や利便性の魅力が高く，高品質な商品やサービスの提供を特徴とする，憧れの対象となる大型小売業」（ポジティブ）と，「価格妥当性（値ごろ感）をはじめとする機能的な誘因に乏しい，庶民的ではない大型小売業」（ネガティブ）を提示した。これらの両面の特徴を考慮し，認知（Aware）→訴求（Appeal）→調査（Ask）→行動（Act）→推奨（Advocate）からなる，「百貨店らしい」カスタマー・ジャーニー基点の戦略を検討すると，次のように提言される。

　消費者のポジティブな知覚を踏まえた提言として，ラグジュアリーな雰囲気とともに（第 4 章で議論したように）消費者に充分に知覚されていない，百貨店の高品質のサービス内容を訴求することが重要であると提議される。現在の百貨店のオンライン上の情報発信を観ても「モノ」基点のコミュニケーションが中心であり，「コト」（催事やイベントの情報掲載はあるものの）に関する情報は充足されていないことが指摘される。加えてストア（店舗）に関する情報も，利便性に関する情報（フロア案内図など）が主であり，そもそも百貨店施策の情緒的な魅力を訴求するものではない。よって，ホテルや旅行代理店のサイトのように，「コト（サービス内容）」や「場」から得られるであろう，快楽性や「憧れ」を百貨店のコミュニケーションにおいてこれまで以上にデザインする必要がある。「百貨店らしい」UX がどのような経験となりうるかを訴求することで，情報探索の段階である「調査（Ask）」を始点に，実際の購買段階である「行動（Act）」そして，購買後の「推奨（Advocate）」へ繋がるよう，オフライン（リアル）店舗だけでなく，オンライン上の導線を考慮することは，百貨店戦略においてますます重要となるであろう。

　その際に考慮すべきは，SC に比べ低く評価されていた，ブランド評価の

「機能性」と「愛着感」に関する印象を改善することである。さらに第 5 章の重回帰分析の結果から確認されたように，百貨店の店舗愛顧意図に対して「愛着感」は正に，「憧れ」は負に影響することも考慮する必要がある。「憧れ」が負に作用する背景には，（来店頻度を独立変数とする分散分析の結果も踏まえると）百貨店への買物経験が少ない消費者にとって，「憧れ」るからこそ，自身にとって縁遠い（「愛着感」を阻害する）とする知覚が存在した。

　よって，百貨店が競合業態と差別化し，市場において高い評価をさらに獲得するためには，「憧れ」だけでなく「愛着感」を醸成するような，百貨店への接触の心理的負担感を軽減する，「機能性」を訴求するマーケティング施策が重要となってくる。

　もちろん，オフライン（リアル）店舗に対する情報探索に関しても，「愛着感」と「機能性」を訴求するようなマーケティングは重要であるが，コロナ禍の現状と，至便性の高さという「場」の特性を考慮すると，オフライン（リアル）よりもオンラインでの顧客接点の設営が有効であると考察される。上述の REV WORLDS の取り組みも含め，今後，メタバース・コマースが拡大するようになると，そこでの接客は，オフライン（リアル）店舗での接客時よりも，消費者の心理的負担感を軽減する，あるいは「愛着感」を促進する可能性も存在する。

　なぜならば，仮想空間で CG によって造形された店員（アバター）は，必ずしも実際の人間に即した造形である必要はなく，ブランドによっては，アニメのキャラクターのような造形を採用することも可能となる。このオンライン店舗におけるデザイン要素や社会的要素に関する表現の柔軟性に，これまで百貨店に対して「憧れ」を保有しつつも，「愛着感」を抱いていなかった消費者にとって，今までのネガティブな百貨店イメージを打破する，親しみやすいブランド・キャラクターによるメタバースにおける接客が，買物出向の誘因になることもあるだろう。

　まさに REV WORLDS のコンセプト「きっかけを，インストールしよう」に表象されるように，XR における百貨店という「場」で今までにない顧客接点の醸成が見込まれる。まだまだ百貨店によるキャラクター・マーケティ

ングは，他の業態に比べて充分に機能しているとはいえない[29]が，大丸松坂屋のさくらパンダ[30]のようなキャラクターを用いたマーケティング・コミュニケーションが，今後の百貨店によるメタバース・コマースにおいてひとつの突破口になる可能性がある。

4-3　百貨店に求められるリレーションシップ・マーケティング戦略とは

　本書では，生活者基点のリレーションシップ・マーケティングとは，「顧客満足に紐帯とし，顧客との信頼関係を構築することでリピート購買を高め，結果として長期的な収益を獲得しようとする，『継続客』獲得の関係性を創造・維持するための戦略」であると位置づける[31]。

　百貨店は，これまでの歴史的経緯から市場において，また顧客との関係性においても「信用・信頼」を構築してきた。また本書の調査でも示したように，百貨店の評価には単純接触効果が作用することが確認されており，接触頻度（来店頻度や利用の高さ）が高ければ高いほど，その評価は高いものとなる。

29　例えばコンビニエンスストアのローソンのキャラクター，ローソンクルーあきこちゃんを前面に表出した（ローソンの公式の）twitter のフォロワー数は 640.9 万人と，国内でも屈指のフォロワー数を保有する。一方，数少ない百貨店の公式キャラクターである，大丸松坂屋のさくらパンダの twitter のフォロワー数は 1.2 万人とかなり少ない。もちろん，ローソンの twitter は，ローソン自体の情報発信も含めた SNS であるもが，それも含めリテールブランドとの接点を保有したいとするフォロワー数の差は，歴然たるものである（詳しくは，ローソン公式 twitter：https://twitter.com/akiko_lawson およびさくらパンダ公式）（最終アクセス：2021 年 12 月 30 日）。

30　さくらパンダオフィシャルサイト。（最終アクセス：2021 年 12 月 30 日）。

31　リレーションシップ・マーケティングに関しては，関係性マーケティングを含有すると，様々な定義が存在する。本書の定義は，久保田（2003）の「顧客との間に友好的で安定的な関係を築くことで，長期的にみて，好ましい成果の実現を目指すものであり，ひとことでいえば良い関係づくりを目指すマーケティング」という定義を参考に，また同氏がリレーションシップの中核概念と位置づける，感情的コミットメントを基点とする関係性に注目し，百貨店業態の特性を踏またものである。本書の定義における「継続客」とは，「固定客」（契約に基づく関係性など，顧客の競合他社へのスイッチングコストを高く設定することで長期的な収益を獲得しようとするといった，計算的コミットメントを誘因とする関係性によって，企業と結びつけられた顧客）とは異なり，顧客満足に基づき，企業（百貨店）への信頼や感情的コミットメントによって結びつけられた顧客，と位置づける。

　ニューノーマル時代という買物出向への困難性が介在する環境を踏まえ，百貨店はその強みを生かし，いかに接触効果を醸成しうるか，そしてその結果，リピート率を高め，顧客の LTV を獲得できうるか，戦略的に検討することが求められる。当然のことながら，LTV 獲得のための初手として，まず顧客をタッチ・ポイントとなる「場」へ誘導することが必要となる。

　企業と生活者との関係性の文脈において和田（1998）[32] は，良好な関係性を醸成するためのコミュニケーション・アプローチとして「ツー・ステージド・コミュニケーション」を提唱する。

　ツー・ステージド・コミュニケーションは，大きく 2 つのコミュニケーションからなる。ひとつは，店舗やオンラインサイトなど，企業とのタッチ・ポイントへの誘導（トライアル誘導）のための説得的コミュニケーションである。そして，もうひとつが，店舗内などの共有された「閉ざされた時空間」において，リピートを誘導するための顧客と企業のインタラクション（相互作用），つまりインタラクティブ・コミュニケーションである。和田（1998）では，トライアル誘導のためには，認知的訴求型の説得的コミュニケーションだけでなく，「曖昧性を持つ説得的コミュニケーション」が重要であることも示唆している。この「曖昧性」を内包した説得的コミュニケーションに関して同氏は，「コンテンツが曖昧であるがゆえに生活者の側に自己想像や思い込み，自己期待が発生してトライアルを誘導性が高く，また次のステップとしてインタラクティブ・コミュニケーションを誘発する可能性が高い」と議論する。

　この和田（1998）の提唱した 2 つの説得的コミュニケーションの特性については，岸（1993）の説得的コミュニケーションにおけるメッセージ提示方法の違いに関する議論を踏まえると，次のように解釈することができる。

　「認知的訴求型の説得的コミュニケーション」とは「消費者に関心のあ

32　和田（1998）は，リレーションシップ・マーケティングではなく，「関係性マーケティング」という概念から，企業と消費者の関係性の構築の重要性を示唆する。本書では，リレーションシップ・マーケティングに内包されるものとして議論する。

図表 終 -6　ツー・ステージド・コミュニケーション・プロセス

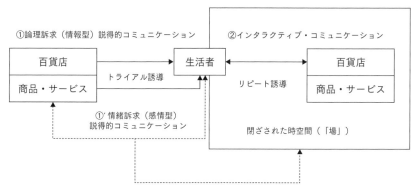

出典：和田（1998）を，岸（1993）の議論を踏まえ一部加筆修正

　る，（実証可能と思われる）事実を，明快で論理的な方法で提示することにより，そのブランドの購買決定において消費者により多くの自信を与えるような広告」[33] のような①論理訴求（情報型）コミュニケーションであるといえる。そして後者の，「曖昧性を持つ説得的コミュニケーション」とは，「ブランド使用（消費）経験を，特定の心理状態と関連づけるような広告であり，その関連づけは広告なしでは成り立たない。つまり，広告を見ることにより，そのブランドを使うことが他のブランドからは得られない固有の消費経験に変換される。それは，消費者がそのブランドを思い浮かべる時には，広告を見た時の感情も同時に思い出させるような広告」[34] という「変換型広告」に相当する，①′情緒訴求（感情型）説得的コミュニケーションであると解釈できる。（図表 終-6）

　消費者の買物目的や動機によってそれらコミュニケーションの効果（作用）は変わるものの，本書のこれまでの議論および百貨店業態の特性を考慮すると，①′情緒訴求（感情型）説得的コミュニケーションが，①論理訴求（情報型）よりも，百貨店顧客のトライアルを誘導すると考察される。以上

33　岸（1993），p.48
34　岸（1993），p.48

の議論から，「憧れ」や「愛着感」などを刺激してトライアル誘導を促し，その後のリピートを誘導するため，閉ざされた「場」において②インタラクティブ・コミュニケーションの段階へ消費者をまず誘導する導線を検討することが重要となる。そして，その導線の設定においては，中心的顧客のカスタマー・ジャーニーに適合するよう，自社チャネルをマッピングすることが求められる。

　実際，阪神百貨店では，ナビゲーターという，ある特定の商品カテゴリやライフスタイルに特化した販売員が，オフライン（リアル）店舗でのイベントや，Line もしくは ZOOM といったオンライン上の閉ざされた「場」においてインタラクティブ・コミュニケーションを実施している。そして，そのためのトライアル誘導として，Instagram を中心とした説得的コミュニケーションにも取り組んでいる。この説得的コミュニケーションでは，商品やサービスの訴求だけでなく，商品の背景にあるストーリーなど，情緒訴求のコンテンツも投稿されている。

　また，②インタラクティブ・コミュニケーションが新たなトライアル誘導に寄与することもある。例えば上述した REV WORLDS や Remo Order における UX によってオンラインショッピングサイトのみならず，オフライン（リアル）店舗へ来店につながることその反対にコトコトステージのようなオフライン（リアル）店舗での UX がオンライン・イベントや VR 空間への誘因になる可能性も存在する。

　LTV のさらなる獲得を視野に，オフライン（リアル）店舗のあり方と自社がターゲットとすべき中心的顧客を再考し，新たな「共創」関係の構築を試みる百貨店戦略として，髙島屋グループによる「金融サービス」の自前での取り扱い開始が注目される[35]。同社は経営理念として「いつも，人から。」を掲げ，「こころに残るおもてなし」「未来を切り拓く新たな生活・文化の創造」「いきいきとした地域社会づくりへの貢献」「地球環境を守るためのたゆ

---

[35]　金融サービスの提供は，髙島屋の子会社である髙島屋ファイナンシャル・パートナーズが主に担い，投資信託の販売については SBI 証券と提携し，金融商品仲介の仕組みを用い実施する形態となる。（詳しくは，Finacee 編集部（2020-8-30）「髙島屋が投資信託の販売を開始！いま金融業に乗り出す理由とは？」（最終アクセス日：2021 年 12 月 30 日）を参照されたい。）。

まぬ努力」「社会から信頼される行動」の 5 つの指針のもと，社会に貢献することを「髙島屋らしさ」と位置づけている。髙島屋の「金融サービス」は，日本橋店・大阪店・横浜店において試験的に実施されている。この取り組みは，髙島屋が自社の市場における独自性を，これまでの同社の歴史の中で培われてきた「信用・信頼」であると位置づけ，さらにその「信用・信頼」の源泉とは，髙島屋の社員が保有する接客スキルの高さ，つまり「人の力」であると再定義したことを，その展開の契機とする。

　髙島屋がテナントでなく，自前で保険，投資信託や，信託を中心とした相続関連サービスなど幅広い金融サービスに取り組むことは，既存の顧客に対するサービス拡張を意図したものである。当然のことながら，銀行や保険会社から髙島屋へスイッチする顧客とは，髙島屋との関係性を高く評価する生活者であるといえ，その結びつきが強まれば強まるほど，髙島屋での今後の買物行動（オンライン / オフライン（リアル）問わず）が拡大することもあるだろう。

　以上のように，ニューノーマルおよび DX 時代において，百貨店はますます顧客との良好な関係性を構築・維持するためのリレーションシップ・マーケティングが重要となる。百貨店は，自社とは顧客においてどのような存在であるかを再確認したうえで，その顧客のカスタマー・ジャーニーを踏まえ，ツー・ステージド・コミュニケーションを用いて，LTV を高めるような戦略の策定と実施することが求められる。

　将来的に，市場における“百貨店離れ”を食い止め，衰退期からの脱却をも実現することを期待したい。

参考文献

Baker, J. (1987) The role of the environment in marketing services: the consumer perspective , In Czepiel,J.,　Congram, C.A. ,and Shanahan, J. (eds) *The Services Challenge:Integrating for Competitive, American Marketing Association Advantage*, 79–84.

Baker, J., Levy, M., and Grewal, D. (1992) An experimental approach to making retail store environmental decisions, *Journal of Retailing*, 68 (4), 445–460.

Baker, J.,　Grewal, D. and Parasuraman, A . (1994) The influence of store environment on quality inferences and store image, *Journal of the Academy of Marketing Science*, 22,

328–339. https://doi.org/10.1177/0092070394224002

Baker, J., Parasuraman, A., Grewal, D. and Voss, B. G. (2002) The Influence of multiple store environment cues on perceived merchandise value and patronage intentions, *Journal of Marketing*, 66 (2), 120-141. https://doi.org/10.1509/jmkg.66.2.120.18470

Huré E. (2017) Understanding omni-channel shopping value: A mixed-method study, *Journal of Retailing and Consumer Services*,39, 314-330. https://doi.org/10.1016/j.jretconser.2017.08.011

Kim, H. and Lennon, J. S. (2010) E-atmosphere, emotional, cognitive, and behavioural responses, *Journal of Fashion Marketing and Management*, 14 (3), 412-28. https://doi.org/10.1108/13612021011061861

Kotler,P. (1973/1974) Atomospherics as a marketing tool, *Jorunal of Retailing*, 49(4), 48-64.

Kotler, P., Kartajaya, H. and Setiawan, I. (2016), *Marketing 4.0: Moving from Traditional to Digital*.Wiley.（フィリップ・コトラー，ヘルマワン・カルタジャヤ，イワン・セティアワン（著）恩蔵直人（監訳）藤井清美（訳）2017『コトラーのマーケティング 4.0 － スマートフォン時代の究極法則』朝日新聞出版）

Kotler, P. and Stigliano, G. (2018) Retail 4.0, MONDADORI ELECTA.（フィリップ・コトラー，ジョゼッペ・スティリアーノ（著）恩蔵直人（監修）高沢亜砂代（訳）(2020)『コトラーのリテール 4.0 －デジタルトランスフォーメーション時代の 10 の法則』朝日新聞出版）

Kotler, P., Pfoertsch, W. and Sponholz,U.(2021) *H2H Marketing : The genesis of Human-to-Human Marketing.*,Springer.（フィリップ・コトラー，ヴァルデマール・ファルチ，ウーヴェン・シュポンホルツ（著）鳥山正博（監訳・解説）石丸由紀・大坂裕子（訳）(2021)『コトラーの H2H マーケティング—「人間中心マーケティング」の理論と実践』KADOKAWA）

Manganari, E. E., Siomkos, J. G., Rigopoulou, D. I. and Vrechopoulos, P. A. (2011) Virtual store layout effects on consumer behaviour, *Internet Research*, 21 (3), 326-346. https://doi.org/10.1108/10662241111139336

Payne, M. E., Peltier, W. J. and Barger, A. V. (2017) Omni-channel marketing, integrated marketing communications and consumer engagement: A research agenda. Journal of Research in Interactive Marketing, 11(2), 185-197. https://doi.org/10.1108/JRIM-08-2016-0091

Wu, W., Lee, C., Fu, C. and Wang, H. (2014) Can online store layout design and atmosphere influence consumer shopping intention on a website?, *International Journal of Retail and Distribution Management*, 42(1), 4-24. https://doi.org/10.1108/IJRDM-01-2013-0035

青木幸弘（2010）『消費者行動の知識』日経文庫.

圓丸哲麻（2021）『消費者基点の「百貨店らしい」広告表現のあり方：大型小売業における百貨店の同質性と競争優位性の源泉を求めて』(2020 年度（令和 2 年）第 54 次　公益財団法人吉田秀雄記念事業財団報告書).

奥谷孝司（2019）「オムニチャネル・カスタマー」近藤公彦・中見真也編著『オムニチャネルと顧客戦略の現在』千倉書房 ,71-78.

岸志津恵（1993）「テレビコマーシャルの表現特性と消費者情報処理」『消費者行動研究』,

1（1），47-63. https://doi.org/10.11194/acs1993.1.47.

近藤公彦（2018）「日本型オムニチャネルの特質と理論的課題」『流通研究』21（1），77-89. https://doi.org/10.5844/jsmd.21.1_77

近藤公彦（2019）「IMC とオムニチャネル」近藤公彦・中見真也編著『オムニチャネルと顧客戦略の現在』千倉書房，96-103.

坪井晋也（2009）『百貨店の経営に関する研究』学文社.

水野祐吉（1940）『百貨店研究』同文舘.

和田充夫（1998）『関係性マーケティングの構図　マーケティング・アズ・コミュニケーション』，有斐閣.

参考資料

Finacee 編集部（2020.8.30）高島屋が投資信託の販売を開始！　いま金融事業に乗り出す理由とは finacee.（https://media.finasee.jp/articles/-/2982）.

大竹初菜（2021.10.21）「コロナ下で直売に進出　JR 西日本が魚，食肉卸はギョーザ」日経速報ニュースアーカイブ，2021/10/21 号.

さくらパンダオフィシャルサイト（http://sakura-panda.com/）

さくらパンダ公式 twitter: https://twitter.com/sakura_panda

野呂エイシロウ（2021.9.6）「進化する仮想世界の技術—野呂エイシロウ，現実並みの VR 体験が可能に（先読みウェブワールド）」日経 MJ（日経流通新聞）2021/9/6 号，2.

阪急百貨店うめだ本店公式サイト（https://www.hankyu-dept.co.jp/honten/h/remoorder/index.html）

ローソン公式 twitter：https://twitter.com/akiko_lawson

あとがき

　本書は，衰退段階にあると議論されている百貨店の根幹的課題とされる，「消費者の百貨店離れ」の写像を明らかにしようとするものである。第1部では「わが国における百貨店とはどのような存在であるか」を消費者のライフスタイルとの関係性に焦点を当て議論し，また第2部では「消費者が知覚評価する"百貨店らしさ"とは何か」を消費者への調査を踏まえ議論した。そして，第3部では，消費者基点からリテールブランドとしての「百貨店」を定義し，さらにその衰退期脱却のための百貨店が実施すべきマーケティング戦略のあり方を提示した。

　このような構成で執筆した背景には，既存研究で議論されているような百貨店のビジネスモデル（機能）や取引慣行ではなく，素朴な疑問として，「百貨店とは，過去の消費者にとって，どのような存在であったのか？」そして「現在の消費者にとって，どのような存在なのか？」を明らかにしたいという動機が存在する。

　筆者自身も，2006年4月〜2012年3月の6年間，阪急百貨店での勤務し，自社百貨店ブランドの差別化を常に意識し業務を遂行していた。そのなかで，"百貨店離れ"が指摘される時代においても，百貨店が消費者（および生活者）の「ライフスタイル」を豊かにする可能性や，まだ消費者に知覚されていない「魅力」の存在を知覚することがあった。特に売場（リビング用品）での勤務を経たことで，商品に付随する「コト」消費の存在とともに，日本固有の冠婚葬祭を含めた"しきたり（社会的ライフスタイル）"消費など，様々なライフスタイル消費の存在を知ることができた。まさに「ゆりかごから墓場」まで，われわれ消費者の生活を網羅する「モノ」だけでなく，「コト（サービス）」が百貨店では充足されていることも発見することができた。

　しかしながらその一方で，百貨店のあるべき戦略を検討する部門にも所属していたものの，「百貨店とは消費者にとってどのような存在か」という問

い，加えて百貨店が採るべきマーケティング戦略の方向性に関して，明確な「解」を導出することができなかった。これはひとえに，当時の自身の能力が至らなかったためである。百貨店を離れてちょうど10年，様々な出会いや経験を積むことで，ようやく勤務時に抱えていた疑問へのひとつの「解」を，書籍として刊行するに至った。

　紙面の関係もあり，本書は，「百貨店とは何か」について，まだまだ議論できていない点も存在するが，著者としては，百貨店のあり方を再考する初手を提示したつもりである。よって，百貨店関係者や百貨店に関心のある方にとって，何かしらの方向性を示すものとなれば，望外の喜びである。

　最後に，本書を刊行するまでにお力添えいただいた様々な関係者にお礼を申し上げたい。まず，関西学院大学大学院の博士後期課程から現在に至るまで，厳しくも温かくご指導いただいている和田充夫先生（慶應義塾大学）に深謝の意を表したい。和田先生は，博士論文のテーマとして，ご自身の博士論文のテーマでもあった「ライフスタイル」概念を研究することを推奨してくださっただけでなく，近年も先生主宰の研究会において，ブランドの捉え方や事例研究への取り組み方などもご指導いただいている。「研究者の存在意義とは何か」，あるいは「研究することとは何か」を追究することを，常に厳しく求める和田先生ではあるが，人生の経験が未熟な私に様々な試練の「場」を提供してくださるなど，「愛」をもって導いてくださる人生の師匠でもある。今でも，苦しくも楽しくご一緒させていただいた，演劇の舞台は良い想い出となっている。

　2016 Korean Scholars of Marketing Science International Conference において，気さくに，ご自身のご経験から，私の研究について長時間にわたりアドバイスをいただいた，髙橋郁夫先生（慶應義塾大学教授）にも感謝申し上げる。先生からのご指導もあり，その後，百貨店に関する論文を海外ジャーナルに投稿することができた。

　新倉貴士先生（法政大学）からは，和田先生主宰の研究会で様々なアドバイスをいただくだけでなく，本書においても業態認識に関してご質問した際に，丁寧にご対応いただいた。消費者基点の百貨店リテールブランド評価を

検討するうえで，先生からのご指摘は，方向性を導いていただくものであった。

　髙橋広行先生（同志社大学）には，研究だけでなく人生の先輩としてもいつもご指導いただいている。本書を刊行するうえでも，様々な貴重なご指導とご助言を賜った。改めて御礼申し上げる。

　商業学会において，貴重なご指摘とアドバイスをしてくださった石原武政先生（大阪市立大学）と藤岡里圭先生（関西大学）にもお礼申し上げたい。両先生からのご指摘があったからこそ，消費者調査だけでなく，百貨店の歴史的変遷について言及する必要性を感じ，第3章を執筆するに至った。

　調査分析が至らなかった点に関して，酒井麻衣子先生（中央大学）と杉谷陽子先生（上智大学）から学会でご指摘とアドバイスいただいた。そのおかげでもあり，第4章と第5章の調査を再検討することができた。両先生にも改めて感謝したい。

　所属大学（大阪市立大学）の小林哲先生と中瀬哲史先生には，書籍刊行の意義をご助言賜った。先生方の言葉もあり，書ききることができたと感じている。この場を借りてお礼申し上げたい。

　加えて，百貨店の研究を進めるうえで大いにお力添えいただき，常に切磋琢磨することの重要性を教えてくれる，WOM研究会や西日本研究会でお世話になっている同世代の先生方や，修士でご指導いただいた田中正郎先生（青山学院大学），修士に行くきっかけを作っていただいた福井幸男先生（関西外国語大学）にも感謝の意を表したい。

　また，就活の忙しい中，本書の文章を確認してくれたゼミ生の佐藤颯平君と日笠峻汰君にも感謝したい。両君は百貨店への就職を志望しており，本書が彼らの将来に役立てば幸いである。

　そして本書を執筆するにあたり，エイチ・ツー・オー リテイリング株式会社様（阪急阪神百貨店株式会社様含む），J.フロントリテイリング株式会社様，株式会社髙島屋様，株式会社三越伊勢丹様（50音順）の皆様には，インタビューのみならず，貴重なデータを提供，さらに校正も含めて多大なるご協力をいただいた，改めて心から感謝申し上げる。

　また白桃書房の大矢栄一郎氏と佐藤円氏にもお礼申し上げる。大矢氏に

は，出版の機会をいただいただけでなく，長期にわたり気長に本書の刊行を待っていただいた。また佐藤氏には，読者に読みやすいように修正箇所を的確にご助言いただき，編集者としてお力添えいただいた。初めての書籍が白桃書房であったことを本当に感謝している。

　大阪市立大学経営学研究科から出版助成をいただけたことも，この場をお借りしてお礼申し上げたい。昨年はコロナ禍の関係もあり，当初の助成期間に刊行できず迷惑をおかけすることとなった。そのようなことがあったにもかかわらず，1年の追加猶予をお許しいただいた。改めて経営学研究科の先生方には感謝の意を表したい。

　最後に，家族に感謝したい。コロナ禍もあり，例年以上にストレスフルな日々にも拘らず，また妊婦にもかかわらず，子育てを分担し，研究を遂行する時間を捻出してくれた妻，志穂にまず感謝したい。そして，いつも好奇心を持って一生懸命何かに取り組むことの大事さを教えてくれている，娘のまひろの存在が，執筆の大きな支えになった。2021年12月2日，義父義母の多大なるお力添えもあって，コロナ禍であったが無事長男，希一を授かることができた。その意味でもこの執筆期間は思い出深いものとなった。

　父の哲朗と母の雅子にも感謝している。東京への大学進学，また就職難の中，大学院への進学を薦めてくれたことがなければ，このような機会にたどり着くことはなかったであろう。

　今後も，百貨店人の時代の先輩や同期をはじめ，百貨店にかかわる人々へ貢献できるよう研究に邁進したい。

2022年3月

圓丸　哲麻

〈著者略歴〉

圓丸　哲麻 (えんまる　てつま)

大阪市立大学大学院経営学研究科准教授。
2004年，青山学院大学経営学部経営学科卒業。2006年，青山学院大学大学院経営学研究科博士前期課程修了。修士（経営学）。2011年，関西学院大学大学院商学研究科博士後期課程修了。博士（商学）。阪急百貨店（現 阪急阪神百貨店），麗澤大学経済学部経営学科助教等を経て，2019年より現職。専門は，消費者行動，マーケティング。

主要業績：
Consumer recognition of department store business category in Japan: Comparing consideration of store image to the shopping center, *Journal of Global Scholars of Marketing Science*, 31(4), 526-542. 2021.
『流通と小売経営（改訂版）』（共著，創成社，2021）
『ブランド・インキュベーション戦略』（共著，有斐閣，2020）
『流通論の基礎（第3版）』（共著，中央経済社，2019）
「百貨店の同質化に関する研究―サービス品質評価尺度を用いた探索的調査―」『麗澤大学紀要』，101，1-10. 2018.
『リレーションシップ・マーケティング―インタラクション志向の関係性―』（共著，五弦舎，2018）
「百貨店に関する消費者の業態認識」『麗澤大学紀要』，98，1-14. 2015.
『リレーションシップマーケティング―サービス・インタラクション―』（共著，五弦舎，2014）

▨ 百貨店リテールブランド戦略
　　 ―消費者基点からの提言

▨ 発行日 ── 2022年3月31日　初版発行　　　　〈検印省略〉

▨ 著　者 ── 圓丸哲麻

▨ 発行者 ── 大矢栄一郎

▨ 発行所 ── 株式会社　白桃書房
　　　　　　〒101-0021　東京都千代田区外神田5-1-15
　　　　　　☎03-3836-4781　🖷03-3836-9370　振替00100-4-20192
　　　　　　https://www.hakutou.co.jp/

▨ 印刷・製本 ── 藤原印刷

　　ⓒ EMMARU, Tetsuma
　　2022　Printed in Japan　ISBN 978-4-561-66242-6　C3063

好 評 書